U0783036

本书为湖南省社科基金项目"基因权利之法律保障研究"（项目编号：2010YBB343）与国家社科基金项目"法理学视野下的基因权利研究"（项目编号：10CFX001）的研究成果。本书得到中南林业科技大学人文社会科学学术出版基金的资助。

# 基因权利法律保障研究

JIYIN QUANLI FALÜ BAOZHANG YANJIU

张小罗◎著

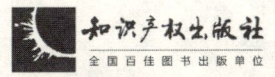

知识产权出版社
全国百佳图书出版单位

**内容提要**

　　本书系统地阐述了基因及相关概念、基因权利与基因科技的关系以及基因权利的法律性质，论证了公民基于基因上的权利实为公民的基本权利；确定了基因权利的范围，介绍并分析了国外关于基因权利的立法，以期对我国的基因权利立法起到参考和借鉴作用；提出了把基因权利纳入宪法保障的观点，论述了基因权利入宪的理由与宪法承认基因权利的方式，提出了宪法保障基因权利的理论构建与具体框架；论述了基因权利司法保障的重要性、基因权利具有可司法性以及完善基本权利司法救济的建议；基于法哲学的权利理论角度阐述了保障基因权利的国家义务。

责任编辑：宋　云　　　　　责任出版：刘译文

**图书在版编目（CIP）数据**

　　基因权利法律保障研究/张小罗著. —北京：知识产权出版社，2013.11
　　ISBN 978-7-5130-2473-0

　　Ⅰ.①基… Ⅱ.①张… Ⅲ.①人类基因—权利—法律保护—法规—研究 Ⅳ.①D913

　　中国版本图书馆 CIP 数据核字（2013）第 286036 号

## 基因权利法律保障研究

张小罗　著

| | | | |
|---|---|---|---|
| 出版发行： | 知识产权出版社 | | |
| 社　　址： | 北京市海淀区马甸南村 1 号 | 邮　编： | 100088 |
| 网　　址： | http：//www.ipph.cn | 邮　箱： | bjb@cnipr.com |
| 发行电话： | 010-82000893　82000860 转 8101 | 传　真： | 010-82000860 转 8240 |
| 责编电话： | 010-82000860 转 8388 | 责编邮箱： | songyun@cnipr.com |
| 印　　刷： | 北京中献拓方科技发展有限公司 | 经　销： | 新华书店及相关销售网点 |
| 开　　本： | 787mm×1092mm　1/16 | 印　张： | 17 |
| 版　　次： | 2013 年 12 月第 1 版 | 印　次： | 2013 年 12 月第 1 次印刷 |
| 字　　数： | 310 千字 | 定　价： | 49.00 元 |

ISBN 978-7-5130-2473-0

**出版权专有　侵权必究**

如有印装质量问题，本社负责调换。

# 目 录

# 导　言

## 一、研究的缘起

1998 年 12 月 9 日，联合国通过 53-152 号决议，批准了 1997 年 11 月 11 日联合国教育、科学和文化组织大会第 29 届会议通过的《世界人类基因组与人权宣言》（Universal Declaration on the Human Genome and Human Rights），这标志着遗传工程技术的发展所带来的与基因有关的生命伦理学和法学问题已经正式进入国际人权法的视野。2000 年 6 月，美国时任总统克林顿和英国首相布莱尔向全世界宣布，从 1990 年开始进行的"人类基因组计划"（Human Genome Project）已经完成初步草图，当时克林顿以无比振奋的语气指出："我们可以开始学习上帝处在创造生命时所使用的语言了。"该计划与"曼哈顿原子弹计划"、"阿波罗登月计划"一起被誉为 20 世纪科学的三个里程碑。❶ 在生命科学的研究过程中，世界各国有不少关于基因隐私、基因专利权的报道，引发了不少关于基因权利的讨论：个人对于构成自己生命的基因究竟可以主张什么样的权利？基因是属于我们的私有财产还是全人类的共同财产？基因所包含的信息应该受到保护还是可以随意公布？什么是基因权利？基因诉求和基因权利作为法学研究面临的新课题，已经摆在了我们面前。

正如米尔恩所说："没有权利就不可能存在任何人类社会。无论采取何种形式，享有权利乃是成为一个社会成员的必备要素。"❷ "享有权利是任何形式的人类社会生活的一部分，所以，如果要有人类社会生活，就必须有权利。"❸ 基因权利也是人类社会生活的一部分，但是在我国一直是人们所忽视的问题，公民基于基因上的权利屡遭侵犯。2009 年年底，中国发生了基因歧

---

❶ 参见罗玉中. 科技法学 [M]. 武汉：华中科技大学出版社，2005：431.

❷ ［英］A. J. M. 米尔恩. 人的权利与人的多样性——人权哲学 [M]. 夏勇，张志铭译. 北京：中国大百科全书出版社，1995：154.

❸ ［英］A. J. M. 米尔恩. 人的权利与人的多样性——人权哲学 [M]. 夏勇，张志铭译. 北京：中国大百科全书出版社，1995：143.

视第一案。● 基因歧视一直为我国所忽视，大多数人都认为只有欧美等发达国家才会发生、离我们很遥远的基因歧视，没想到这么快就在我们身边发生了。"基因携带与生俱来，不应该成为找工作的门槛。"案件当事人小谢这样表达自己"朴素"的认识。他说，自己身上完全没有症状表现，这种基因并没有给自己的日常学习生活造成不便，如果不是此次公务员入职体检，他根本不会知道自己是"地贫"基因的携带者。携带何种基因是人本身无法避免也无法改变的，任何人都可能存在某种基因缺陷，如果仅仅因为基因的关系而使一个健康的无任何临床症状的人被认定为体检不合格，这不仅是对这一类考生极大的不公，也会对每一个普通公民的权利构成威胁。

随着基因科技的发展，基因秘密将更多地被认识和发现，基因歧视在中国已不容回避，而对于防范基因歧视传统基本权利没有相关规定与保障措施的不足凸显出来。如果我们不及早加以防范，对基因权利加以重视并采取保障措施，那么一直被人们所忽视的基因权利会因立法空白与权利保障措施缺失而不断受到侵犯。从宪法与法理的角度研究基因权利，或许是因为涉猎这一领域需要跨学科的思维、视域，或许是因为大家觉得基因权利离我们是很遥远的事情，也或许是相关的资料很少，学术界还极少有人顾及。国内外法学界对基因权利的研究主要集中在微观领域对于基因上的个别权利的研究，例如对基因隐私权的研究、对基因财产权的研究、对基因平等权的研究等。本书则尝试从宏观的角度论述基因权利，试图阐述科技发展对基因权利产生的影响，基因权利产生的法理基础，基因权利的性质、内容以及保障方式。从某种意义上说，本书可以算是笔者为深化基因权利研究所做的一点努力。

## 二、研究现状与意义

充满了各种创造可能性、可以无远弗届的基因科技的发展，为法学领域带来了巨大的冲击与挑战。基因科技的发展可能使个人的基因隐私受到侵犯，导致具有基因缺陷的人蒙受歧视与排斥。基因科技的发展衍生出伦理、法律与社会问题，而这些问题最终归结为基因权利的侵犯。基因权利问题引起了国内外的普遍关注。我国法学界尤其是民法学界对基因权利展开了研究与论述，出版了一些相关著作，也有相关学术论文与理论文章发表。如邱格屏教

---

● 2009 年 4 月，小谢、小周、小唐通过了佛山市的公务员考试。在之后的体检中，他们被认定为"地中海贫血"基因携带，体检不合格而被拒录。2009 年 12 月 29 日，小谢等 3 名参加当年公务员考试的考生向佛山市禅城区人民法院递交诉状，起诉佛山市人力资源和社会保障局。2010 年 1 月 5 日，法院正式立案。因基因而引发的诉讼，这在中国尚属首例。此案成为中国基因歧视第一案。熟悉相关领域的专家对此表现出深切的关注和担忧——歧视患者可能扩展为歧视致病基因携带者，这将是社会难承之重。资料来源：http://news.qq.com/a/20100113/001066.htm.

授的专著《人类基因权利的研究》（法律出版社 2009 年出版）、王迁学者的
《论"基因歧视"及其法律对策》等。刘大洪、林艳玲、王颖、张宏、龚琳、
汤啸天、刘长秋、倪正茂、王磊等学者对基因隐私权、基因人格权、基因技
术与隐私权的保护的研究影响深远。他们提出的观点有："当代民法隐私权制
度应将个人基因信息纳入保护范围，明确个人对自己的基因信息的知晓同意
权、保密权以及对他人非法搜集、利用个人基因信息的禁止权等基本权利，
同时规定侵犯他人基因隐私权的民事责任，以回应生物技术的发展对传统民
商法的挑战。""法律应当首先以防患于未然的事前防御方式来防止不公平
'基因歧视'的发生。由于获得他人的基因信息是进行不公平'基因歧视'
的前提条件，法律应当保护个人的'不知情权'、'知情同意权'和'信息隐
私权'。"

我国台湾地区的蔡维音、程明修、陈英铃、李振山、颜厥安、叶俊荣、
戴豪君等学者也有相关的研究。他们就人类基因科技之法益保护体系、人体
基因科技研究所衍生智慧财产权之归宿原则等提出了自己独到的观点。这些
学者所做的工作为基因权利研究打下了基础。同时，我们也应看到，基因权
利研究是一个新的、复杂的课题，是一个现在正在开展的工作，面临许多实
践与理论问题，基因权利应当成为新兴的综合性的基本权利，这就需要我国
的学者从基本权利高度对其进行思考和阐述，并寻找保障基因权利的途径和
方法。

外国学者特别是美国学者对基因科技带来的法律问题的研究时间长，国
外的相关立法比较成熟。美国在进行人类基因组计划的同时，就已经预见到
基因科技可能带来的伦理、法律问题，因此已经开始了相关研究。在基因资
讯、基因检测方面，美国于 1996 年制定了《健康保险可能性与责任法》。
2005 年通过了《禁止基因资讯歧视法案》。2008 年 5 月 21 日，布什签署了
《反基因歧视法》，该法致力于禁止雇主与健康保险业者基于基因资讯，歧视
基因上有特定疾病倾向的人们，进而保障民众的基因隐私权，预防工作场所
中基因资讯的滥用，保障民众的受雇权利。英国在这方面的相关立法有：《医
疗报告近用法》（1988 年）、《资料保护法》（1998 年）、《种族关系法》
(1976 年)、《就业权利法》（1996 年）、《失能歧视法》（1995 年）等。为配
合基因序列之解码，英国于 2002 年建立了"生物银行"（Biobank）。澳大利
亚于 2004 年 5 月提出了《生物辨识机构隐私准则》草案。欧盟关于生物技术
的规范有：《个人资料保护指令》、《护照及旅行证件生物辨认、检测标准规
则》。相关论文著作有：耶鲁大学出版社 2007 年出版的《干细胞世纪法律和
政策的突破性技术》（拉塞尔·科罗布金）；南希·李琼斯的《基因信息：法
律和执法问题》；剑桥大学出版社 2002 年出版的《基因隐私》（劳里·格雷

姆）等。但有关基因权利方面的专著，在有关的期刊网上并未查到。

总体上来看，目前学术界对基因权利的研究还比较薄弱。基因科技不断创新，势必带给人类社会持续而久远的冲击。就其正面意义而言，它使人类福祉充满无限希望与转机；就其负面影响而言，它使人权保障与生命意蕴充满相当的疑虑与危机。对此，我们的宪法将如何应对，才能既维护生命科技的研究、发展、利用，又能确保人类生命尊严、身体健康、人伦秩序？本书对基因权利的研究，在实践上对于避免基因科技被误用，确保基因科技所促成的福祉的公平分配，以及对于基因权利的保障，都有着重要的意义。在理论上，国内对于基因权利的研究不多，从法理角度对基因权利的研究还是空白，本课题的研究对于丰实基因权利与基本权利研究的内容，无疑具有积极意义。

### 三、研究方法与思路

"方法是主体为解决某种问题而采取的技术性手段。就认识和研究活动而言，人们所采取的方法本身是否正确而科学，是决定认识和研究活动是否成功的关键。"[1] 就法学研究方法而言，它不仅体现了研究者个人的研究旨趣以及价值取向，更反映了研究者对该学科本质特征、性质的独特把握。

唯物辩证法是科学研究的根本方法，它是本书研究方法的基础。唯物辩证法在方法论上有两个明显的特征：第一，承认社会存在决定社会意识，也就是说，承认人们的社会观念在一定程度上取决于其社会地位和社会经历，承认人们对自身利益的感性认识与理性自觉将决定其思想观念。基因权利应该是每个人生来就有的权利，但是，当基因科技发展到一定的程度，人们的权利屡遭侵犯之后，人们才会有基因上的权利诉求。第二，承认社会历史发展的规律性。人类历史发展有其内在规律性。本书对唯物辩证法的运用是基于这样一种理论视角：马克思主义所阐述的简单真理即生产力决定生产关系，而科学技术是第一生产力，科学技术对法律与权利产生重大影响。这是本书的逻辑起点，由此引出基因科技对基因权利的影响，正是由于基因科技的发展，才使得人们有了基因权利的诉求，基因权利才得以进入人们的视线，由此产生对于基因权利性质的疑问以及如何保障基因权利的问题。

本书采用的具体研究方法主要有价值分析方法、历史分析方法、比较分析方法、案例分析方法等。当然本书的研究也不止这些方法，而且不同的研究方法经常交织运用，在研究同一个问题时可能会采用多种方法。

（1）价值分析方法。"法律制度本身就是人的主体性的一种体现，是人的

---

[1] 周叶中. 宪法 [M]. 北京：高等教育出版社，北京大学出版社，2000：29.

主体能力的一种客观化形式，它是人在社会实践中所发现和创制的，并且最终为人所用，为人服务。"❶ 本书将力图说明：基因权利是人类的基本权利，保障人权是宪政的逻辑起点，也是宪政的归宿，基因权利理应得到宪法的保障。

（2）历史分析方法。历史分析方法是研究者根据自己独特的经验对历史事实的"理解"与"梳理"。本书立足于科学技术的发展对人权产生影响的观点，考察科学技术的发展怎样激发人的权利意识以及科学技术的发展对一些具体权利的影响，说明基因权利是基因科技发展的产物。

（3）比较分析方法。比较分析方法是宪法学研究的基本方法。本书立足于基因立法的命题，对美国、英国、俄罗斯等国的相关立法进行介绍并与我国进行比较，找出可供借鉴之处。

（4）案例分析方法。案例分析方法比较直观、形象。本书通过对国内外发生的基因权利尤其是基因歧视方面的案例的剖析，使得基因权利的概念更明确，使人们感受到对基因权利的保障更为迫切。

（5）概念分析方法。"科学研究是最高的理性认识，理性认识的发生和发展过程是一个形成概念范畴并将概念范畴序列化、体系化的过程，同时也是理论和理论体系形成和发展的过程。"❷ 就宪法学的研究而言，概念的提炼尤为重要，因为概念是其他研究的逻辑起点。本书在对基因、基因科技、基因权利相关概念的考察与界定的基础上，对基因权利的性质进行研究，从立法和司法保障的角度探讨如何使基因权利落到实处。

研究思路：本书将系统分析科学技术的发展与社会变迁引起法律意识、法律内容的变化以及对法律实践、法律表现形式的影响，揭示科技是一种持续存在的法律变革"潜流"，一种看不见的力量；分析科学技术发展对生存权、劳动权、受教育权、隐私权等人权的影响，提示科技革命或每一种重大的理论突破都预示着人权领域的开拓与创新，科技进步使人们对权利和自由的追求成为时代的直接动力；深入研究基因权利的来源理论，论述传统基本权利无法完整地涵盖基因权利，分析基因权利具有基本权利的特征，揭示人类基于基因上的权利实为人们与生俱来的、综合性的基本权利；研究基因权利的主要内容，包括基因隐私权、基因平等权、基因财产权、基因人格权、基因专利权等，论述基因权利的复杂性与设立基因权利的重要性；研究国外救济与保障基因权利的措施，揭示其可供我国

❶ 周刚志，张小罗．法治理念的回归与超越——法律教育的法治意义探析［J］．江汉大学学报（社会科学版），2003（1）．

❷ 张文显．法哲学范畴研究［M］．北京：中国政法大学出版社，2001：4－5.

参考与借鉴之处；寻找救济与保障基因权利的合理路径，探索救济与保障基因权利的中国之道；探讨科技的发展与人权的关系，以及由基因权利所引发的对人权法哲学的思考。

# 第一章　基因及相关概念的内涵与外延

技术是一把双刃剑，它既能埋下"善根"，也能结出"恶果"。从达尔文（Darwin）到华生（Waston）与克里克（Crick），从第一个试管婴儿 Louise Joy Brown 到第一只复制羊 Dolly，百余年以来，生命科学不但在医疗、环境、农业、生态等方面的知识累积与应用上获得充足的进展，生物科技更因其对身体、健康以及最重要的对生命创造过程的直接干预能力，形成了对人类文明价值、社会秩序、伦理观念、法律体制等各领域的重大挑战。❶ 自 1953 年发现 DNA 双螺旋结构以来，生命科学和生命技术突飞猛进，创造了一个又一个奇迹，以致许多人相信 21 世纪是"生命科学的世纪"。2000 年 6 月 26 日，人类基因组遗传密码的第一份完整草图由中、美、日、德、法、英六国科学家正式宣告绘制完成，从而打开了人类基因的天书。作为 20 世纪人类最伟大的研究成果——人类基因组计划深刻地影响了全世界，也正在改变新的世界。基因科技的发展对人的生老病死的干预，乃至对人生理的"改造"，和以往已不可同日而语，甚至开始扮演上帝的角色，从而对人的权利、尊严，以及人与人之间的关系等伦理、法律问题提出了严峻的挑战，而且将继续提出新的可能更加尖锐的挑战。作为以调节人与人之间的相互关系、维护社会秩序和进步为己任的法律，不能不认真面对这种新的形势和要求。❷ 这些问题都指向一个焦点，那就是人类基于基因之上享有何种权利，而厘清基因相关概念的内涵是研究基因权利的基础。

---

❶ 颜厥安. 鼠肝与虫臂的管制——法理学与生命伦理文集［M］. 台北：元照出版社，2004：163.

❷ 谈大正. 生命法学导论［M］. 上海：上海人民出版社，2005：序言.

## 第一节　基因与基因组

### 一、基因

（一）基因的界定

对非生物学专业的人来说，基因既时髦又难懂。基因究竟是什么？基因是"gene"的中文音译，亦即"基本因子"。基因在希腊语中意思是"生"，是指负责遗传的一小段 DNA，通过这一段 DNA 可以制造出各种蛋白质并进行各种反应，以完成生命过程。

基因作为近生物学上的一个概念，最初是由孟德尔（Mendel）于 100 多年前发现的。长久以来，人们对生命延续的现象充满好奇。终于在 19 世纪，孟德尔的豌豆实验，为生命忠实相传的奥秘——遗传因子，亦即基因，洒下了科学研究的曙光。孟德尔的研究成果被发扬光大，触动了分子生物学的崛起，确认了生物世界里所有繁衍、再生与新陈代谢活动都与基因有关。但是基因概念是由摩尔根（Morgen）正式确定和命名的。根据分子遗传学的研究，基因是一个化学实体，是具有遗传效应的分子中的一定核苷酸顺序。基因是遗传信息传递、表达、性状分化发育的依据。[1] 1909 年，在丹麦遗传学家约翰逊的建议下，遗传学界首次采用"gene"一词来表示遗传性状的物质基础。现代遗传学中的基因是指携带遗传信息的 DNA 序列，是控制性状的基本遗传单位。基因通过指导蛋白质的合成来表达自己所携带的遗传信息，从而控制生物个体的性状表现。基因是每一种生物机体最重要的组成功能单位，是生命的密码，记录和传递着生物体的遗传信息，决定了生物体的生、老、病、死等一切生命现象。基因是生物技术世纪的绿色黄金。[2] 基因中碱基排列的序列通常称为遗传指令，透过这些指令传达讯息，每一种生物才能表达其特征，也因此基因被视为决定遗传的基本单位。在现代遗传学上，基因是 DNA（脱氧核糖核酸）分子上具有遗传效应的特定核苷序列的总称，基因位于染色体上，并在染色体上成线性排列；它可以通过复制把遗传信息传给下一代，它是每种生物机体最重要的组成功能单位，可以大致分为人类的基因与其他生物体的基因两大类。[3] 地球上存在着生命就存在着基因，没有基因就没有生

[1] 孙勇如. 遗传学手册 [M]. 长沙：湖南科学技术出版社，1989：75.

[2] 杰里米·里夫金. 生物技术世纪——用基因重塑世界 [M]. 付立杰，陈克勤等译. 上海：上海科技教育出版社，2001：39.

[3] 张爱燕，李燕. 生命科技的法律问题研究 [M]. 济南：山东大学出版社，2007：33.

命。我们可以说："地球的历史，记录在地壳的地层里。生命的历史，铭刻在基因组里。"❶

作为法学研究对象的基因与作为生物学研究对象的基因是不同的。生物学主要是将基因作为一种遗传物质加以研究的，而法学则主要是将其作为一种具有一定经济价值、能为人们带来利益、需要借助立法加以保护的自然资源来研究的。❷

（二）基因的特性

基因具有以下五个最基本的属性。（1）基因同时具有物质和信息双层属性。我们可以从人体的血液、组织细胞、器官、毛发甚至整个身体获得基因信息，由于组成每个人的生理躯体的细胞带有基因信息，基因同时具有物质和信息双层属性。正如一位美国学者所说："DNA 序列不单单是分子，它们也是信息。"❸（2）基因信息具有高价值性。造成人类基因信息的高价值主要有两个原因：其一，人类基因资源的稀缺性和有限性。从数量上看，人类基因总数在 2.6383 万到 3.9114 万个左右，也就是 3 万个左右。人类只比线虫多1 万个基因，比果蝇多 1.3 万个基因。而且现有的基因专利制度允许对纯粹的基因片段申请专利，基因片段申请一个就少一个，一旦所有的基因都被申请完，那么任何要对基因进行研究的活动就会受到专利的限制。其二，基因技术的发展成就了新型的生物科技产业——基因医药业，基因是未来医药业的源头、生长点和制高点。（3）基因信息具有风险性。在某些情况下，基因信息会给某些特定的人群带来无穷的担忧，例如，在一些国家发生的保险和就业领域的歧视。❹（4）基因通过复制，可以将遗传信息传递给下一代。（5）基因可能突变形成多种等位基因。❺ 任何生物体包括人类每一项生化特性都是由基因控制的，染色体由基因构成，基因则是遗传的基本单位。换言之，人体所有细胞和器官都是通过基因间的相互作用而形成结构并行使功能的，基因简直就是生命的基础。❻

---

❶ 黄丁全. 医疗、法律与生命伦理［M］. 北京：法律出版社，2007：652.

❷ 倪正茂，陆庆胜. 生命法学引论［M］. 武汉：武汉大学出版社，2005：363.

❸ Lori B. Andrew：The Gene Patent Dilemma：Balancing Commerical Incentives with Health Needs，Houston Journal of Health Law& Policy，2002，Biotechnology Symposium.

❹ 韩缨. 利益的分配与平衡：人类基因权力问题浅议［J］. 青海社会科学，2009（3）.

❺ 等位基因是位于一对同源染色体的相同位置上控制某一性状的不同形态的基因。等位基因控制相对性状的显隐性关系及遗传效应。换言之，可以把等位基因理解成位于一对同源染色体的相同位置上一个显性基因和一个隐性基因组成的一对基因，控制着某一相对性状。王镜岩. 生物化学（第三版，下册）［M］. 北京：高等教育出版社，2002：406－407.

❻ 黄丁全. 医疗法律与生命伦理［M］. 北京：法律出版社，2007：649.

## 二、基因组

基因组（genome），也称为基因体，是指一个生物中完整的 DNA 组合。生物间基因组的大小差别很大，已知的生物中，基因组最小的细菌约有 60 万个左右的 DNA 碱基对，人类与老鼠的基因组大小则在 30 亿个左右。基因组的大小和基因的数量并不必然相关，依照生命形态的不同，每一种生物所含的基因总数也相差甚远。基因是一段 DNA 序列，而基因组就是所有 DNA 的总和。事实上，在人类基因组这套长度惊人的生命之书中，有意义的句子，亦即基因，只有 3 万多句，仅占所有 DNA 总和的 1.5%，其他大多数都是垃圾 DNA，也就是不具有制造蛋白质的碱基序列。目前科学家对这些有意义的句子所要传达的意思，也就是基因的功能，解读不到五成，而对大部分垃圾 DNA 的功能也还不甚了解，猜测其或许是演化的剩余物，或许具有调节基因的功能，又或许具有保持染色体构造的功能。

从发现孟德尔定律到现在，100 多年来人们对基因的研究不断深入。1990 年开始进行的"人类基因组计划"（Human Genome Project）于 2000 年已经完成初步草图。2003 年，人类基因组计划书宣告圆满结束，人类于是进入所谓"后基因时代"（post - genomic era）。英美科学家于 2006 年 5 月 18 日宣布完成了人类第一号染色体的基因测序图，已经进行了 16 年的人类基因组计划终于画上了一个圆满的句号。

# 第二节　基因检测与基因资讯

## 一、基因检测

（一）基因检测的界定

基因检测（genetic testing）是一种检验人体 DNA 有无基因失序的技术，以此判定有无患基因疾病的倾向或可能性。基因检测是为了取得基因资讯，以便作出适当的决断。

（二）基因检测的分类

基因检测可运用的范围非常广泛，在医学领域，基于检测目的、受检者的规模，基因检测可以分为以下六类。[1] 第一类，基因筛检：这主要是针对特定团体或全体国民进行检测，一般而言，被纳入国民健康计划的一部分，且

---

[1] SACGT, A Public Consulation on Oversight of Genetic Tests, Summary, 2000: 2.

多数通过产前或新生儿的基因检测以达到筛检目的。由于基因筛检是大规模的检测，检测计划若未考虑周全，极易导致对特定族群或团体的基因歧视。第二类，生殖性基因检测：随着胚胎植入前的基因诊断技术的发展，在进行体外人工授精阶段已可运用这一技术，筛检出胚胎是否带有基因变异，避免未来出生的婴儿患有遗传性疾病。第三类，诊断性检测：目前多半用来协助医生开立适当的药物以及剂量。第四类，基因携带者检测：基因携带者本身并非基因疾病的罹患者，但该基因如果与某些特殊基因相结合，却可能导致下一代罹患基因疾病，而通过基因携带者的检测即可筛检出此种可能，作为基因携带者在作出婚姻、生育决定时的参考。第五类，预测性质的检测：指通过检测可以了解受检者本身是否带有某一基因异质，以评估罹患某种疾病的概率。第六类，症状出现前的检测：此种检测的目的是了解目前健康情形仍然良好的个人是否带有某种突变基因，而此基因与特定疾病的发生有十分确切的必然性。这类基因检测多用于成人发生的基因疾病。

基因检测的性质与目的决定了基因检测所蕴含的风险与其在医疗方面的价值。诊断性基因检测可以协助医师了解病人是否对某一种药物有抗药性，避免药物过敏。预测性基因检测结果则显示带有某基因者，其发生特定疾病之可能性较高，但是否会发病并非必然，因此如果被不当使用，将对当事人身心造成难以弥补的损害。生殖性基因检测应否受到法律规范，更是牵动一个社会对于生命价值的敏感神经。

（三）基因检测带来的问题

基因科技的快速发展，固然使得许多困扰人类已久的疾病，通过基因资料的研究可望开发出新的治疗及预防方案，但基因资讯性质特殊，某些基因检测虽然准确且有其临床上的意义，但基因检测的结果可能使接受检测者的身心受到伤害，或引起严重的社会问题。美国 20 世纪 70 年代进行的优生运动（American eugenics movement）以及镰刀症筛选计划（the sickle cell screening programs）所造成的社会问题就是一例。由于镰刀症多发于非裔美国人，当时各州从医疗保健的目的出发而颁布强制性基因筛检的立法，最后竟演变成为对美国非裔族群的种族歧视，导致美国国会不得不在 1972 年紧急立法通过《国家镰刀贫血症控制法》，以自愿接受镰刀症之基因检测作为联邦政府补助各州执行本项计划的条件。可见，专为特定族群所开发的基因检测本身即带有高度的社会争议，如果没有法制配套保护检测基因资讯，这种技术将会受到相关族群的排斥与拒绝使用，有违原先技术开发的目的。正因为检测的结果不止对接受检测的人有重要意义，检测结果更将可能对该个人的家庭甚至其所属族群造成影响，因此，在没有适当的对应保护前，即使明知基因检测可以筛检出患病风险，许多人对此技术的运用仍犹豫不决甚至排斥，导致基因研究投资难以发挥其潜在效能。因此，基因检测是否应限于特定目的，对检测结果如何给予保护，第三人使用基因检测资讯时是否应规定前提条件，有没有必要针对基因资讯限于健康保险及就业领域使用，对于这一系列问题都应该建立一致性的适用原则，并由法律明文保护。

如果基因检测的科技已经相当发达，上一代是否有道德义务避免将导致疾病、痛苦的瑕疵基因遗传到未来世代？同理，若有缺陷的下一代出生，其是否可以主张，上一代既然可通过基因检测充分掌握基因缺陷，何以仍让他来到世间受苦，从而有无瑕疵来到人间的权利，反之，如果明知有基因缺陷，但无法通过基因治疗改善，是否可以主张放弃来到人间的权利？就后者而言，若从胚胎基因检测，预见其所成长之胎儿的基因缺陷，使有缺陷的胚胎根本无法形成胎儿，人是否会因丧失其多样性而贬损人类生命的整体价值，同时又将陷入已出生者与未出生者世代利益衡量的道德困境。❶ 基因检测涉及的问题层面甚广，问题的急迫性也不一致，且由于人类对于基因的了解仍然很有限，要以法制规范这种先进技术，难免会遭遇难以应付的窘境，因此，在了解基因检测可能衍生的问题之后，最好厘清法制层面处理这些问题的先后顺序，并辅之以持续性研究，以便为某些阶段还不十分清楚应该如何处理的问题找出法制的应对之道。❷

## 二、基因资讯

随着基因科技的发展，过去已为人们所理解的基因资讯，将随着科学研究的进展，成为富含个人健康情况与患病可能性的有价值的资讯。

（一）基因资讯的概念

基因是遗传的基本单位，存在 DNA 的固定位置上，负责传送信息以控制人体的各种生理机制。人体基因都是带有遗传信息的 DNA 片段，而所有 DNA 的组合又称为基因组（genome），由此，基因资讯存在于每个人的细胞核中，它是指基因或 DNA 所揭露与承载的遗传资讯。一个人的基因资讯能够帮助我们了解他的出生、家庭、家族甚至种族的一些相关信息；了解各种基因的功能与控制方式、基因相互的关系、基因与人体生理以及疾病的关系，借此能研发新药或治疗方式，接触基因异常所致的疾病，并进一步掌握人的生命秘密，积极造福人类。由于一个人的基因资讯存在于体内的细胞核中，因此，

---

❶ 李振山. 多元、宽容与人权保障——以宪法未列举权之保障为中心 ［M］. 台北：元照出版社，2005：378.

❷ 李雅萍. 生技法律解码 ［M］. 台北：书泉出版社，2005：90－94.

只要获得一个人的细胞核，例如人的一滴血、一根毛发甚至唾液，我们就可以获知该人的基因资讯，个人的基因资讯几乎唾手可得。

（二）基因资讯的特征

基因资讯具有以下特点。

（1）每个人的基因信息都是独特的。除了同卵双胞胎外，每个人的基因组都与他人有所不同，这种差异的产生，一方面是因为胚胎受精时从父母亲各获得一半的 DNA，重新排列组合成独特的基因组；另一方面也可能因为个体的突变，如基因序列在复制时发生变异所致。人与人之间的 DNA 差异在0.1% ~0.2% 左右，正是这种差异，使得每个人具有独一无二的基因组，所以，基因资讯具有个人性，可以用来识别一个人的身份。

（2）基因资讯具有预测性。基因是控制人体各种生理机制的程式，因此基因资讯具有预测性，它可以预见一个人的健康状况与生理特征；而且，基因所承载的资讯，可相当程度地预测当事人的未来身心变化。由于研究的进展，基因资讯可预测的层面越来越多，越来越广。透过基因资讯，所能拼凑的当事人个人图像将越来越细琐而全面。在将来，不止是疾病，许多为人所不喜欢或喜欢的人格特质或外貌，也许都能与个人基因有所牵连。

（3）基因资讯具有遗传性、永久性。每个人的基因分别来自父母亲，因此知道一个人的基因资讯，可以辨识出其与父母、子女、兄弟姊妹间的亲属关系。同时，基因资讯还具有永久性，与人的血压、胆固醇会因为饮食、环境而改变不同，除非通过基因改造和治疗，基因资讯不会任意改变。个人的基因信息是终生不变的。

（4）基因资讯具有隐私意义。基因资讯所具有的识别个人能力、未来身心变化的特性，使得基因资讯具有隐私意义；也由于基因资讯的出现，个人隐私保护有了新的思考领域。基因资讯一旦脱离个人掌控，在数位时代，不知将散逸何方，落于何处何人而带来不可知的风险。因此，搜集和利用个人基因资讯的行为不能不受规范。2000 年，澳洲的一个乡村小镇发生了一件骇人听闻的强奸案件，被害人是一个 91 岁的老妇人。为了揪出犯罪的人，警察要求进行大规模的 DNA 检测，所有村民都可以自由决定接受或拒绝检测。但是村民们真有选择的自由吗？拒绝接受检测的人会遭受其他村民什么样的眼光呢？而接受检测就会使个人的基因资讯全部暴露。从 1985 年英国 Alec Jeffreys 爵士发展出所谓的"DNA 指纹鉴定"（fingerprint）技术，并且侦破了一件强奸杀人案开始，DNA 鉴定就被当作打击犯罪不可或缺的工具。今天，随着基因科技的发展，结合威力强大的电脑科技，如果每个人的基因资讯都被搜集完整并建档，可以想见，这将对犯罪调查带来莫大的帮助，但同时也会对全民隐私构成强大的威胁。

（三）基因资讯的国际规范

基于基因资讯的重要性，有学者倡议对基因隐私进行特别立法，这类看法以美国波士顿大学的乔治·安纳斯（George Annas）、伦纳德·格兰兹（Leonard Glantz）和帕特里·夏罗氏（Patricia Roche）三位教授最具代表性。1995 年他们接受政府资助，就"基因资料库资讯隐私保障准则"进行研究，提出了基因隐私法（Genetic Privacy Act）作为将来立法的参考。其主要原则包括：第一，未经当事人告知同意不得搜集其 DNA 资料；第二，从事 DNA 分析者在为证实当事人或其代理人已经书面授权前，不得进行该当事人 DNA 的分析研究；第三，DNA 的分析不得逾越书面授权的范围；第四，DNA 属于该 DNA 所有人的财产；第五，授权期限届满后，DNA 采样必须以既定程序销毁；第六，任何因正常业务的进行而持有他人的基因资讯者，对该资讯应该严守秘密，非经该人或其代理人书面授权同意，不得揭露该资讯。

2003 年联合国教科文组织针对基因资讯发表了"人类基因资讯国际宣言"（International Declaration on Human Genetic Data），宣示任何人类基因资料的搜集、处理、使用及储存均应尊重个人尊严与人权，并且详细说明了这四个方面分别应遵守的原则。首先，有关基因资料搜集方面，该宣言要求，除非国内法具有符合国际人权的重要理由，否则，无论基因资讯的搜集是否涉及侵入性检查，均需得到当事人事前、自由、知情且明示的同意，而且不得以金钱或其他利益引诱其同意。其次，有关基因资料的处理方面，该宣言要求，当基因资料可辨识当事人身份时，政府应该根据国际人权法，保障当事人、家属或社群的秘密与隐私，除非符合国际人权重大公益且经法律授权，或取得当事人事前、自由、知情且明示的同意外，不得揭露给第三人，尤其不得揭露给保险公司、雇主、教育机构或其家属。第三，有关基因资料使用方面，原则上基因资料只能根据原始搜集目的使用，不得变更用途，除非取得当事人事前、自由知情且明示的同意，或符合国际人权与重大公益且经法律授权。最后，有关基因储存方面，政府应考虑根据独立、跨领域、多元价值、透明以及本宣言的原则，建立一个监督和管理基因资料的架构，政府在侦查犯罪过程中，从嫌犯所搜集的基因资料，一旦不再有使用的必要，即应予以销毁，除非有其他符合国际人权与重大公益的目的。❶

（四）基因资讯的应用

基因资讯最直接的应用是医学研究与临床治疗，例如基因研究、基因筛

---

❶ 叶俊荣. 天平上的基因——民为贵，Gene 为轻［M］. 台北：元照出版社，2006：169－170.

选以及基因治疗。基因资讯还可以运用到诉讼、教育、商业、移民中，它关系到个人健康、家庭与生育等很多方面。基因资讯的利用对个人具有相当的利益，可以预测个人的健康风险。对个人来说，了解自己的基因资讯可以更有效地进行健康管理，预先规划婚姻、生育、工作乃至医疗上的重大决定等。除个人以外，对健康资讯有知情利益的保险人或雇主，也可能利用基因资讯来作更精准的风险计算与人力评估。另外，基因资讯的一个重要应用是在身份关系的鉴定上。进行 DNA 鉴定时，可以采集受检者身上的血液、口腔黏膜或头发等作为检体，然后分析比对检体细胞 DNA 的特性，以检查两个人之间的基因共同性，计算出血缘关系的概率，准确率可达99%以上。

基因资讯的利用对于公共利益的增进具有重要的作用。基因资讯可提供犯罪侦查之用。基因资讯可应用于法医学，协助司法鉴定与犯罪侦查，有效打击犯罪。近年来，DNA 鉴定已经被广泛运用为侦查犯罪的工具。警察往往利用犯罪现场所搜集到的毛发、皮肤细胞、血液及其他体液来锁定嫌疑犯。但是基于成本的考虑，目前的鉴定并不一定将一个检体的所有 DNA 序列均排列出来，而是选择一小部分能够突显个人独特性的高变异区的 DNA 加以定序，再根据这些 DNA 序列，比对在场采集到的检体与嫌犯的检体是否吻合。因此，虽然有些人同一部分的 DNA 序列可能同犯罪现场所采集到的相吻合，但不能因此就断定他是犯罪嫌疑人。所以，基因资讯用在刑事侦查方面的主要功能是将 DNA 不相符的人排除在嫌疑犯之列，而非用来确认嫌疑犯。❶

利用基因资讯的目的可能是提供自己使用、提供公用或者商业营利，或供特定人学术研究之用。如果从司法治安的角度而言，基因资讯的利用是为了维护人民的安全、协助司法鉴定、协助寻找失踪人口、确定亲子血源、提升犯罪侦查的效率、有效防止性犯罪。如果从医疗健康的角度而言，基因资讯的搜集和利用有助于诊疗、预防因基因突变引起的疾病，依基因个别功能与控制方式，研究新药或治疗方式，增进人类健康与品质，减少对未知疾病的恐惧，因此而研发的专利、技术、产品往往带来巨大的商业利益，同时基因资讯的充分利用可保障研究自由，不断深入探究生命的奥秘，满足人类求知的好奇心理。

但是，基因资讯的不当利用可能产生一些负面效应。基因资讯的不当利用和揭露，除了会侵害人性尊严与人格权外，也将涉及平等权、工作权、财产权。一般焦点都集中在基因歧视上。基因资讯也是医疗研究的重要基本素材，基因科技的发展有赖于基因资讯的利用与研究。目前，即使当前尚未成熟的基因科技所透露的个人基因资讯并不完全，但是在现阶段，个人基因资

---

❶　叶俊荣．天平上的基因——民为贵，Gene 为轻［M］．台北：元照出版社，2006：22 - 24.

讯的公开，在一些国家如美国、中国等，对个人已经产生一些不利影响。如，在就业、健康保险方面，因基因资讯的公开而受到基因歧视，无法与他人正常竞争工作机会，或获得合理的工作分配或升迁，或无法获得健康保险等。这样的案件已发生了多起。在就业方面最典型的案件是，甲女可能自父母遗传了亨廷顿氏舞蹈症（Huntington's Disease，HD）❶的变异基因，因此决定进行基因检测。遗传咨询者建议她在检测之前先安排好寿险与医疗险，因为一旦出现阳性检验结果，将可能使她无法获得保险。甲女的同事无意中听到甲女进行检测的计划，就将此事告诉了老板。起初老板也表示同情，且答应提供帮助，但是当检查结果显示她确实带有变异基因，而且她也宣布了这件事情之后，她却遭到了解雇。而在甲女被解雇前的 8 个月期间，她曾因工作表现优秀而获得 3 次升迁。至于甲的兄弟姐妹们，没人再敢进行基因检测，因为害怕重蹈甲女的前车之鉴而失去保险和工作。他们也因此无法确定自己有没有得到 HD 基因。在保险方面也有一个典型的案例：保罗是一个健康活泼的男孩，但他已经两次被拒绝投保。当他还只有 5 个月大的时候，他的母亲在睡眠中突然心跳停止而死亡，而保罗 20 岁的舅舅也因心跳停止而死亡。经遗传学家诊断，保罗母亲的家族成员中有 7 位具有第七号染色体上的变异基因，这种基因会导致长 QT 波症候群。❷ 几年后，保罗的父亲失业了，也一同失去了他与保罗的团体医疗保险。尽管其父亲一再向保险公司投保，可保险公司只愿接受其父亲，而拒绝将保罗纳入家庭医疗保险，因为保罗遗传了其母亲的导致长 QT 波症候群基因。❸ 随着基因科技的发展，尤其是人类基因组计划的完成与后基因组计划的实施，将会有更多的基因信息被揭露出来，一旦个人的基因资讯遭到不当揭露，尤其是基因缺陷的信息被公布于众，该信息将终生伴随携带者，对其家族的影响更加深远，与一般的传染病信息不同，基因缺陷信息或与基因疾病相关的一切歧视、羞辱等不利问题将终生伴随这些携带者，"甚至在很大程度上影响个人或其家庭成员的生育、就业、保险、教育、医疗等多个方面，使他们不能很好地适应社会，甚至产生广泛的基因歧视，造成基因下层阶级或基因弱势群体"❹。如何保护基因资讯，防止基因资讯的滥用、误用与基因歧视是亟待解决的问题。

基因存在于生物细胞内，这里的生物包括人和其他生物。鉴于人是法律

---

❶ 这是一种晚发的显性遗传病，带基因者通常在幼年与青春期并不会表现出症状，而发病于中年，由于神经退化的缘故，发病者会出现不自主的扭动与心智障碍，严重可致命，并且在目前还无法治疗。参见财团人罕见疾病基金会讯，2000（5）.

❷ 这种心脏病因在心电图上显现长 QT 波形态而得名。

❸ 何建志. 基因歧视与法律对策之研究 [M]. 北京：北京大学出版社，2006：1–2.

❹ 刘银良. 生物技术的法律问题研究 [M]. 北京：科学出版社，2007：64.

关系的主体而非客体，我们必须把人的基因与其他生物的基因区别开来。对于其他生物的基因而言，因为它们只能作为法律关系的客体，所以对其基因可以适用公有制，这样我们可以保证国家对其的绝对处分权。而对于人的基因而言，因为它关涉人的平等权、隐私权、财产权等基本权利，我们需要用公法与私法加以保护。本书的研究也仅限于人的基因权利，其他生物的基因权利不在本书研究范围之内。

# 第二章　基因科技与基因权利

科学技术是人类文明的重要支柱，是影响人类生存与发展的最主要和最根本的因素。每一次科技革命都大大推动了生产力的发展，促进了经济和社会的进步，同时也推动了法制的发展，引起了基本权利的变化与发展。因为权利的产生、发展和实现，都必然以一定的社会经济条件为前提。各时代的人权状况也要从经济发展中得到说明。任何人都不可能超出现实条件而提出过高的人权要求，人权与人权观念是由人类自己的物质生活条件所决定的。❶人们提出权利的要求是为了形成与发展理性的经济关系，以满足自己生存的经济需要。在人类社会发展的早期，人们没有权利的要求。随着生产力的发展与经济交往的增多，逐步出现了经济关系上的不平等、不理性，这才产生了权利意识与权利的要求；而且生产力水平越高的社会，权利的发展水平与实现程度也就越高，反之就越低。生产力与生产关系决定了权利的产生与发展。基因权利是随着基因科技的发展，人们对于基因上的利益诉求越来越强烈而产生的。

## 第一节　科技发展与人权的演变

### 一、关于人权产生的不同学说

人权究竟来自何处？有人说是"自然"，有人说是"商"，有人说是"法律"，即人们所称的"天赋人权说"、"商赋人权说"和"法赋人权说"。这三种学说都是对人权深层依据的探讨，然而它们都有失偏颇。

（一）天赋人权理论

自然权利（natural right）源于拉丁文 jus nafural，中文习惯译为天赋人权，指自然界生物普遍固有的权利，并不由法律或信仰来赋予。自然权利源自古希腊哲学的自然法理论，文艺复兴以来成为西方法律与政治思想的重要

---

❶　张文显. 二十世纪西方法哲学思潮研究［M］. 北京：法律出版社，2006：436 - 437.

议题。17～18世纪，荷兰的格劳秀斯、斯宾诺莎，英国的霍布斯、洛克，法国的伏尔泰、狄德罗、卢梭等，对这一思想进行重要的发展。天赋人权论在西方流传甚广，它把人权说成是与生俱来的不可转让的自然权利，是不证自明的。

（二）商赋人权理论

商赋人权说，是针对天赋人权说而提出的新型人权理论。这种理论认为，人权思想是与商品经济相伴而生的历史现象，是商品经济产生了人权。这一学说又有两种主张。一种认为，人权是原始社会共同体解体以后，商品经济出现并发展的产物。古代人们的人权理论尽管粗陋、欠缺和幼稚，甚至未能提出明确的人权概念，但是不能否认他们属于人权探索的范畴。另一种认为，人权思想的产生首先是基于经济原因，基于商品经济，但是人权不是由古代的简单商品经济带来的，而是资本主义商品经济的产物，它首先产生于近代欧洲。这种观点认为人权依据商品经济的理论，也同样是值得商榷的，因为人权的依据并不仅是商品经济。经济的确是人权的依据之一，但并不是唯一的依据。商品经济只是经济的一种形式，它不可能代替经济的全部内容，更不可能成为人权来源的根本。运用商赋人权理论无法解释非商品经济基础上的人权现实。

（三）法赋人权理论

法赋人权说，是针对天赋人权说和商赋人权说提出的又一种人权理论。它否认人权是天赋的，也否认人权是商赋的，认为人权来源于法的赋予。法赋人权理论认为人权是一种权利，权利由权力和利益两部分组成，单纯的利益不等于权利，只有被国家权力保护的利益才是权利。一方面，法律必须保护人权，这些被法律所保护的人的权利既不是法律的恩赐，更不是法律的奖赏，而是人所固有的，从这个角度说，人权具有自然属性的一面；另一方面，只有受国家法律保障的人权才是合法的人权，这些权利包括社会属性的一面。权利是法律的产物，而且仅仅是法律的产物，没有法律也就没有权利，不存在与法律相抗衡的权利，也不存在先于法律的权利。法赋人权理论的代表人物有边沁、戴西、密尔等人。

这些理论都没有谈到科技发展对人权的影响。其实，一切权利的产生都以一定的经济条件作为基础，离开了经济条件，权利就无从产生，更不可能得到实现。马克思在《哥达纲领批判》中指出："权利永远不能超出社会的经济结构以及由经济结构所制约的社会的文化发展。"❶ 权利受到经济条件的制

---

❶ 马克思恩格斯选集．［M］．第3卷．北京：人民出版社，1995：12.

约。现实的经济结构决定了人们的权利意识与权利关系。权利的变化与发展取决于一定经济基础的变化与发展。"社会的物质生产力发展到一定阶段，便同它们一直在其中活动的现存生产关系或财产关系（这只是生产关系的法律用语）发生矛盾。于是这些关系便由生产力的发展形式变成生产力的桎梏，那时社会革命时代就到来了。随着经济基础的变更，庞大的上层建筑也或慢慢地发生变革。"❶

### 二、人权思想的提出是科学技术发展的结果

人权意识是人权发展的前提条件。近代科学技术从精神与文化两方面提升了人的主体观念，唤醒了人的权利意识。随着科学技术的发展，"阳光才照射出来，从今以后，迷信、偏私、特权和压迫，必将为永恒的真理，为永恒的正义，为基于自然的平等和不可剥夺的人权所排挤"❷。

（一）在古代人们根本不懂得自己应有的权利

在古代奴隶社会、封建社会里，大多数人根本不懂得自己应有的权利，同时由于统治阶级也不希望人们有权利意识，因此，当时除了少数进步思想家有一些人权思想的萌芽外，广大人民没有做人的真正权利，更不用说维护权利的条件与保障了。造成这种现象的根本原因在于科学技术落后与神权思想的影响。

（二）14～15世纪以后人们了解到世界是人创造的而不是神创造的

14～15世纪以后，各门自然科学包括物理学、地理学、天文学、医学、化学、数学等都取得了新的进展，并迅速盛行于西欧各国，再加上中国四大发明中的火药、指南针与印刷术，这些为资产阶级推翻封建制度、发展资本主义提供了条件。在科学技术的创造活动中，人们不断修正自己的错误认识，了解到世界是人创造的，而不是神创造的。在人与自然的关系中，在对自然现象的解释上，科学逐渐战胜并取代了宗教在人们生活中的地位。在资本主义发展时期，资产阶级重视科学、理性、人权，并把它作为反封建、反神学的武器，希望通过科学的发展实现人类的自由、平等、博爱，也就是实现人类普遍享有的自然权利。❸

（三）15世纪末航海技术的发展与人权思想的提出

正如马克思所说："日耳曼人在西欧的横行，逐渐建立了空前复杂的社会

---

❶ 马克思恩格斯选集．[M]．第2卷．北京：人民出版社，1995：82－83.
❷ 恩格斯．反杜林论[M]．北京：人民出版社，1970：15.
❸ 孟宪平．科技法发展对人权的双重影响及解蔽思路[J]．江汉大学学报（社会科学版），2008（1）.

和政治的等级制度，从而在几个世纪内消除了一切平等观念。但是同时把西欧和中欧卷入了历史运动，在那里第一次创造了密集的文化区域，并在这个区域内建立了一个由互相影响和互相防范的主要是民族的国家所组成的体系。这样就具备了一个基础，后来只有在这个基础上才能谈人的平等和人权问题。此外，在封建的中世纪内部孕育了这样一个阶级，这个阶级在它的进一步发展中，注定成为现代平等要求的代表者，这就是市民阶级。最初市民阶级本身是一个封建等级，当 15 世纪末，海上航路的伟大发现，为它开辟了一个新的更加广大的活动场所时，它使封建社会内部主要靠手工业和产品交换发展到比较高的水平。欧洲以外的，以前只在意大利和列万特之间进行的贸易，这时已经扩展到美洲和印度，就重要性来说，迅速地超过了欧洲各国之间的每个国家内部的交换。美洲的黄金和白银在欧洲泛滥起来，它好似一种促进瓦解的因素深入封建社会的一切缝隙、裂缝和细孔……大规模的贸易，要求有自由的、在行动上不受限制的商品所有者，他们作为商品所有者来说是有平等权利的，他们根据对他们来说全都平等的（至少在当地是平等的）权利进行交换。……无论在哪里，道路都不是自由通行的，对资产阶级竞争者来说机会都不是平等的——而自由通行和机会平等是首要的和愈益迫切的要求。一旦社会进步，把摆脱封建桎梏和通过消除封建不平等来确立权利平等的要求提到日程上来，这种要求必定迅速发展到更大的规模。虽然这一要求是为了工业和商业的利益提出来的，可是也必须为广大农民要求同样的平等权利，另一方面，也不能不要求废除封建特惠、贵族免税权以及个别等级的政治特权。由于人们不再生活在像罗马帝国那样的世界帝国中，而是生活在那些相互平等的交往并且处在几乎相同的资产阶级发展阶段的独立国家所组成的体系中，所以这种要求就很自然地获得了普遍的、超出个别国家范围的性质，而自由和平等也就很自然地被宣布为人权。"❶ "市民阶级最不可少的需要就是个人自由。没有自由，那就是没有行动、营业与销售货物的权利，这是奴隶所不能享有的权利，没有自由，贸易就无法进行。"❷ 追求人身自由始终是城市居民最迫切的要求，直到他们在法律上获得这种自由为止。城市居民对财产自由的要求首先是同对人身自由的要求联系在一起的，没有人身自由就没有财产自由。对贸易自由的要求不仅是城市居民的要求，也是城市本身的要求。"人权思想是资本主义生产关系代替封建生产关系的产物，而科学技术是资本主义生产关系的有力杠杆。"❸

---

❶ 马克思恩格斯选集．［M］．第 3 卷．北京：人民出版社，1995：143－145.
❷ 皮朗．中世纪欧洲社会经济史［M］．上海：上海人民出版社，1964：46.
❸ 孔幼真．论科学技术进步对人权发展的影响［J］．政治与法律，1995（6）.

（四）近现代科技的发展进一步唤醒了人们的权利意识

科技的发展威胁到人的生存，进一步唤醒了人们的权利意识。人是万物之灵、天之骄子，是唯一具有思维的智慧创造。但是，16 世纪的维萨里把解剖刀伸向人体，17 世纪的哈维把人作为实验对象，18 世纪的拉美特利说"人是机器"，19 世纪的魏尔肖说"人是细胞"。到了 20 世纪，摩尔根、沃森等科学家更进一步地认为人是基因、DNA 等生物分子。这虽然有利于研究的深入，但人的灵魂也被消解了。现在，从内部到外部，从宏观到微观，人都成了科学研究的对象，不仅不断被肢解，而且逐步被商业化。辅助生殖使得精子、卵子等成为交易的对象；器官移植使得肾、肝、角膜等成为炙手可热的商品；"肥胖基因"成了某些人的专利。如果"克隆人"出现，那整个人都会变成可以定制的产品。信息科技的发展更强化了这种趋势，网络使人的私人空间越来越小，智能机器人的发明使机器人可以取代人从事许多工作，甚至可能超过人的某种智能。人类的命运将如何？会不会被机器人所代替甚至成为机器人的奴隶？有的科学家表明，未来不再需要人，有人甚至描绘了这样一幅画面：在撒哈拉大沙漠和海岸边，数万人拿着木铲机械地铲来铲去，原来人类已成为多余的动物，再也无事可做了。❶ 这些表明科技的发展损害到人的尊严甚至已经威胁到人的生存与发展。不管科学如何发展，它都必须尊重人的尊严和权利，保护人的健康与生命。也正是由于科技的发展，人的尊严意识、权利意识不断被唤醒。

## 三、科学技术为人权的发展提供了社会条件

马克思指出："随着资本主义生产的扩展，科学因素第一次被有意识地和广泛地加以发展、应用，并体现在生活中，其规模是以往时代根本想象不到的。"❷ 科学技术一次次解放人的思想，把人们追求自由与权利的热情推向新的境地。❸ 例如，互联网的出现与普及唤醒了人们的参与意识、平等意识，并促使人们为自己的参与权与平等权而不断努力；人类基因组的解码使人们更加注重基因隐私与基因歧视，保障人类的基因权利已被提上议事日程。20 世纪 50 年代，人类就挟其能用原子能的威力，加速了本已冲击和震撼人类社会的科技革命的发展幅度与范围。喷射飞机、核子毁灭性武器、长短程飞弹、太空航行科学的进展，乃至电子计算机、电视、汽车的普及，无一不使往日

---

❶ 沈铭贤. 科学哲学与生命伦理 ［M］. 上海：上海科学出版社，2008：191 – 192.
❷ 马克思恩格斯选集. ［M］. 第 47 卷. 北京：人民出版社，1980：572.
❸ 孟宪平. 科技法发展对人权的双重影响及解蔽思路 ［J］. 江汉大学学报（社会科学版），2008（1）.

的军事、战略、战争、交通、通信等观念发生历史空前的急剧变动。影响所至，连带地使人际关系、社会结构、政治组织、经济体制乃至法律体系也都难免不被急剧地带动而跟着变化不已。尤其近年来科技发展的速度越来越快，更使社会科学手忙脚乱，疲于应付：科技的飞速进步使得人类生产力水平直线上升，使得财货的生产、流通和分配产生极为错综复杂的变化；经济上生产消费的倡导激励，使提高物质生活的奢侈品在商业广告浪潮中排山倒海而来，使人们的生活与欲望都受到影响，而对自由权与生存权的评估与衡量产生了微妙的变动。此外，由于印刷与通信科技的突飞猛进，电视广播无孔不入，只要透过电视、广播、报纸、杂志和书籍的积极操纵和消极抑制，就不难制造舆论、愚化大众或驾驭群众心理，而发生各种操纵者所预期的变化与结果。因此，言论与出版自由在现代另有不同意义。❶ 科学技术对人权的提升与推动在人类社会中反复地演绎着。科学知识提高了人们的思想文化素质，唤醒了人们的权利意识。同时，科学技术改善了人们交往的条件，提高了通信的质量，加快了公共传播的速度，这些为传播人权思想创造了条件。通过报纸杂志、电视广播以及今天的互联网，人权思想广为流传，越来越多的人受到熏陶，人权意识由少数先进人物的意识转变为人民大众的意识。❷ 科学技术的发展不断为人权实践注入新的理念，而且还为人权规范提供了科学与法理依据。科技的发展有利于人权的保障与实现。由于通信技术的发展，信息传播变得越来越简便、迅速与及时，这有利于人们知情权的实现；现代医学技术的发展使得过去许多疑难杂症都能得到医治与预防，这对人们的生命权与健康权是有效的保证。

## 四、科学技术发展引起基本人权的变化

正如日本学者小林直树所言："每当社会发生重大变动，法与权利亦必随之发生变动。若法与权利关系无视社会条件之显著变化而抱残守缺于旧有状态，不但对解决纷争毫无裨益，反而会成为摩擦与纷争的根源，而随着社会的变动，若社会成员的意识与需要已构成要求变革之强大力量，则基本权利关系自然会产生变化。"❸ "如果说荷马时代的神话曲折地表达了人们的自由观念，那么以后的科技进步则使人们对权利和自由的追求成为时代的直接动力。如果说哥白尼提出日心说来对抗地心说权威，开始只是纯粹的科学研究，那么后来的影响超出了他所处的时代，其人权意义、反叛精神远远在于它的

---

❶ 李鸿禧. 宪法与人权［M］. 台北：元照出版社，1999：228－229.
❷ 孔幼真. 论科学技术进步对人权发展的影响［J］. 政治与法律，1995（6）.
❸ 李鸿禧. 宪法与人权［M］. 台北：元照出版社，1999：477.

科学发现之上。"❶ 人类到了 20 世纪 50 年代以后，就因其运用原子能和电子技术的威力而进入了科技时代：过去工业革命发明的动力和机器代替了人类的体能与劳力，科技时代的动力和机器则不但凌驾于人类体能之上，而且越俎代庖地代替了人类的智力，工业革命时代人类制造的工具能代替人做事，也能决定人类的生产方式；但科技时代人类制造的工具却能超越人类的能力，作出许多现在认为只有神才做得了的事，又能决定人类未来的生存方式。所以，科技革命对于人类的冲击将十百倍于工业革命。例如，电子工学的发达不但促使情报迅速传播，学术因此日益发达，同时也造成学术与情报的泛滥，甚至使国家、政府易于运用这些科技统治大众传播，制造民意，蒙蔽人民对事物应有的了解与认识，尤其使私生活受到彻底的破坏。再如，核科技的日新月异，加之东西阵营军备竞赛的激烈，使超级大国都想拥有超级杀伤力武器，也使人民的和平生存权面临严重的威胁。❷ 因而，法与权利也必然随之发生变化：20 世纪六七十年代以后环境权、隐私权、和平生存权，还有今天基于基因之上的权利等基本权利不断涌现，相继登上人权的舞台，使人权体系的理论与制度发生了变化。

科学发现与技术进展为经济社会和文化进步打开了广阔的前景，这些发展对个人的权利与自由产生重大的影响。在现实生活中，科学技术对权利的影响主要是通过工业革命的深入以及它对人类生活的改造实现的。也正是因为科学技术的发展，人们才有可能冲破封建迷信与偏见，自由观念才有可能深入人心。"科学技术把过去仅为少数人享有的人权（例如在教育、通信、健康领域的人权）带给人类的大多数而使得人权的事业取得进展，现在科学技术的进步使人们更广泛地享有人权成为可能。"❸ 例如，科学与技术的进步使人们可以通过传播信息的方式发展教育，更进一步促进了教育权的实现；科技的进步能够促进普遍的对健康的关注以及保障水和空气的清洁，促进人类环境权的实现。此外还有因录音技术和其他技术的进步而涉及的对个人隐私权的尊重；电子产品如计算机数据系统、电子通信技术的使用对人们基本权利的影响；随着生物、医学和生物化学的进步，医学转向人体实验，遗传工程以及工业垃圾危害人们的身体时，科学技术也会危害人格与人权；利用科学技术的进步可以改善食品、住房及工作的质量；生产的自动化与机械化、人类环境的破坏以及现代武器的毁灭性力量对人类生存权的影响。

---

❶ 孟宪平. 科技法发展对人权的双重影响及解蔽思路 [J]. 江汉大学学报（社会科学版），2008（1）.

❷ 李鸿禧. 宪法与人权 [M]. 台北：元照出版社，1999：477.

❸ G.G. 威拉曼特里. 人权与科学技术发展 [M]. 张新宝等译. 北京：知识出版社，1997：14.

### 五、科技进步对人权的具体影响

科学技术的发展对人权产生很大的影响：能决定或影响出生及死亡的科学（生物学、医学等）及技术（基因技术、核技术等）的发展影响人的生命权，堕胎与体外受精、胚胎移植、安乐死技术、未经试验的药物造成的问题就是例证。在调查询问中，药物及其他控制心理的化学物品、心理及身体试验方法以及行为疗法仍被经常使用，影响人的身心健康权。记录装置、监视装置、个性测试以及其他基于电子学、光学、声学的通信技术与新的复制技术的发展已经在很大程度上改变了保护隐私的条件，对隐私权产生很大的影响。微电子通信技术的发展已经改变了实现自由主张及自由发表意见的权利以及消息权的方式。新的财产形式如软件的发展导致了对财产权的新思考。通信技术的发展能迅速促进受教育权，但也能产生新形式的教育歧视。科技发展本身不能保证自由参加社会文化生活、享受艺术及分享科学进步及其产生福利的权利，而要与发表意见的自由、消息权及受教育权相结合。较好的通信技术才能促进这一权利。❶ 宪法能够保障人们的言论自由，从 18 世纪的蒸汽机时代到 21 世纪的网络时代，言论一词所指的对象可以从书信到电子邮件，言论的载体可以从纸张到多媒体网络。❷ 而科学技术冲击了宪法对于言论的定义，也影响了言论自由的保障成本。具体而言，以下人权受到科学技术进步的影响最深刻。

（一）生存权

人类社会的基本发展趋势是"无论游牧、畜牧、狩猎等生产形态，除了特殊情况，一般都向着农耕形态演进，这是因为农耕的生产力大于游牧、畜牧和渔猎，生产力增加，才能使人们获得较佳的生存权"❸。生存权是最基本的人权，自有史以来，人类为了生存，为获得充足的物质资料而努力奋斗。科学技术的发展使人们的生存条件得到很大的改善，现在人们的服饰、食物、住房、交通等都较以前发生了很大的改变，生活更加信息化、自动化、闲暇时间增多，人们的生存条件与环境不断得到改善。据统计，社会产品在从新石器时代到公元初的 10000 年中只增长了 2 倍左右，而在公元初到 1600 年的 1600 年中竟增长了 2.2 倍；1900 年到 1965 年，社会产品的增长速度更快，65

---

❶ G. G. 威拉曼特里. 人权与科学技术发展［M］. 张新宝等译. 北京：知识出版社，1997：115 – 116.

❷ 张文贞. 中断的宪法对话：宪法解释在宪法变迁脉络的定位［J］. 台大法律论丛，2003（6）.

❸ 毛汉光. 中国人权史：生存权篇［M］. 桂林：广西师范大学出版社，2006：37.

年就翻了 1 倍多。● 一位法国社会学家曾做过这样的估计：由于科学技术的发展，今天社会创造的 3 年的财富相当于 21 世纪 30 年的变化，牛顿时代以前的 300 年的变化，石器时代的 3000 年的变化。● 蒸汽技术革命使得英国工业的平均生产效率提高了 20 倍，电力技术革命使世界工业生产总值进步了 2 倍多，其中钢铁总产量剧增 55 倍。● 克隆技术为农业和畜牧业增产提供了条件，可以解决困扰人类的食品匮乏问题，使人们的生存权得到保障。

（二）劳动权

现代社会，对商品和服务的拥有主要决定于最广义的工资——任何形式的有报酬的劳动。但在未来，工资的中心作用将会降低。首先，自动化的后果之一——排除大多数的不要求"非可编程序"的技能和创造力的工作岗位——将在劳动过程中消除最重要的等级形式；其次，直接参与生产体制将成为整个人类活动中的一小部分，其作为产品和服务分配的决定因素的重要性也会大大降低。无疑，向一个新的生产模式过渡需要一段时间（一代人或两代人）才能完成，但我们现在已经感觉到它的影响。新技术带来不断增长的失业问题，在西欧，估计至少有 25% 在经济上活跃的人口（失业或在非正式部门勉强生存）已被社会边缘化。● "新技术对社会的影响首推微电子（通过自动化和自控）。它对生产组合、劳动过程以及劳动的社会分工的影响，不在于传统形式的劳动和就业是否会被废止（这种变化是新技术所导致的变革所固有的），而在于它们以何种方式被废止。传统的挣工资的就业与最广义的劳动之间的障碍被打碎。这种劳动不仅提供收入，也给劳动者提供一个社会角色，并与其他事项相联系，给劳动者提供创造和进取的机会。不能以单一的、僵化的、对一切都同等对待的背景来进行规划，而必须有足够的灵活性以满足十分不同的各种需求，以及对自由表达的选择作出反应。不是向每个人提供一份有问题的全日制工作，其目标是让每一个人找到并挑选一份工作。"● 在"拉丁美洲未来技术规划"的社会规划中，就业政策基于这样一条原则：每个人不仅有义务，而且最重要的是对社会的有益的工作享有权利。随着科技的发展，劳动权的内涵也发生了变化，人们对劳动权也有了不同的要求。

---

● 东北工学院自然辩证法研究室. 科学技术史简论 [M]. 辽宁省自然辩证法研究会，1979.
● [罗] 柯普·阿波斯托尔. 当代资本主义 [M]. 北京：北京大学出版，1979：345.
● 毛建儒. 科学功利主义 [J]. 自然辩证法研究，1998（12）.
● G. G. 威拉曼特里. 人权与科学技术发展 [M]. 张新宝等译. 北京：知识出版社，1997：30.
● G. G. 威拉曼特里. 人权与科学技术发展 [M]. 张新宝等译. 北京：知识出版社，1997：40 -
41.

（三）参与权与隐私权

因技术的进展，参与权的范围已完全改变。众所周知，在一个真正的民主社会，除了定期选举政府以外，所有人都应该有以更有效和更直接的方式参与社会决策的权利。新技术能对建设一个更好的、更民主的社会作出贡献。在各种社会中，最重要的是现代民族国家的规模和复杂性，没有恰当的信息，参与是不可能的。在人类历史上，第一次由于信息技术方法的进展，使所有人都有可能得到进行社会和经济决策所需要的信息。参与权对其他权利的保障也是非常重要的，只有实现人们对一切重要社会决策的参与，对基本自由的威胁才可能被消除。❶资讯网络科技的出现，使得更便捷、低成本、不受时空限制的沟通与参与成为可能，可以更有效地促进公民对公共决策的参与，提升民主政治的品位。

当我们在享受日新月异的科技所带来的各种生活便利的同时，各种机构也正在广泛运用这些科技来刺探、搜集我们的资讯。隐私权正是在科技快速发展的过程中受到挑战和冲击最多的人权。❷随着现代科学技术的发展，出现了各种记录装置、摄影装置以及监视装置等，再加上通信技术与复制技术的发展，导致保护隐私权的难度越来越大。科技的发展给人权带来深刻的影响，新科技的发展使人们有了新的权利要求。

## 第二节　基因科技的发展与基因权利的产生

### 一、基因科技

（一）基因科技的概念

基因科技是生物科技的一种。生物科技是指利用生物本身的特性来达到某种目的，或利用人为方式改变生物特性或表现的技术。凡是发展用来认识、解读、操纵、改造基因，以达成一定目的的技术，就是基因科技。基因科技的出现突破了以往生物科技的限制，从基因及其表现可以更精确地解读与预测生物的生理或病理机制，还可以大幅缩短人为改变生物性状所需的时间，并使得跨物种基因组合成为可能。

（二）基因科技的应用

基因科技的运用，如基因筛检、直接改造生物基因组的基因治疗，另外，

---

❶　G. G. 威拉曼特里. 人权与科学技术发展［M］. 张新宝等译. 北京：知识出版社，1997：45.
❷　张文贞. 当科技遇上宪法——宪政主义的危机与转机［G］//苏永钦. 部门宪法. 台北：元照出版社，2006：792.

基因复制技术等也属于基因科技的应用，而且基因科技已经开始被尝试应用在日常生活的各个领域。基因科技的应用对象包括各种动物、植物、微生物与人类。在微生物方面，基因科技可以用来加速自然界的修复能力，提供廉价干净的能源，发展 DNA 疫苗、基因新药与诊断试剂，并让食品加工过程更环保、更有效。例如，科学家已证实，利用基因科技制造出来的超级吸油细菌可在几小时内清除海面油污，而天然细菌则必须耗时一年以上才能完成任务。在植物方面，基因科技则可用来保育珍稀品种，增益农作物的质与量，发展与培育药用植物。基因科技也可用于改变作物的营养构成，提高营养价值或口感。基因科技还可以在作物中加入疾病抗体，使摄食者获得免疫能力。在动物方面，基因科技的应用是多元的，涵盖了稀有动物的保育、经济动物的基因改良、药用动物的培育和设置以及宠物的复制。如，1996 年第一只复制羊——多莉的诞生显示，未来人类可以在实验室中培养有利于肉类食品生产的动物品种，再将这些动物大量复制。为了使用者的健康，基因科技也被运用来降低动物的脂肪比例。基因科技运用到人身上，最直接的就是随着基因医学的发展将之用于我们了解整个生命工程的指令以及致病的机制，因此，我们还可通过基因的筛检来预测遗传疾病，也可能通过基因治疗来治疗疾病。随着人类基因解码所累积的知识越来越多，基因检测技术在近几年获得快速发展。据统计，截至 2005 年 10 月，全球已经发展出超过 1600 种的基因检测技术，可提供上千种基因疾病的检测，其中已有 1000 个以上的基因检测服务可提供临床使用。在可预见的将来，基因检测甚至将成为一般医疗诊断中的一个例行程序，进入所谓的个人化医疗时代。❶

除了上述这些应用以外，基因科技还进一步衍生出许多周边的产品与产业。例如，在医疗器材方面，科学家已逐渐发展出生物晶片、基因检测试剂及生医材料。而基因筛检与检测技术的利用也衍生出相关的服务业，包括专门处理试验、筛选分析、生物资讯、保存、委托研发生产代工、生技投资的各种试验所或产业。此外，由于每个人的基因组是独一无二的，因此科学家在 20 世纪 80 年代也开始利用基因鉴定来辨识犯罪嫌疑人、被害人或厘清失踪人口身份。随着这项技术的逐渐成熟，美国已有百万冤狱犯人因此获得平反。1932 年，赫胥黎（Leonard Huxley）在《美丽新世界》（Brave New World）一书中曾预言，在不久的将来，人类将有能力扮演上帝创造并改变生命的角色。这个在当时看似疯狂的想法，因为基因科技的出现而获得了某种程度的实现。然而这真是人类的胜利吗？基因科技应用的年代，也许就像狄更斯在《双城记》里开场所说的："这是最好的年代，也是最坏的年代；这是

---

❶ 李雅萍. 生技法律解码［M］. 台北：书泉出版社，2005：82.

智慧的年代，也是愚蠢的年代；这是信任的时期，也是怀疑的时期；这是充满希望的春天，也是弥漫绝望的冬天；我们拥有一切，我们一无所有……"事实上，科技可以创造更加美好的生活环境，但科技的无限发展也会为人类带来不可预知的隐忧。对于基因科技带来的希望与挑战，人类社会没有回避问题的权利。❶

　　基因滥用会给人类带来巨大的损失。基因滥用是指基因工程的滥用，亦即处于非道德或者不正当目的，利用基因重组技术从事的与社会公益不相容或者对社会公益造成或可能造成重大损害的活动。基因滥用主要有四种表现形式：第一，制造基因武器。基因武器是利用基因工程技术，通过重组 DNA 使一些致病细菌或者病毒具有抗普通疫苗或者药物的能力，或者使一些本来不致病的微生物变成致病的微生物。基因武器具有以下特点：成本低、易制造、杀伤力大、不易防御、使用方便、被杀伤后难以治愈等。据有关资料显示：用 5000 美元建立的基因库的杀伤力远远超过一座用 50 亿美元建立的核武器库，基因武器如果为那些丧心病狂的恐怖分子所掌握，那么给人类带来的灾难是不可想象的。因此，必须对之进行有效的防范。第二，改良人种，制造种族歧视和种族灭绝。2000 年 6 月人类基因组图谱的绘制，给人类带来了改良人种的希望，使人们可以运用该项技术对人种进行筛选，以制造"百分之百的宝宝"。我们要防范这项技术为一些野心家所利用而实行新的灭绝种族的计划。第三，制造怪物。某些国家的一些私人团体或组织利用基因重组技术把人的基因和一些动物的基因剪接组合起来或者进行跨物种动物基因重组，可能制造出一些具有严重破坏力的怪物。例如，《日本东京新闻》曾有人牛杂交实验的报道。甚至有人声称要复制已灭绝的恐龙。意大利佛罗伦萨大学的一位教授说，有人正将人的精子与黑猩猩的卵子结合，培养出一种非猿非人的东西做试验。国际刑警组织发言人汉斯·歌兹说："至少已经发现三个半人半猿的生物。"有人担心会从遗传实验室出来比人还聪明，比猴子还敏捷，比老虎力气还大，比狼还凶残，既能行走如飞，也能在水中自由来去的怪物。❷ 制造怪物将会破坏生态平衡，对人类的生存造成威胁。第四，利用基因杀人。医学研究表明，基因组的研究成果可以被应用于体细胞基因治疗，但理想的体细胞基因治疗是将基因 100% 转移，并且定点整合到细胞的基因之中，在细胞中长期表达、特异表达，或者按照一定的要求控制表达；理想的载体还要求能够直接注射，而且能够受到控制。❸ 可是，目前基因转移方法还

---

❶　叶俊荣. 天平上的基因——民为贵，Gene 为轻［M］. 台北：元照出版社，2006：22 – 26.
❷　谈大正. 生命法学导论［M］. 上海：上海人民出版社，2005：147.
❸　王庭光. 人类基因组研究及其伦理问题［J］. 道德与文明，2001（2）.

很难达到这些要求。这为一些人利用基因杀人提供了可能，再加上利用基因杀人还有一个挡箭牌——医疗事故，因此，基因杀人具有隐蔽性，很难被识破。❶ 当然，这四种基因滥用的形式在实践中还没有出现，但现在没出现并不代表将来不会出现，倘若我们对基因技术不加以防范，任其自由发展，那么后果将不堪设想。因而，运用法律手段对基因技术进行规制以保障对之的利用是正当有益的，是非常必要的。

要预防基因风险，必须对没有显现出来的危险做研究，以立法技术将它拦腰抱住，管控得宜，换言之，事前控制是一种必要的手段。❷

（三）基因科技带来的伦理与法律问题

基因科技具有改变生命本质的潜力。一方面，同物种间通过自然生殖才能交换遗传物质的界线可能被基因科技打破，不同物种基因的交换与改造将对生命带来不可知的风险，例如超级物种或新兴疾病的产生。另一方面，基因科技也可能冲击人类的自我认定，改变我们原本珍视的价值，甚至在具体的适用上产生歧视的社会风险。基因科技所引发的生物风险，来自生命的高度复杂性。人类虽有能力运用某些生物技术，但对基因科技的内涵，以及这些科技在应用时可能产生的效应，人类因为知识的限制，无法在预期的科技成效中预见潜在的风险和伤害，包括复制技术对被复制个体生理层面的影响。

1. 不同观点

基因科技对人类社会带来的冲击是全面且深远的。基因科技是人类最后的救赎，还是自我毁灭的开始？社会各界对基因科技的规范态度大约可分为三种。其一，全面开放的乐观派：科学家看到的是基因年代的一片光明，基因科技将解开物质演化的谜团，使我们更了解疾病以及老化的致因，并找出预防之道，甚至能够大幅度延长人的寿命。而基因改造作物则能够解决第三世界的饥荒问题，使粮食供应缺乏问题能够得到改善，使人类生存的基本尊严得到确保。其二，全面禁止的保守派：相对于科学家们的乐观，宗教人士、社会学家则担忧基因科技对人类社会的潜在威胁，最明显的就是基因歧视问题。人类将因基因的不同而受到不同待遇，基因优良者得以留存，基因劣后者将慢慢被消灭；而人类操纵基因的结果，不仅将使人的尊严受到挑战，最终将因基因多样性的减少而导致人类自身的减灭。其三，折中的管制派：大多数论者主张科学、科技是中性的，无所谓对错与好坏，关键取决于人类如何运用，只要适当地加以规范，便能收基因科技之利，而避滥用之害。很明

❶ 倪正茂，陆庆胜．生命法学引论［M］．武汉：武汉大学出版社，2005：377－379.
❷ 黄丁全．医疗、法律与生命伦理［M］．北京：法律出版社，2007：667.

显，目前世界各国的主流思潮都是规范管制的折中派。而在所有规范工具当中，最被寄予厚望的是法律规范，认为只要有好的法律，便能管束科技这只巨兽。❶ 在此，笔者赞同折中管制派的观点。中国古代先哲庄子曾提出："有机械者必有机事，有机事者必有机心。机心存于胸中，则纯白不备；纯白不备，则神生不定；神生不定者，道之所不在也。"他认为技术和道德是对立起来的，技术进步是道德堕落的根源。这种拒斥技术的观点虽然是极端的，但是在警示技术的负面效应上有积极意义。"技术为人类的选择与行动创造了新的可能性，但也使得对这些可能性的处置处于一种不确定的状态。技术产生什么影响，服务于什么目的，这些都不是技术本身所固有的，而取决于人用技术来做什么。"❷ 对我们来说，科技是中性的，它无所谓善，也无所谓恶。

基因科技在造福人类的同时，也衍生出各种疑虑与挑战。超级细菌在迅速解决海洋油污时，是否会对海洋中的生物产生不良影响，形成生态浩劫？抗病虫、抗寒旱、口味佳的农作物在喂饱人类时，是否会成为超级物种，驱逐弱势的原生物种，破坏生态平衡？当基因科技进步到人们能随心所欲修补、变更人类的基因组合时，又是否人人都乐见以基因强化方式创造完美人类？在现实生活中，已有许多案例真实反映了发展基因科技的潜在风险与人们的忧心。例如，1996 年复制羊多莉出生后不久即出现各种老化的症状，并且只活了 6 年，这也引起人们对复制技术安全的探讨。除了安全的顾虑以外，由于基因科技可能直接改变生物的基因资讯，各国也开始忧心基因科技是否会侵犯人类的隐私与人性尊严，扩大不同阶级、富国与穷国之间的差距，甚至牺牲未来世代的利益。❸

毫无疑问，人类基因组计划书的成就，将和达尔文进化论、孟德尔基因法则，以及华森与柯里克发现 DNA 双螺旋结构并驾齐驱，成为生物学发展史上的重要里程碑。可是与其他伟大成就不同的是，有关人类基因的知识可以随即运用到医疗、卫生保健以及生育方面，对社会大众的福祉可能产生立即且深远的影响，甚至可能带来医学上革命性的突破，让人类远比过去更有效地控制经济并延长寿命。然而科技毕竟只是我们借以提升人类福祉的工具，就像我们所使用的任何工具一样，科技可能被误用。美国政府在 1990 年开始投入巨资推动人类基因组计划时，就已高瞻远瞩地使用3%～5% 的经费同步补助"伦理、法律与社会议题"（Ethical, Legal and Social Issues, ELSI）研

---

❶ 叶俊荣. 天平上的基因——民为贵，Gene 为轻［M］. 台北：元照出版社，2006：231.

❷ 萨斯赛. 生态哲学［M］. 上海：东方出版社，1991：162.

❸ 叶俊荣. 天平上的基因——民为贵，Gene 为轻［M］. 台北：元照出版社，2006：22–24.

究计划,希望能未雨绸缪、防患未然,预先探讨人类基因解码后可能在伦理、法律与社会方面造成的负面冲击,并推动相关社会辩论与教育,及早运用民主程序来形成有效的管制措施,以降低基因科技发展可能衍生的弊病。当初美国 ELSI 研究者特别关注的问题包括:我们应该如何解读与使用新发现的基因资讯?谁可以获取这些资讯?由于这些资讯若是不当被泄露或者被误用将会带来伤害,因此,我们应该如何防止一般民众无辜蒙受这些伤害?美国前任总统克林顿和英国首相布莱尔在人类基因草图发布会上曾异口同声地呼吁,未来亟须避免因知识与技术的突飞猛进而让个人的基因隐私受到侵犯,甚至使得具有基因缺陷的人蒙受歧视与排斥。

2. 基因技术带来生命伦理与法律问题

社会学家认为,"技术导致社会变迁往往具有非计划的,似乎是必然的性质,一旦发明了一项新技术,一般来说,人们就会不顾其在道德和社会方面的重大潜在影响而去利用它"❶。"新工业革命是一把双刃剑,它可以为人类造福,但是,仅当人类生活的时间足够长时,我们才有可能进入这个为人类造福的时期。新技术革命也可以毁灭人类,如果我们不是理智地用它,它就可能很快发展到这个地步。"❷ 现代技术给社会生活带来巨大的风险,第二次世界大战以来,技术领域存在一种普遍的需求,即为技术寻找新的伦理辩护和伦理约束的需求。1931 年,爱因斯坦在给加州理工学生的讲话中指出:"如果你们想使你们一生的工作有益于人类,那么你们只懂得应用科学本身是不够的,关心人的本身应当成为一切技术上奋斗的目标。你们应当关心怎样组织人的劳动和产品的分配这样一些尚未解决的重大问题,用以保障你们的科学思想的成果会造福于人类,而不致成为祸害。"马克思曾指出:"技术的胜利,似乎是以道德的败坏为代价换来的。随着人类日益控制自然,个人却乐意成为别人的奴隶。"俄国著名作家契科夫说:"要是已经活过来的那段人生,只是一个草稿,有一次誊写,那该多好。"随着人们在基因技术领域取得越来越多的突破,人们尽管不能把人生当作草稿任意誊写,但是如果要抹掉人生这部作品中的某些片段,进行重新修饰,使之接近完美已成为可能;但是同时,人们也不得不提出一个问题:人类是否能够在真正得到人权的前提下,良性地运用他们在基因技术上取得的成就?❸ 具体而言,假如我们对基因技术所涉及的伦理问题没有充分的认识,而且在法律法规又不完善的情况下,在

---

❶ [美] 戴维·破普诺. 社会学 [M]. 第 10 版. 李强等译. 北京:中国人民大学出版社,1999:622.

❷ 陈昌曙. 技术哲学引论 [M]. 北京:科学出版社,1999:246.

❸ 黄丁全. 医疗法律与生命伦理 [M]. 北京:法律出版社,2007:683.

这项技术的运用中会不会出现违背伦理道德与人权的现象？

回答是肯定的。一般而言，基因技术发展所衍生的伦理、法律问题可分为两种。一种是外在的：这种问题只涉及某些基因科技发展项目可能对个人或整个社会造成的风险或伤害；另一种则是内在的：即使在个人或社会风险已获排除的情况下，我们仍然会担心，某些基因科技研发项目尽管可望产生重大利益，但是这些技术的研发与应用是否本身就违反我们的道德信念。比如，即使通过所谓体细胞转移产生复制人的技术在胎儿身上造成伤害的可能性已经降到可容忍的程度，我们仍会担心，这是一种道德上可容许的人工生殖方式吗？我们在道德上可以针对唐氏症、先天性耳聋等让患者与有意义的人生绝缘的遗传疾病进行基因检测，以决定是否终止怀孕吗？政府在道德上可以采取公共措施，针对这些遗传疾病进行产前筛检吗？我们可以容忍基因科技不但应用于疾病的治疗和预防，也应用于身体和心理特征的改善或强化吗？联合国教科文组织在 2005 年 10 月通过的一份所谓有关"生命伦理与人权的全球宣言"（Universal Declaration on Bioethics and Human Rights）中就开宗明义地指出：科技的急速发展不但影响到生命本身，也影响到我们的生命观（understanding of life），因此，全球各国对于这些发展所衍生的伦理问题采取适当的回应实乃刻不容缓。

例如，克隆技术作为现代基因——生殖工程的一部分出现的优生方法和措施是令人担忧的。它会使得人类自然血缘关系和人伦亲情发生根本改变，导致自然亲情被人为清洗，家庭及家庭角色关系错裂。父母、子女不再具有原来的意义，既存的家庭观念与家庭制度将被动摇，带来诸如此类的问题：克隆人的家庭归属如何？谁是克隆人的母亲？用自己的体细胞复制出来的克隆人与自己有着怎样的身份？自己是自己的兄弟姐妹？自己是自己的父母？这将会导致人伦关系的破坏、家庭的解体、社会角色的错位。❶ 对人类尊严的侵犯是克隆技术的最大危害。人的尊严体现在人类的完整性上，而人类的完整性是由不同的、独一无二的、个性的个体组成，人的尊严来源于每个个体的独特的个性。任何试图改变和抹杀个体独特个性的行为，都是对人类尊严的冒犯。当人的生命面对技术操作的时候，无疑会引起对生命理解上的疑问：生命到底是一种神圣的存在还是可以任意操作的对象？人的生命是否真能够运用技术手段操纵和更改？❷ 再如基因治疗的 7 个伦理问题：什么是要治疗的

---

❶ 肖厚国．当代生物技术下民事主体的困境［M］//梁慧星．民商法论丛．第 35 卷．北京：法律出版社，2006：110.

❷ ［法］米雷埃·德尔马斯·玛尔蒂主编．克隆人：法律与社会［M］．第 3 卷．张乃根译．上海：复旦大学出版社，2006：115－116.

疾病？有没有其他可代替的方法？什么是预期的或潜在的伤害？什么是预期的或潜在的益处？要遵循何种程序方能公平选出接受治疗的病患？应采取何种步骤以确保病患或父母或监护人的知情同意？如何实现病人的隐私权及个人私密性的保障？❶

基因科技的法律问题涵盖面非常广，如亲子身份关系、证据使用、样本采集、医患关系、人口优生、强制筛检、基因歧视、研究伦理、个人隐私、基因信息所有权、基因物质支配权、基因科技商品化、风险责任等均为目前世界各国关注的议题。

1983 年，美国全国基督教会会议（NCCC）生命伦理学专家小组起草了一个研究报告，报告中说："现在人类有可能在有意创造以前在这个地球上从未出现过的新的生命类型……现在有可能对某种生命类型存在的方法和这些生命类型本身拥有专利权。现在已有可能有意消减一些被称为坏的基因，代之以被称为好的基因。现在有可能以人类史无前例的精确性和速度改变一切生命类型，也有可能改变生命，使之不仅影响现在，也影响未来一切世代的基因库。"❷ 在今天的国际社会中，对于一切与改变人类生活有关的研究项目都必须进行伦理预审，研究成果也需经过国家伦理委员会的审核；而在基因问题的研究中，伦理审核更为严格。人类基因组计划中国首席科学家杨焕明甚至说："若科学利用不当，也许世界会毁在科学家手中。"❸ 沈铭贤学者曾指出："按照生命伦理学的观点，科学技术要从长远利益出发，造福整个人类。它必须遵循'行善、不伤害、自主和公正'原则，这是国际公认的伦理原则。"❹ 鉴于基因科技带来诸多生命伦理问题，甚至对人类造成种种伤害，无论基因科技对人类带来怎样的影响，最后都归结为对人的权利的侵犯，因此人类基于基因上的权利呼之欲出。

## 二、基因科技的发展导致基因权利被提出

（一）基因科技的发展导致基因权利的产生

随着科学技术的发展，新的环境产生新的渴望，这可能导致新的权利被提出。

基因技术是开启人类生命之门的钥匙。随着新技术的出现，一些新型权

---

❶ Walters L, Palmer JG: The ethics of human gene therapy. Beauchamp TL. Walters Leds. Contemporary issues in bioethics. Belmont, CA: Wadsworth Publishing Company, 1999.

❷ 邱仁宗. 生死之间——道德难题与生命伦理 [M]. 香港：中华书局香港分局，1988：127.

❸ "科学是一把双刃剑"——我国三位科学家杭城话基因 [N]. 文汇报，2001 – 08 – 28.

❹ 克隆人违背人类生命伦理 [N]. 文汇报，2000 – 11 – 09.

利也应运而生，由于生命科技的研究离不开生命现象本身，再加上它具有对生命创造过程的直接干预能力，我们会发现所有生命科技都会对生命权和健康权产生影响，尤其是基因科技的迅速发展导致了基因权利的产生。

充满各种创造可能性、可以无远弗届的基因科技的发展，为法学领域带来了巨大的冲击与挑战。在宪政国家中，由宪法所引领建构的法秩序，是不需以规范形式定义其内涵的"人"为当然的前提与权利主体，法秩序与国家可以说均为人而存在，如今人体基因科技的发展却可能使得人的意涵产生质变与可操作性。例如，人类胚胎的法律性质与地位问题逐渐成为一大独立于人的法律性质与定位而存在的问题。❶ 无论基因技术会给人类带来什么样的影响，这些影响最终必然反映在法律领域，对现有的法律观念构成挑战。

伴随着基因技术的发展，一种新歧视形式——基因歧视产生了。基因歧视给人类的平等权带来了严峻的挑战，导致人与人之间的不平等。同时，"人类基因组计划"的实施与进展使得人类得以破译决定自己性状和自我发展的密码，这为人类改变自身、改变其他生物甚至改变整个世界提供了可能。在科学家的眼中，生命只不过是不同的物质组合，人们有权利对之进行重新组装。敬畏感的丧失导致了基因技术对生命实施任何人们认为"合理"的改造。❷ 然而人是整个生物圈中不可缺少的一部分，是维持生态平衡、保持人与自然环境协调发展的重要因素，于是，人如果实现了上述改变，就会改变自然界原来的面目，使生态环境遭到破坏，最终危及人类的环境权。另外，基因重组的技术使得转基因食品的生产成为现实，但是目前转基因生物与食品的安全还存在很大的不确定性，这也使得人类的环境权面临威胁，例如近几年在欧洲发生的疯牛病就是一个典型的例子。❸

人类相当多的疾病与基因有关，基因具有很大的商业价值。例如，一个肥胖基因的转让费可达 1.4 亿美元，参与免疫调节的生长激素的基因则为 10 亿美元。❹ 这存在一个问题：人对自己的基因有没有转让权？一些重要的基因如果转让出去了会给国家造成多大的损失？国家能不能通过立法来限制某些重要的基因转让与出境？

如前所述，基因技术带来了诸多伦理与法律问题，对人类而言，这归根结底具体体现在对人类权利的侵犯。如，克隆人侵犯人格权；基因歧视侵犯平等权；而任意对人的基因资讯的揭露将侵犯人的隐私权等。所有这些都指

---

❶ 蔡宗珍. 宪法、国家权力与人性图像——以胚胎植入前基因诊断术之合宪问题为中心 [G] //民主、人权、正义——苏俊雄教授七秩华诞祝寿论文集. 台北：元照出版社，2005：435.

❷ 葛秋萍，殷正坤. 基因技术于生死观的重新审视 [J]. 自然辩证法研究，2002 (1)：54.

❸ 倪正茂，陆庆胜. 生命法学引论 [M]. 武汉：武汉大学出版社，2005：377.

❹ 李卫文. 改变世界的科学计划——人类基因组计划 [J]. 生物学杂志，2001 (2).

向一个共同的、公民固有的权利——基因权利。而目前人类在基因上的权利屡遭侵犯，其中一个重要的原因在于基因权利未受到应有的重视，人们对基因权利缺乏了解，保护措施更是贫乏。

（二）人们对于基因权利的诉求随着基因科技的发展而越来越迫切

人类历史上每一次科技革命或每一种重大的理论突破，都预示着人权领域的开拓与创新。人类基因组研究项目开始于 1988 年，是一个投入了几十亿美元的全球性研究项目，一般的学者与民众都把这个项目与 20 世纪的原子研究和发现相比。但是同时，基因科技的发展会带来很多问题：其一是基因歧视的问题。当人们的基因特征被揭露的时候，怎样防止保险公司、雇主、教育机构以及其他一些社会机构与部门对那些基因上有"缺陷"的人的歧视与偏见？宪法赋予人们的平等权在基因问题上如何得到保护？其二是基因资讯的保密问题。个人的基因资讯应该归谁所有？归谁来保管？谁有权传播个人基因资讯？泄露其他人的基因资讯造成损害的该负什么责任？而且基因信息具有潜在的商业价值，当某一个群体的基因特征具有医学价值时，它的商业利益归谁？这些问题直接影响到人们的隐私权、财产权等在基因领域的保护。其三是通过克隆技术基因还可以被复制，那么克隆人会带来什么问题？这些问题最后可以归结为一个问题：那就是公民在基因上到底拥有哪些权利？人们对于基因权利的呼唤随着基因科技的发展而越来越迫切。

（三）基因权利已成为衍生法律问题中最有趣的一环

基因科技首先触及生命伦理的问题。生命伦理由两个希腊字根 bios（life，生命）与 ethike（ethics，伦理）组成，从生物学上生理层面考察，生与死就是生命核心，如果加上伦理，就涉及生命的价值与生命的品质。将具有丰富内涵的两项概念的有关学问结合，就广泛地包括一切与生命科学相关的伦理问题，因此涵盖了宗教、哲学、医学、生物学、法学甚至环境、人口、社会科学等领域中的某些专业。宪法所保障的基本权利内含道德价值与原则，与被称为道德哲学的伦理学有一定程度的关联性。与生命伦理有关的基本权利可分为以下几类：第一，与个人有关的生命、身体、尊严、人格、平等、隐私、资讯、财产、工作、生存、研究、学术、家庭、婚姻及司法救济等自由权利，大都属于自由权。每项具体的自由或权利都可由其保障范围衍生出一些内含的或附随的自由权利，例如，生命权以求生或生殖自由为主，亦可及于求死、自杀或尊严死的议题；身体权以消极面的身体不受伤害为主，也可适度扩及积极面的健康权。各项基本权利的保护范围有可能重叠，例如资讯隐私权；各项自由权之间又会有冲突，如研究自由与生命、身体、尊严隐私权之间。犹如生命权中如果有生殖方法的自由，包括无性生殖，难免不会对既有家庭婚姻制度造成冲击，上述各项生命伦理议题中，大多同时会涉及多项基本权利，在这绵密交织的网络中如何厘出井然关系确实是一大挑战。第二，除个人自由权以外，还可能涉及集体权，例如基因科技在生命伦理这个领域中可能触及"家族权"、"后世代权"、"集体发展权"、"环境生态权"、"原住民权利"、"集体自决权"、"群族基因研究"等。❶ 在基因技术引起的各种争议中，遗传信息的揭露所带来的人类的不幸，诸如基因隐私的侵犯、基因歧视等诸多问题，将出现纷繁复杂的伦理争议与对现行民法、刑法的挑战，我们可以预见，将来的很多诉讼案件，其中包括涉及基因检测的各方面的人身伤害案、侵犯个人隐私权的歧视案件与不可弥补的伤害要求的基因治疗案以及遗传数据、基因库和其他用于法庭的基因技术的诉讼，都将——涌现出来。"基因权"很显然已成为衍生法律问题中最有趣的一环。❷

## 第三节　基因权利的法理基础

基因权利何以值得珍视和保护？其作为权利存在的法理依据何在？正如我们无法找到一个世界公认的基因权利概念一样，我们也无法为基因权找到一个世界公认的法理基础，但对基因权利存在的法理基础的理论进行比较分析和总结，多角度、多层次寻找和探求一些共性的价值和依托仍然很有必要与可能。因为问题也许并不在于研究的结论，而在于研究的视域与研究的过程；不在于规范的表述，而在于隐藏在规范背后的价值与依托。要分析其法理依据，首先要研究基因权利价值定位的方法论。

### 一、基因权利价值定位的方法论

从方法论上看，对基因权利的权利价值源自何处的思考涉及基本权利的正当性问题。而就权利的正当性而言，历来有不同的说法，归结起来主要有两种学说。一种是经验式。这种学说认为人权的正当性源于某个现在的既成事实、习惯或规范，正是这一公认的合乎常规的或具有权威性的依据，使得人权得以产生和存在。这种权利往往称为习惯权利、法律权利。另一种是先验式。人权是根据抽象的道德原则、自然法则或理性精神形成的，既有的规范事实并非人权的渊源，人权源于更高级的、难以证明也无须证明的、天赋的

❶ 李振山. 多元、宽容与人权保障——以宪法未列举权之保障为中心 [M]. 台北：元照出版社，2005：80-281.

❷ 黄丁全. 医疗法律与生命伦理 [M]. 北京：法律出版社，2007：11.

或人固有的特性,由此而生的人权称为天赋人权、道德权利、自然权利。❶ 但是仅从规则、经验和法律权威的角度出发,很难找寻人权的真正渊源,只有以规则为前提,超乎规则之上去寻求人权的内在合理性与外在必然性,才是一条可行的路径。正如英国学者文森特所说:"人权正当性的特点是什么? 它的正当性不是依赖于这项法律或那项合同,因为如果我们所说的这种权利已经通过法律或合同作了规定,那么这些规定本身根据国内法就已足够具备正当性了。""在这个层次上,人权正当性所依赖的不是任何实在法,而是通过某种理性分析认为应该坚持的原则。"由此可见,通过法律规则主义为主的经验式分析方法的确可以检测到人权规范性的存在,但是若仅凭此就只能找到人权法律渊源,而求证基因权利的价值定位并不仅仅在于它的渊源,更在于它居于法律规范之上的法律理念和权利价值。

由此,我们需要走出法律实证主义的狭小圈子,对基因权利进行法哲学的价值研究,这才是基因权利价值认同的科学方法。权利不可能从抽象的理性与超然的上帝中产生,它是历史的社会发展的产物。从基本权利的渊源上看,"任何人权都可以从以下四个方面加以严明和证实:第一,利益需求的产生,这形成人权需要的主体的内在观点;第二,需要满足的可能性,也就是实现主体需要的外在可能性;第三,需要不被恰当的满足,也即在主体与客体之间发生错位与分离,难以达到统一;第四,主体的要求外在化,也就是主体的内在需要在不被满足而又有满足的可能的前提下,转换为外在的诉求,从而唤醒了主体的权利意识,人权由此被提出甚至被规范秩序所固化"❷。人权是主客观相互作用的产物,是人的自然性与社会性的统一,循此路径,基因权利的本质可以得到合理的证明。

权利实质上是意志、利益、行为的有机组合体。权利首先具有人的主观意志性。人的意志是自由的。"在人与人的关系上,一个人所能遭受的最大不幸,就是看到自己受到另一个人的任意支配。"❸ "自由是意志的根本规定,正如重量是物体的根本规定性一样。其实不希求任何事物,所以就不是什么意志。意志所希求的特殊物就是一种限制,因为意志要成为意志,就得一般地限制自己。意志希求某事物,这就是界限、否定。"❹ 意志不是任性,它首先意味着自我限制。其次,自由意志是决定。再次,自由意志是意志的自我

❶ 汪习根. 法治社会的基本人权——发展权法律制度研究 [M]. 北京:中国人民公安大学出版社,2002:106.

❷ 汪习根. 法治社会的基本人权——发展权法律制度研究 [M]. 北京:中国人民公安大学出版社,2002:106.

❸ [法] 卢梭. 论人类不平等的起源和基础 [M]. 北京:商务印书馆,1962:132.

❹ [德] 黑格尔. 法哲学原理 [M]. 北京:商务印书馆,1982:11,17.

反思。一个人选择什么样的权利，想得到什么样的利益，都是他的自由意志决定的，一切权利都有目的性，离开了目的，就无法谈论权利，从这个意义上说，权利是人的自由意志的外在表现形式，是人实现自己的一种手段。一种基于自己自由意志的权利主张要成为一种现实权利，必须得到社会的认可或国家的承认，即符合社会或国家的整体意志。反之，一种没有经过社会大多数人意志认可或承认的权利主张和要求无法成为实在权利。❶

从总体上看，基因权利的法理基础与基因权利的内涵有着不可分割的联系。如人格权理论、平等权理论、信息保留理论都在一定程度上构成基因权的法理基础，但这似乎还不够充分。笔者把基因权利的法理基础概括为人性尊严理论、利益需求理论以及正义理论三个方面。

人之所以有自我的权利，主要是对人本身自我价值与尊严存在的肯定。反之，如果个人的自我价值与尊严被否定，就无法主张自我价值与尊严基于此所形成的外在自由。因此，个人自我价值与尊严不容否定。人性自我价值与尊严是公民基本权利存在、享有及行使的前提基础。

## 二、基因权利源于科技对人性尊严的冲击

### 1. 人性尊严的界定

（1）尊严。

尊严一词并无明确的定义，罗马人认为，尊严乃是个人在公众之中的声誉，尊严是基于人为社会所作出的贡献而获得。基督教将尊严理解为神的恩赐，因为人是神造的，因此万民皆有同等尊严，尊严之伤害并非假手于第三人，而是因为本身之罪行。康德则认为，所谓尊严是人能自治（或称为自律、自主）的结果，人如果在作为一个人的基本上应自治的范围内，仍受他治或他律，便无尊严可言。❷ 因为自治是一切有理性事物的尊严的基础，对于这种尊严的尊重，基本上就是要求不要把人当作一种工具或手段，而是永远的目的的本身。"人是由一个一个的独立个体组成的。人的优越之处，不仅在于人的智慧的独一无二性，不仅在于人有思维能力，也不仅在于人可以劳动，更重要的还在于：对于人来说，个别与一般的关系，不是像别的事物那样，'类'就其共性而言，可以代替个别事物，可以代表个别事物中的本质部分。对人来说，个体的人虽可以包含人类的共性，但个体的人，不论就其个性或就其本质而言，永远都是不可代替的，不可化约的。这就是说，在宇宙中，

---

❶ 程燎原，王人博．权利及其救济 ［M］．济南：山东人民出版社，2004：23-24.
❷ 李振山．人性尊严与人权保障 ［M］．台北：元照出版社，2000：4.

唯有人，个体的人，其个性和本质，是绝对独立的，绝对自由的。"❶

(2) 人性尊严。

人性尊严的概念可追溯其历史，康德学派的观点是"万物非有价格即有尊严"。价格是指在某处有与之相比较的具有同等价值的某物，尊严是指某物不可计算的本质价值。道德也是人性尊严的规范要件，因为道德乃唯一条件，且在此条件下，一个理性的人可以是其自身的目的。在目的的国度里，你是唯一的成员，每一个人都有受同伴尊重的合法权利，且其因此会转而尊重其他每一个人。人性本身就是尊严，因为任何一个人都不能被任何人利用作工具，而是被作为目的对待，这就是尊严之所在，因此，人置身于所有其他非人类之生物之上，并超越其他所有之物。❷ 根据葛沃尔斯学派的见解，人性尊严为人权的基础，因此人性尊严属于人权。所有的人之所以拥有人性尊严，是因为他们是人类，此处所称的人包括理性之人、非理性之人与即将成为人者。非理性之人或即将成为人者可称为边缘人，例如智能不足者、昏迷者、胚胎、胎儿、婴儿等。另外从医学的角度，人类生命开始于约怀孕第 14 天，胎儿或胚胎有权成为有人性尊严的权利人。当一个人的生命开始时，人性尊严即已形成。人性尊严是所有人必须互相尊重的原因。人性尊严虽然是人固有的价值，但不容易被承认并被同等对待。个人可能会因为其对群体的贡献而获得更多的尊严与赞许；相反，违法者的人性尊严可能因为其对群体的负面影响而不能获得充分的保障。尊严的价值是绝对的，不能以个人的地位、职业或现状的排名方式加以排列分级。人类拥有的人性尊严完全是因为尊严是固有的价值。人性尊严的主体是个人，不会因为年龄、智慧的成熟程度而有所差别。因此，智慧与精神上有缺陷者也应为人性尊严之主体。

具体而言，人性尊严是人的尊严或指个人尊严，一般不将其称为人类的尊严，主要在于强调个人之独立性以及个人之间的差异。人性尊严一词，已从传统的伦理道德、宗教或哲学用语逐渐演化为法律用语，甚至成为宪法价值的一部分。在法学领域，主张自然法者认为，人性尊严是每个人不可放弃、不容破坏的法意，国家权力对它的尊重与保障是政府存在的主要目的之一，不容置疑。人性尊严具有以下两个基本内涵：第一，人的主体性，即不可以把人当作一个客体或一项工具加以使用。人如果丧失主体性，就可能被当作交易的客体，例如古代的奴隶买卖制度，就是将人当作交易客体，是很明显

---

❶ 高宣扬. 德国哲学的发展 [M]. 北京：天地图书出版公司，1985：96.

❷ 颜上咏，唐淑美. 欧洲生物科技指令与人权 [G] //洪德钦. 欧洲联盟人权保障. 中央研究院欧美研究所，2006：203 - 204. Kant, Immanuel (1948), The Metaphysic of Morals. Translated and edited by H. J. Paton. London Huchinson Press，1948.

的侵犯人性尊严的做法。基于此，复制人应该受到禁止，因为它以生物科技的方法，对人的形成加以操控，无非就是对人的工具化、客体化。第二，人的自由意志受尊重，作为各种权利义务的主体，是因为人有自由意志，所以人性尊严的第二个内涵是自由意志，由于人有自由意志，就可以做自己的主人，可以对自己的行为负责。在自由意志下，人可以对各种相关的情况作理性分析，进而可以作是或否的决定，以及对行为内容作具体的决定。因此，在通常情况下，基于意志自由所缔结的契约，双方应该严格遵守。❶康德说："每个人都有权要求他的同胞尊重自己，同样他也应该尊重其他每个人，人性本身就是一种尊严，由于每个人都不能被他人当作纯粹的工具使用，而必须同时当作目的看待。人的尊严（人格）就在于此，正是这样，人才能使自己超越世上能被当作纯粹的工具使用的其他动物，同时也超越了任何无生命的事物。"❷"凡是具体的个人被贬抑为客体、纯粹的手段或是可以任意代替的人物，便是人性尊严受到侵犯。"康德认为：人乃理性自决的主体，不得加以物化或客体化；换句话说，每个人对自己均拥有自主性与自决地位，不受任何外来力量的强制、侵害或者贬损。康德的论述更能够鲜明地、断然地昭告世人："你必须这样行动，待人如待己，无论何时，均以人为尊重之目标，而勿视为利用的工具。"

人性尊严既是一种根植于人的存在所形成的价值，由此，各个代表以及展现此价值的具体个人，均有权主张其尊严要受到尊重和保障，每个人的人性尊严是不可处分，无法放弃，也不会丧失的绝对价值。人性尊严以其一般化、抽象化的人权实质，区别于借由具体的契约与法律关系所形成的个别权利，成为社会生活、国家生活成立是否具备正当性的价值判断基点。宪政秩序下的国家既然建立于所有人均为主体、具有尊严存在的前提下，就当然负有尊重并保障这种维护人是否能有尊严的主体的地位存在的基本任务。基于人性尊严保障的宪法要求，国家还需确保个人在社会中的生活内涵。人性尊严的主张不仅仅是要求人的生物性的存在意义，而是进一步关怀人的生存面貌与价值；基于此，每个人均应有合乎人性尊严的起码生活水准，并据以向国家主张基本权利。❸

2. 人性尊严不可侵犯已经为国际公约与民主宪政国家的宪法规范所确认

《世界人权宣言》前言中宣称："鉴于人类一家，对于人人固有尊严及其

---

❶ 李惠宗. 宪法要义［M］. 台北：元照出版社，2002：80-83.

❷ 德里克·贝勒费尔德，罗杰·布朗斯沃德. 人的尊严、人权和人类遗传学［G］. 韩德强，郝红梅编译//徐显明. 人权研究［M］. 第4卷. 济南：山东人民出版社，2007：522.

❸ 许志雄，陈铭祥，蔡茂寅，周志宏，蔡宗珍. 现代宪论［M］. 台北：元照出版公司，2002：53-54.

平等不移之权利的承认确保是世界自由、正义、和平的基础。"其第 1 条更加明确地宣示："人皆生而自由，在尊严及权利上一律平等。人各赋有理性良知，诚应和睦相处，情同手足。"目前对人性尊严的维护也已成为遗传学领域最为热点、最为关键的争论焦点，人类基因能否得到切实保护取决于此问题的解决。❶ 同时，1977 年，欧洲通过了《欧洲人权与生物医学公约》，在其序言中，缔约国一致认为"在生物学和医学的应用过程中，采取措施保护人的尊严和人的基本权利与自由是必要的"，对处于早期的人的生命予以关注，指出："在法律允许对胚胎进行研究的情况下，应确保对胚胎的足够保护"，"禁止为研究的目的制造人的胚胎"。1993 年世界人权大会通过的《维也纳宣言和行动纲领》指出："世界人权会议注意到某些进展，特别是在生物医学和生命科学以及信息及技术的领域，有可能对个人的完整尊严和人权起到潜在的和不良后果，呼吁进行国际合作，以确保人权和尊严在此普遍受关注领域得到充分的尊重。"1997 年联合国教科文组织发表了《世界人类基因组与人权宣言》，其中第 1 条（a）规定：每个人都有权使其尊严和权利受到尊重，不管其具有什么样的遗传特征。第 1 条（b）规定：这种尊严要求不能把个人简单归结为其遗传特征，并要求尊重其独一无二的特定性与多样性。第 10 条规定：任何有关人类基因组及其应用方面的研究，尤其是生物学、遗传学和医学方面的研究，都必须以尊重个人的或在某种情况下尊重有关群体的人权、基本自由和人的尊严为前提。第 11 条规定：违背人的尊严的一些做法，如用克隆技术繁殖人的做法，是不能允许的。其要求各国和有关国际组织进行合作，以便根据本宣言所陈述的原则，鉴别这些做法，并在国家和国际一级采取各种必要的措施。联合国管辖之下的联合国教科文组织（UNESCO）也针对基因科技所可能引发的伦理问题颁布了多项政策❷，其中 2005 年通过的《生命伦理与人权宣言》第 2 条第 3 款规定：依据国际人权法，通过保障对人类生命及基本自由权的尊重，鼓励尊重人类尊严，保护人权；第 4 款规定：在认可科研自由化的重要性及科学技术的发展带来的利益的同时，强调此类研发要以本声明中提出的伦理原则框架为指导，要尊重人类尊严，尊重人权，尊重基本的自由权。第 3 条第 1 款规定：充分尊重人类的尊严、人权、基本自由权；第 2 款规定：在科学和社会利益方面，个人利益和个人健康享有优先权；第 11 条规定：任何个人或团体都不应受到歧视或污蔑，以致妨碍其人

---

❶ Molly A. holman, Stephen R. Munzer: Intellectual Property Rights in Genes and Gene Fragments: A Registration Solution for Expressed Sequence Tags, Iowa Law Review, 2000 (3).

❷ 例如：Universal Declaration on Human Genome and Human Rights, 1997; International Declaration on Human Genetic Data, 2003; Universal Declaration on Bioethics and Human Rights, 2005.

性尊严、人权及基本自由。此声明是要求各国政府应致力于避免少数族群受到基因或生医研究的影响而使其平等权受到侵害。第12条规定：文化多样性与文化多元主义的重要性应受到重视，但不应因此侵害人性尊严、人权以及基本自由，也不应违反本宣言所揭示的原则或用以限制其适用范围。换言之，此宣言希望兼顾多元文化的尊重与个人基本人权的保障，这是政治哲学上的理想，但如何落实则需要面临很困难的价值判断，因为群体权利与个人权利在实践上有时是互相矛盾的。

《德国基本法》第1条规定："人性尊严不可侵犯，所有国家权力必须尊重与保护之。"《日本宪法》第13条规定："所有国民均以个人地位而受到尊重。"《中华人民共和国宪法》（以下简称《宪法》）第38条规定："中华人民共和国公民的人格尊严不受侵犯。禁止用任何方法对公民进行侮辱、诽谤和诬告陷害。"

3. 人性尊严是基本权利的基础

《国际人权公约》前言宣称：人权源自人的固有尊严。德国多数学者认为，人性尊严为实质的、最重要的基本权利，为基本权利整体中的基准点。这意味着人性尊严是规范中的规范，基本权利中的基本权利。这是因为大多数基本权利实现的目的，就是在于使人性尊严获得保护与尊重。❶ 人性尊严是存在于国家法律之前具有普遍性的最初权利，是人之为人自应拥有的权利，并非由国家制定法创设的权利。德国法学家汉斯·卡尔·尼佩（Hans Carl Nipperdey）指出："人性尊严的概念无须任何法学定义。此概念本身涉及的是人本身的特有价值、自主性、本质性与天性……"尊严本身是价值体系中最高的价值，并且作为法中文明化的力量，乃法理念之核心。❷ 此思想构成了德国法学家诠释其基本法第1条第（1）项所称"人性尊严不容侵犯。所有国家均负有尊重并保障人性尊严之义务"的依据。人性尊严是基本权利的基础，从近代民主与国家基本权发展史观察，争取基本权的目的无非是在争取作为一个人的尊严。基本权的规定旨在使人性尊严充分地被尊重。保障基本权利必须从人性尊严的尊重着眼，对人性尊严的两个内涵的尊重若有欠缺，则基本权不可能实现。国家为人民而存在，国家不但本身在公法关系上应该尊重人性尊严，并且有义务形成合乎人性尊严的政治、经济、社会制度，以有利于人们在司法交易上也有完全实现基本权利的可能。

人性尊严提供确认或解释人类的基本权利，基本权利的主体为人以及以

---

❶ 法治斌，董保城. 宪法新论［M］. 台北：元照出版社，2006：204.

❷ 蔡宗珍. 宪法、国家权力与人性图像——以胚胎植入前基因诊断术之合宪问题为中心［G］//民主、人权、正义——苏俊雄教授七秩华诞祝寿论文集. 台北：元照出版社，2005：446.

此个人作为基本权利的出发点的人性尊严，成为宪法秩序之存续的根本基础，是所有基本权利存在的前提与根源，具有优先地位。❶ 下面这个案例可以充分说明人性尊严是基本权利的出发点。在法国，某地区警察处罚在俱乐部里投掷侏儒的游戏，有一位侏儒 Manuel Wackenheim，起来挑战警察处罚所依据的禁令，他主张这样的禁令是违宪的，因为他是自愿被作为投掷游戏的对象。法国宪法法院在该案中确认了人性尊严是法国公共秩序概念的核心要素之一，且投掷侏儒使得人性尊严之价值荡然无存，因此，投掷侏儒的游戏已经违反公共秩序，故课以处罚所依据的禁令是正确的，并无违宪。❷ 虽然侏儒自愿被作为投掷游戏的对象，但是将他的身体作为观赏的目标，已将其客体化、物体化，虽然出于自愿，但是人性尊严是客观的以及不可处分、不可转借、不可让渡的价值，个人不得放弃其人性尊严。"生命何在，人性尊严就何在"，而该人是否意识到自己的人性尊严且是否知道要去保护它，则并不重要。

从道德的意义上来讲，权利是对人身的一种肯定，是从防恶的角度对人的尊严和价值的确认和维护。❸ 人性尊严一词已成为宪法价值的一部分，并且属于宪法秩序的基础。基于人性尊严，人才有自我发展的能力，它存在于每个人，属于人本质中无法派生的要素核心，那个核心就是为自己所欲，其显在外者就是自治、自决，在这层意义上，人性尊严既不能剥夺，也不能抛弃。正如古典自然法思想所言："属于人自己的，应给予之。"平等、自由的个人在人格自由的发展下，可自由决定其生活方式、未来及行为。每个人在其行为决定上有自由，而且任何人都享有同等自由，每个人都保留不受国家支配的独立生活领域，这是作为理性之人的自主生活原则。对人的自决的侵害，就构成对人性尊严的侵害。

"人权的概念将人类尊严不可侵犯原则列为高于其他基本权利的权利。"❹基本权利的内在核心就是自尊，正是因为自尊的发现，产生了各种各样的权利形态，诸如平等权、财产权、生命权等。欧洲委员会制定的《欧洲人权与生物医学公约》第 1 条规定"以保护人类尊严、完整和身份为基本原则"。1993 年世界人权大会制定的《维也纳宣言和行动纲领》明确规定："一切人权都源于人类固有的尊严和价值。"人性尊严之所以至今被视为宪法最高价值，也为基本权利存在的前提，乃是第二次世界大战期间，许多独裁国家恣

---

❶ 陈慈阳. 宪法学［M］. 台北：元照出版社，2004：482.

❷ Roger Brownsword, Stem Cells and cloning: Where the Regulatory Consenus Falls, 39 New Eng. L. Rev. 535（2005）.

❸ 夏勇. 走向权利的时代——中国公民权利发展研究［M］. 北京：社会科学文献出版社，2007：8.

❹［德］鲁德格·霍内菲尔德. 科学和伦理：面临生物学、基因技术和医学挑战我们肩负的责任［G］//单继刚，甘绍平，容敏德. 应用伦理：经济、科技与文化. 北京：人民出版社，2008：92.

意摧毁所谓"无存在价值之个人或人种"，所以在第二次世界大战后，1948年的《世界人权宣言》及各国宪法均强调人性价值与尊严为所有人类组成团体的基础。人性价值与尊严是人的本质，任何人或国家都不得剥夺它。❶ 基本权利体现了对个人自由的尊重。一般来说，近代宪法秩序确立的人权保障体系在于保障人的尊严。对任何一项人权的侵犯同时又是对人的尊严的某种程度的侵犯。"……任何时候，保障个体尊严与权利都构成政治共同体最为重要的责任；任何时候，对个体尊严的关注，都是在增进公众幸福与福祉的同时，也构成政府免于腐败的根本。"❷

4. 对基因权利的诉求源于人性尊严的保障

保障人性尊严是宪法的核心价值，其他价值和权利都是围绕人性尊严的实现而展开的。由此，在价值取舍和权利评判过程中，人性尊严具有优先的地位。正如《世界人权宣言》所指出的：人的尊严是所有人权的核心。从根本上讲，人的任何基本权利都是为了维护和体现人的尊严。❸ 就此而言，公民的基因权利是最直接地反映和体现这一核心思想的。在先进的基因技术越来越多地介入生命科学的基础研究、人体实验、疾病治疗，直接干预人的生命活动时，人的生命质量、生活质量、身心健康状态以及个人的权益问题就显得十分突出。特别是一些科技工作者试图用基因科技去改变人的生命性状，进行生殖性克隆，这对人的生命及其尊严的侵犯就更为严重。

自从生物科技、遗传工程科学的迅速发展，人类兴起借"造人"改变遗传上的困境，进而将人改造，使人活得更久，更美丽聪明，但是人种优生的出发点，因为生殖细胞的选择问题，相对也会造成人对伦常混乱的恐惧，使整体心理特质秩序很难维持，也将造成人类脱个人化的危机，人种优生将破坏人种多元、特色各异、自然平衡的特征，因而威胁个人水平化，这些都与人性尊严有关。❶ 近年来关于原住民基因研究的议题再度成为国际间争论的焦点，许多原住民为主体的非政府组织陆续在国际社会上控诉基因研究对原住民文化尊严的侵害。我国台湾地区也曾发生过花莲地区原住民部落被以健康检查为名进行抽血，实则为基因研究目的，但究竟做了什么研究，对原住民部落有何意义，事前与事后完全都没有说明，因而引发科学研究伦理与原住

❶ 陈慈阳. 宪法学 [M]. 台北：元照出版社，2004：486.
❷ 郑贤君. 基本权利研究 [M]. 北京：中国民主法制出版社，2007：139.
❸ 徐宗良. 当代生命伦理与人权 [G] //复旦人权研究中心. 复旦人权研究. 上海：复旦大学出版社，2004：296.
❶ 周志宏. 复制人与生物科技之法律规范 [J]. 月旦法学杂志，1998（35）：49-52.

民人权问题。❶

不同的族群对于生命、自然以及人权的观念是不尽相同的，因此基因研究虽有其普世性的一面，也必须尊重各族群之间的特殊信念与价值观。20 世纪 90 年代，基于人类学目的的基因研究计划一步一步扩大，首先由于基因解码技术的发展，国际间于 1988 年设立了人类基因组织 Human Genome Organization（HUGO）。该组织不仅推动了著名的人类基因组解码计划（Human Genome Project），也于 1991 年提出了人类基因多样性计划（Human Genome Diversity Project，HGDP），以作为人类基因组解码计划之延续。HGDP 是遗传学与体质人类学家共同组成的国际学术网络，其研究的旨趣在于探索人类种族及语言族群的生物性根源，并通过此学术网络相互交换组织样本与研究资讯，以了解各族群彼此之间的关联性，例如爱尔兰人究竟比较接近西班牙人或是瑞典人之类的问题。❷ 从探索人类演化的观点而言，这种研究并非没有价值，但它对既存的价值所造成的冲击确实令人关切，尤其是可能引发原住民的历史信仰危机。一方面，这种所谓基因多样性研究，其结果可能会强化各民族基因差异的偏见，进而正常化种族主义的歧视行为，使人生而平等的理念受到基因研究的挑战；另一方面，这种研究的成果也很可能挑战到各族群对自身历史与主体性认同的基础，等于是科学家强迫原住民接受新的族群历史观。❸

保障人的尊严在个人资料保障方面占有重要的地位，当国家以强迫的方式将个人的相关资料全部储存并加以分类，且认为可以任意使用，此时便侵害了人的人性尊严，因而基于承认人性尊严与人格权是宪法保护的最高价值，必须保障人们的资料不被任意使用、储存或散播。❹

基因科技给人类带来的好处不胜枚举，但是它最大的隐忧是隐藏侵害人权的利器，同时富含人类抗逆自然所可能带来的种种不可知，其同时携带物化人类、改变人性价值的特征。例如，生命科技除了影响个人生命价值观外，还有使生命为他人操弄、把持的危险。此外，科技文明竞逐物质，造成现代人心灵极度空虚也是不争的事实。随着基因技术的发展和广泛应用，生命的

---

❶ 陈叔倬. 原住民人体基因研究之伦理争议与立法保障［J］. 生物科技与法律研究通讯，2000（6）：7.

❷ News Release. ckground on Rthical and Sampling Issue Raised by the International HapMap Project. National Human Genome Research Institute，October 2002，http//www. genome. gov/10005337.

❸ 例如，各原住民大多有关于其祖先起源的神话传说，这些传说隐含的意义是他们对自己与自然界关系的认知基础，但人类学的基因研究是建立在否定这个神话传说的基础上，因此当然无法获得原住民的信任和支持。参考浦忠成. 原住民的神话与文学［M］. 台北：台原出版社，1999.

❹ 法治斌，董保城. 宪法新论［M］. 台北：元照出版社，2006：205.

奥秘不断向人类展露，人类已经开始具备按照自己的想法随意定制子女的长相、性别甚至性格的能力。未来科学家莱斯比特在他的新书《高科技思维》中描述了这样的未来：市场上出现了人工涉及的品牌婴儿，可以供父母采购。孩子都长一个样子。每代人以基因改造的方式决定流行的特征，如身高、脸型、腰与臂的比例等。做父母的可能选定一款俊男美女，如蒙娜丽莎、芭比娃娃等作为自己孩子的标准。而做子女的到了几十岁时可能对父母大表不满，不是因为他们给取的名字不好，而是抱怨他们给选的脸孔不对，做儿子的抱怨父母为什么当初替他买了足球天分而没有买篮球特长……这样的描绘使人们发出"人何以为人"，人作为人的尊严与人格何在的感慨。邱仁宗教授称这种现象为"将人客体化"。科学技术的发展使得生老病死的人工干预代替了自然安排，甚至有一种倾向，社会问题也靠基因来解决，这是非常可怕的。●

一切人权只是人的尊严的表现形式，人的尊严是一切人权的来源。在生物科技迅速发展的今天，生物科技凭借人类对它的依赖，进而主宰人类生活，已经渐渐成为普遍现象。近年出现的人种优生的意识形态，首先使生殖细胞的优劣发生选择标准，造成人伦混乱的恐怖问题，这将造成人类脱离个人特性的危机，也会威胁到个人的水平化，所以生物科技与人性尊严有关，其正考验人类是否具有人性尊严。❷ 而对人性尊严的如此威胁，时常以过去难以想象的形态出现，已经成为今日必须面对的主要难题之一。在这种情况下，传统个别基本权的具体化时常面临捉襟见肘的困境。❸ 无论基因产物是由进化而来，抑或是被创造而来，人类本身不应该以其作为达到某种目的的手段或工具，因为人类基因成为人格价值的一部分，而且基因携带着一个人的独一无二的遗传讯息，具备单一性与不可取代性，且是生命源头之所在，故它应该以人性尊严与价值而受到保护，这是可以确信的。基于人性尊严与生命神圣性的不容侵犯的理念，不容许他人逾越该界限而占有人类基因，甚至加以修改、复制。●

随着基因科技的发展，科学技术对自然的改造已经扩展到人自身，甚至还出现了可能危及个人的自由与权利的发展与运用。如克隆技术，1997 年英国克隆羊多莉成功诞生，带来克隆人的巨大冲击波。克隆人对人类传统人生

---

❶　刘长秋，刘迎霜. 基因技术法研究［M］. 北京：法律出版社，2005：121－122.

❷　Roger Brownsword, Ahren Torts Seminar：Genomic Torts：An Interest in Human Dignity as Basis for Genomic Torts, 42 Washburn L. J. 413（2003）.

❸　蔡维音. 德国基本法第一条"人性尊严"规定之探讨［J］. 宪政时代，1992，18（1）：6.

❹　余信达. 从人性尊严与伦理道德之定位探索基因相关技术之可专利性［J］. 月旦法学杂志，2005（123）：182.

价值观提出三个方面的挑战："我的意识"、"生死观和命运观"❶。因此，许多国家对于克隆技术的应用加以较多的限制，特别是在克隆技术运用于人类的问题上，多数采取禁止的态度，以避免给人类带来灾难性的后果。如，澳大利亚 2000 年 12 月 21 日通过的《基因技术法 2000》（Gene Technology Act 2000）规定，除非是已经豁免（已经评估其风险是非常小的）、已经告知其风险是非常小的、已经获得许可或注册，否则禁止所有与转基因（GMO）有关的活动；如果违反了《基因技术法 2000》，视其情节轻重进行相应处罚，对个人最高处罚为 22 万澳元，对单位最高处罚为 110 万澳元。❷ 2005 年 2 月 18 日，第 59 届联合国大会法律委员会以决议的形式通过了《联合国关于人类克隆的宣言》，同年 3 月 8 日获联合国大会表决批准。该宣言要求所有成员国禁止任何形式的克隆人，"只要这种做法违反人类尊严和保护人类的生命原则"。从人权法的角度来说，对于生殖性克隆人的主要担忧在于，这种无性生殖的方法是否会导致人类个体的无差别性，从而引起损害人的尊严的严重后果。一旦科技发展到可以如同复制一件产品一样随意地复制人，那么人的人格尊严就荡然无存了。法国著名的生物学家和生命伦理学家亨利·阿特兰教授认为，目前动物克隆技术还不够成熟，更何况人体的生殖克隆技术，因此，这一前提的取得本身就是不安全的。"或许在创造一个健康的克隆人之前，科学家们可能会先创造出成百上千个畸形儿。"克隆人不宜于人类基因多样性发展，它以事先设定的方式抹杀了每个人独一无二的个性的生物学基础，破坏了人的整体完整性（人类由各不相同的、具有独立个性的个体组成），从而从根本上侵犯了人的尊严与人类尊严。❸ 我们应当将基因科技对人类本身的运用仅仅限制于改善人类的医学水平、治疗疾病、减轻病患的痛苦，而不能用于复制人类自身。"试管婴儿"之父英国罗伯特·爱德华教授的警告使人们认识到，从生殖性克隆实验的对象来看，可能造成严重的侵犯人类尊严的后果。❹人们对基因权利的渴望是人类维护自身尊严的必然结果。

确认和保障基因权利的目的很大程度上在于尊重人的价值与维护人的尊严。考察世界各国有关人格尊严的理论与制度可知，"人格尊严通常在三个不同层面和三种情况下使用：其一是作为价值形态的人格尊严，具有价值取向、价值标准和权利依据的功能和意义；其二是作为法律原则的人格尊严，在规

---

❶ 贺更行. 克隆人：无所适从的人生［J］. 自然辩证法研究，2000（3）.

❷ 祝学华，王鼎. 澳大利亚基因技术管理、立法及启示［J］. 科技与法律，2001（1）.

❸ 徐宗良. 当代生命伦理与人权［G］//复旦人权研究中心主编. 复旦人权研究. 上海：复旦大学出版社，2004：297.

❹ 张乃根. 克隆人与人权［G］//复旦人权研究中心主编. 复旦人权研究. 上海：复旦大学出版社，2004：197－198，202.

范意义上具有法律原则的功能和意义；其三是作为法律权利的人格尊严，即通常所说的人格权，这是一种以权利形态体现的具体意义上的人格尊严。一般而言，人格尊严既是一种法律价值、法律原则，还是一种法律权利即人格权"❶。人格完善是个人发展和幸福生活追求的必要。基因资讯、基因隐私的背后乃是一个人对其人格的自治与主张，是对个人自主生活的安排，是追求自身幸福和人格尊严的必然要求。"不可侵犯的人格"是人的本质要素，包括个体尊严、正直、自治和独立，是基因权保护的社会价值。尊重人格和人性尊严是基因权的基础与核心。保护基因权利在一定程度上就是保护个人的自由和尊严，侵犯基因权利就是亵渎人的尊严。

### 三、基因权利源于科技对基因利益的冲击

（一）利益是权利的基础

权利内含的实质性要素是主体对利益的追求或维护。权利是主体为追求利益可以采取的行为，这种行为的动机和目的是利益，因而主体需要的权利总是与他追求或维护的一定利益有关。利益反映的是人与周围世界中对其生存和发展具有一定意义的各种事物和现象之间的关系，是个客观范畴，受社会物质生活条件的制约。权利是给权利享有者以利益，是追求利益的法律活动形式，或者说，权利本身就是在法律上对利益的一种平衡与确认。承认人们的利益，就必须承认人们需要权利。利益作为推动社会进步的动力，对经济的发展和法律的进步起着巨大的影响乃至决定性的作用，社会经济的发展和作为上层建筑的法律对利益又具有能动作用。马克思主义经典作家曾深刻地论证过，自由与平等都是基于人的本性。权利的基础是利益。人们之间的权利义务关系，本质上是一种利益关系。马克思说："人们所追求的一切都同他们的利益有关。""法权关系，是一种反映经济关系的意志关系。"人始终把人权作为自己追求的根本目标，归根结底是为了满足自身的各种需要和利益。这是人权发展的永不枯竭的动力。❷ 权利常可表现为一定的利益。这一联系是直观的，如张恒山学者在《权利与法律权利概念再辨析》一文中所说的权利可以保有利益、追求利益、得到利益、免于责任和支配他人。这都是权利在利益问题上的作用表现。实际上，权利也不可能完全脱离利益而存在，没有利益，权利仅存在道德上的意义，如果仅是这样，权利的作用问题就要大打折扣。而且，利益可上升为权利。每一项权利的确立最初总与利益相关，耶林在《为权利而斗争》中就阐述了这样一种观念，权利是斗争的结果，每一

---

❶ 张军．宪法隐私权研究［M］．北京：中国社会科学文献出版社，2007：31．
❷ 李步云．论人权的三种存在形态［J］．法学研究，1991（4）．

次斗争都是一次对既得利益的宣战。当斗争到顶峰而取得胜利的时候，这种斗争而来的利益便以法律的形式确立为既得权利。因此，利益可以转化为权利，从这一意义上来说，权利使利益的具体内容确定化、法律化。

（二）权利是获得利益的一种手段

社会或法律怎样确定行为自由，使它成为权利呢？这可以也只能从主体的需要与行为自由的关系中得到解释。每一个主体对权利的追求都会带有一定的功利目的。利益不但是权利主体的初始动机，而且是权利的最终归宿。德国法学家耶林认为，权利就是法律所保护的一种利益。利益是权利的目的，权利是获得利益的一种手段，任何权利都表征了某种利益，设定义务的目的就是保障权利人的某种利益。若从权利的最为根本的特征来说，权利的本质应该是一种"要求"，享有权利就是可以要求他人为或者不为一定的行为。利益论者认为，权利的不可或缺的要素是法律必须保护或促进人的利益，使之免于受到他人或社会的侵犯，具体的方法是为后者设定对权利主体的义务或责任。倘若 B 有义务作出有利于 A 的某种行为（作为或不作为），我们就可以说 A 有一个权利。当然，只有在一个人的利益本身被证明他人有义务以某种形式来促进这种利益时，才能说他有这种权利。❶ 之所以说权利的本质在于"要求"，是依据无论权利被看成是对利益的维护、人的意志的反映，或者为某种行为的资格，最终都需要通过权利人的主张来实现。权利实际上是要求他人为或者不为一定行为的主张。❷ "任何人如果不同时为了自己某种需要和为了这种需要的器官而做事，他就什么也不能做。"❸ 权利的享有有助于个人自我发展，是每个人实现自我价值的前提。我们提到权利的时候，紧随其来的肯定是利益。正如奥斯丁所指出的："权利的特质在于给所有者以利益"，"授权规范的特质在于各种限制条件对实际利益进行划分"❹。而且，"每个人的行为与他人的行为交织着，他们的利益范围交叉着"❺。由此，对于权利主体来说，权利对于我们而言最大的价值在于它可以给我们带来利益。撇开利益去谈权利，权利必定是空洞的。❻

（三）基因权利是在科技发展中人类产生新的利益需求的结果

众所周知，说某人享有某一项权利，就意味着他可以从他人、从社会那

---

❶ 张文显. 二十世纪西方法哲学思潮研究 [M]. 北京：法律出版社，2006：419.

❷ 张翔. 基本权利的规范结构 [M]. 北京：高等教育出版社，2008：17－18.

❸ 马克思恩格斯选集 [M]. 第 3 卷. 北京：人民出版社，1995：286.

❹ 张文显. 法哲学范畴研究 [M]. 北京：中国政法大学出版社 2001：302.

❺ ［德］弗里德里希·包尔生. 伦理学体系 [M]. 何怀宏等译. 北京：中国社会科学出版社 1988：540.

❻ 张文显. 法哲学范畴研究 [M]. 北京：中国政法大学出版社，2001：303.

里获得某种作为和不作为，相应地，他人或者社会应该向他提供某种作为或不作为。这种"应得"、"应予"通常被解释为"正当"、"正义"、"义"。在此种意义上，享有一项权利也就意味着享有一种正当利益，意味着可以有资格提出该种利益的要求。❶ 格劳秀斯把权利看作一种品质，认为权利是人作为理性动物所固有的品质。它是一种品质，就是一个人拥有某些东西或做某事是正当的或正义的。❷ 正如马克思所言："在任何情况下，个人总是从自己出发的，但由于从他们彼此不需要发生任何联系的角度上说他们不是唯一的，由于他们的需要即他们的本性，以及他们求得需要满足的方式，把他们联系起来（两性关系、交换、分工），所以他们必然要发生相互联系。"❸ 基因权利就是在社会生活中，个人相互之间、群体相互之间以及个人、群体与社会（甚至包括国际社会）之间的利益相互冲突与矛盾中，基因权利主体（主要包括个人、群体、民族、国家等）在利益上的理想追求、合理分配以及实际享有。撇开利益来讨论基因权利是毫无意义的。"任何一项人权，无论其表现为何种形式都是建立在人的生理需要和心理结构之上。……在这个角度上，人权的产生也必然是功利的，利益的'需要'是它的母亲。"❹ 正如马林诺夫斯基所言："任何关键的行为体系如果不和人类的需求及满足直接或间接的相关联，都不可能继续存在……不论这种需求是基本的，即生理需求，还是衍生的。"❺ 当然，不是任何要求都能成为权利，只有符合伦理要求的权利才能成为权利。于是，人的需求的多样性体现在人权内容的多样性上，人类的生存权、发展权、环境权、自由权等都是人的基本需求的反映，没有离开人的需求的权利形态。随着科学技术的发展，人类会产生新的需求，不管是衍生还是根本的，都有可能产生出一种新的人权类型。基因权利是在科学技术发展过程中人类产生出来的新的需求的结果，例如，因为基因资讯会影响到人们日后的就业、保险、教育等方面，基于对自己基因资讯的保护和避免受到歧视的需要，人类需要有基因隐私权与基因平等权。

---

❶ 夏勇. 人权概念起源 [M]. 北京：中国政法大学出版社，1992：27.

❷ [美] 罗科斯·庞德. 通过法律的社会控制·法律的任务 [M]. 沈宗灵，董世忠译. 北京：商务印书馆，1984：45.

❸ 马克思恩格斯选集 [M]. 第3卷. 北京：人民出版社，1995：514-515.

❹ 张光杰，徐品飞. 人权是什么——三种阐释与一个回答 [G] //复旦人权研究中心. 复旦人权研究. 上海：复旦大学出版社，2004：19.

❺ [奥] 马林诺夫斯基. 科学的文化理论 [M]. 杨善华等译. 北京：中央民族大学出版社，1999：126.

# 第三章　基因权利的法律性质

　　"权利是一个开明社会应该和能够给予每一社会成员按照理性积极实现自己个性和内在力量的基本条件。"[1] 公民基于基因上的权利，实为其应有权利。应有权利是权利的初始形态，它是特定社会的公民基于一定的物质生活条件和文化传统而产生出来的权利需要和权利要求，是主体认为或被承认应当享有的权利。广义的应有权利包括一切正当的权利，即法律范围内外所有正当的权利。狭义的正当权利特指应当有而且能够有但还没有法律化的权利，由于这种权利往往表现为道德上的主张（以道德主张出现），所以也被称为"道德权利"，实际上是以道德主张出现的法律上的应有权利。[2] 道德是应有权利的价值基础，如果缺少了道德的支持，也就不存在应有权利。基因权利为狭义的应有权利。基因技术的发展及其衍生的诸多问题使人们产生了对基因权利的渴望，生技科学与生物医学的发展使得国家具备了保护这一权利的物质手段。因此，国家应及时将这一应有权利转化为法律权利。在现代社会权利法定的原则下，基因权利的法律化是基因权利得到保障的前提，同时也是国家担当保护基因权利责任的法律依据。

　　说基因权利是一项应有权利，是指基因权利还处在一种潜伏的状态之中。只有存在人的"应有权利"，才能产生应不应当以及如何去保障它的问题。我们所讲的"应有权利"，其产生与本源有两个方面，即内因与外因。内因是指人的本性或本质，它包含人的自然属性与社会属性。人的本性和本质是人的自然属性与社会属性的统一，这是人的"应有权利"产生与发展的内在根据。外因则是指人类社会物质文明与精神文明的发展水平，它是人的"应有权利"由低级向高级发展的外部条件。马克思曾经指出，人的本质"是一切社会关系的总和"。他的这一论断是对人的本质学说的历史性贡献。这一观点的提出使人的本质的理论开始建立在真正科学的基础上。人人都要求生存，要求发展，要求理性，要求过幸福的生活，这由人的生理的和心理的自然属性所决

---

[1]　程燎原，王人博．权利及其救济 ［M］．济南：山东人民出版社，2004：12.
[2]　张文显．法哲学范畴研究 ［M］．北京：中国政法大学出版社，2001：311.

定，是人的一种本能。❶

应有权利反映了社会主体的权利要求，每个主体都有自己的权利要求，只有具有共性的权利要求才是应有权利。这类权利要求存在于人们社会生活的方方面面，往往通过一些大众传播媒介如电影、报纸、刊物等表现出来，它反映社会进步的内在要求，由社会物质生活条件所决定，并随着社会生产力的发展而不断扩大。在法律没有给予确认的阶段，应有权利受以下社会力量和因素不同形式的承认与保护：一是各种社会组织，包括政党与社会团体的纲领与章程；二是各种形式的乡规与民约；三是社会的习俗、习惯和传统；四是人们思想中的伦理道德观念和社会政治意识。所有这些社会力量与社会因素对人的"应有权利"的承认与保护，虽然不如国家的法律对"应有权利"的确认与保障那样具体、明确，那样具有普遍性和规范化的特点，没有国家强制力予以支持，但这种承认与保护是人们看得见与感觉得到的，它证明人的"应有权利"在社会现实生活中，在现实的社会关系和社会交往中客观存在，并不是什么虚无缥缈的东西。基因权利正是这样为保护权利需要而产生，而传统的法学理论与制度又未加规定的一项应有权利。它是基于基因之上而产生的新的综合性的权利。

随着基因科技的发展，公民对于基因利益产生了权利诉求，基因权利发轫于基因科技的发展。但是究竟什么是基因权利？基因权利存在的法理依据是什么？它包含哪些内容？它的性质是怎样的，是民事权利还是宪法基本权利？这一系列问题是我们必须面对和解决的。要回答这些问题，非对基因权利进行全面的研究不可。

## 第一节　基因权利是否应当存在的争议

### 一、对基因权利是否应当存在的争议

关于基因权利是否存在的问题，学者们众说纷纭，莫衷一是。概括起来，目前我国学术界对于基因权利是否存在有三种不同的看法：持肯定态度者、持否定态度者以及怀疑论者。持肯定论者主要以湛江师范学院的王少杰博士以及生命法学者倪正茂、陆庆胜、饶明辉等为代表。其中，王少杰博士认为："随着基因科技的飞速发展，基因权将成为人类 21 世纪的一项新型权利……"❷其他几位学者的观点将在下面的基因权利的概念中详述。持否定态

---

❶　李步云．论人权的三种存在形态［J］．法学研究，1991（4）：375.

❷　王少杰．论基因权［J］．青岛科技大学学报（社会科学版），2008（3）：81.

度者主要以李文、王坤为代表，他们认为："基因隐私权歧视就可以包含在传统的隐私权范围内，解决基因隐私权问题也无须另外再建立一套新的法律制度，可以套用民法的调整手段。"● 他们认为保护基因权利确实需要法律依据，目前法律在这方面也确实存在缺陷，但是只需要扩大对传统的平等权、财产权、隐私权等的保护，再加上更新侵权理论，就足够弥补传统法律的缺陷，根本不需要确立一个新的基因权利。怀疑论者主要以我国台湾地区学者颜阙安先生为代表，颜阙安在其著作《鼠肝虫臂的管制——法理学与生命伦理论文集》中写道："如果我们认为，人不仅是对具有生命潜能及基因资讯的细胞拥有所有权，更对其生命潜能与基因讯息拥有某种权利，问题就会比较复杂。在这种看法下，新取得细胞所有权的人，除非获得法律允许活细胞产生者之同意，否则他就不能任意运用科技去发动这些细胞的生命潜能或探知其基因资讯。这种权利我们可以称为基因权（genetic right），其中包括基因资讯权（right to genetic information） 与生命潜能控制权（right to control of life potentials）。"● 但是颜阙安先生对基因权利存有疑虑，他说："人对于细胞中潜在的生命潜能与基因资讯真的拥有如此绝对的权利吗？这种权利得以被证明的合理基础是什么呢？它是一种宪法保护的权利吗？如果是的，它的保护领域在哪儿？……也许出乎读者意外，我虽然提出了基因权之概念，但是我并不认为每个人都拥有上述意义上的基因权。我认为，每个人都拥有对其本人之遗传基因之基因资讯权，其中包括了基因资讯之私密或隐私权（privacy of genetic information）（此种权利可以包括在一般隐私权中），以及基因资讯与遗传资源资讯之取得权（right to genetic information and genetic origin），亦即每个人都有权知道他本人之遗传基因状况及他在血源上是源自何人，与何人有血缘关系（例如父母亲是谁、有无兄弟姊妹等），而且我认为这是立基于人之尊严的宪法基本权。"●

## 二、笔者的观点

对于上述观点，笔者反对否定论者，赞同肯定论者，理解怀疑论者。

（一）理解怀疑论者

怀疑论者提出基因权，却又对人类是否具有基因权表示怀疑，笔者对这

---

● 李文，王坤．基因隐私及基因隐私权的法律保护［J］．武汉理工大学学报，2002（4）．

● 颜阙安．鼠肝虫臂的管制——法理学与生命伦理论文集［M］．台北：元照出版社，2004：37.

● 颜阙安．鼠肝虫臂的管制——法理学与生命伦理论文集［M］．台北：元照出版社，2004：37－38.

种矛盾的态度表示理解，毕竟基因权利是新兴的、复杂的权利，很多问题还是悬而未决的。

（二）反对否定论者，赞同肯定论者

否定论者没有全面而正确地理解基因权利的真正含义。基因权利是为克服和弥补传统法律理论和法律制度在基因保护中的缺陷与不足而产生的新兴的权利。基因权利是平等权，但又不仅仅是平等权；基因权利是财产权，但又不仅仅是财产权；基因权利是隐私权，但又不仅仅是隐私权；同样也不仅仅限于人格权。传统的平等权、财产权、隐私权、人格尊严权等都不足以完整地涵盖基因权利。有学者认为，我们拓展这些基本权利的内容就可以把基因权利涵盖进去了，不必单独列出一项基因权利。然而就算是扩展这些基本权利的内容，每一项权利也只能将基因权利的其中之一涵盖进去，对某一传统的权利的调整只能解决诸多基因问题中的一个或一部分，如平等权只能涵盖基因平等权，财产权只能涵盖基因财产权等，它们都无法把基因权利全部涵盖进去。

1. 其他基本权利无法完整地涵盖基因权利

传统的基本权利无法完整地涵盖基因权利，例如，传统的平等权保护种族、民族、性别平等，免遭歧视，现在随着基因技术的发展，出现了基因歧视新问题，这些问题传统平等权根本就没有涉猎，更不是平等权所重点针对的对象。传统的平等权主要针对种族歧视、性别歧视、教育歧视。以下以美国平等权为例，阐述传统基本权利无法完整地涵盖基因权利。美国宪法第十四修正案第 1 节规定：所有在合众国出生或入籍并受制于其管辖权的人，都是合众国公民和其居住州的公民。任何州不得制定或实施任何法律，来剥夺合众国公民的优惠与豁免权。各州亦不得不经法律正当程序，就剥夺任何人的生命、自由和财产，或在其管辖区域范围内对任何人拒绝提供法律的平等保护。美国的平等权主要针对种族歧视、性别歧视和教育歧视。

（1）种族歧视。

美国的种族歧视案例很多，其中布朗诉托皮加校区教育委员会是个非常典型的案件。黑人通过他们的法律代理人求助于法院，以便能在他们社区的公立学校里和其他种的人一道学习。所有案例中的黑人孩子之所以被学校拒之门外，或是依据法律，或是由于法律允许种族基础上的隔离。根据美国宪法第十四修正案，这种种族隔离被指称是对被告人享有的法律上平等保护权的剥夺。根据"隔离但平等"这个原则，只有各个种族都享有大致相同的教学设施时同等待遇才名副其实。我们必须从教育的全面发展和它在这个国家人民生活中的地位的角度来考虑公共教育，否则我们就无法判断是否公立学校中的种族隔离剥夺了黑人原告受到法律上平等保护的权利。对于有色人种来说，在公共教育中，将他们与白人孩子实行隔离的影响是有害的，如果隔离是得到法律认可的，则影响尤甚。因为支持种族隔离的政策通常将黑人说成是劣等种族。身为劣等种族的意识影响到一个孩子的学习动机。因此，法律纵容下的种族隔离有着阻碍黑人孩子的教育与心理发展的趋势，也剥夺了他们可以从一个种族融合的教育制度中享受到的权益。对一个孩子来说，教育是最主要的工具，它能够唤醒孩童对文化价值的意识，为他们以后的专业训练做准备，帮助他们进行正常的调整以适应所处的环境。如果一个孩子在今天没有得到受教育的机会，那么他以后的人生是否会成功是大可质疑的。这样一个由政府提供的机会是一项权利，所有的人都要在平等的条件下获得。❶

（2）性别歧视。

男人与女人在性别上固然有差异，然而国家不得仅仅因为男女性别的差异而作不相同的处理。种族不平等是对美国宪法第十四修正案最为直接且无争议的运用，从 1970 年开始，最高法院开始通过解释平等保护条款来打击以种族以外的特征为依据的不平等，特别是基于性别的不平等，在绝大部分历史中，最高法院不愿支持妇女全面参与美国社会生活的要求。布莱德雷大法官在 Bradwell v. IIIinois，83U. S. （16Wall.）130，141（1873）中的补充意见已是臭名昭著："如同自然本身，民法一向承认男女在各自领域和命运上有诸多差别……按照上帝旨意建立的家庭结构，以及按照常理，都说明家务事属于女人的领域和职责。……女人的天职乃是做好贤妻良母，此乃造物主的法度。"以弗朗蒂罗诉理查德森案（Frontiero v. Richardson，411 U. S. 677，1973）为例，为了通过延长服役期吸引职业军人，国会制定了一项计划，参照企业与失业的情况，为现役军人提供附加福利。有靠其抚养的家属的现役军人可增加住房基本津贴，其家属亦可获得全面的医疗和牙科保健（根据 37U. S. C. §§401，403 and 10 U. S. C. §§1072，1076）。根据这些法规，男性现役军人可以主张妻子属于靠其抚养的家属而不管实际上是否在那方面靠他抚养。另一方面，按照这些计划，女性现役军人却不能主张丈夫属于靠她抚养的家属，除非他一半以上的生活费由她提供。

上诉人沙伦·弗朗蒂罗（Sharron Frontiero）是美国空军中尉，争取获得增加的住房津贴，并以其夫是靠其抚养的家属为由，为他争取医疗和住房福利。尽管这样的福利本可自动给予男性现役军人的妻子，但上诉人的申请并

---

❶ 保罗·布莱斯特，桑福·列文森，杰克·巴尔金，阿基儿·阿玛曼. 宪法决策的过程：案例与材料［M］. 周青风，张千帆，沈根明译. 北京：中国政法大学出版社，2002：710-712.

未获得批准，因她未能证明其夫有一半以上的生活费靠她提供。上诉人随后起诉，认为该法作出的这种区别属于依据性别作出的不合理的歧视。实质上，上诉人认定该法的歧视效果表现在两个方面：首先，在程序上，女性军人需要证明其配偶由她供养，而男性公民无类似的举证责任；其二，在实体上，并未承担其妻一半以上生活来源的男性军人可获得福利，而处境相似的女性军人却被剥夺这样的福利。上诉人因此要求永远禁止这些法规继续实施，并请求法院指示被上诉人给予弗朗蒂罗中尉与处境相似的男性军人相同的住房与医疗福利。❶

（3）教育歧视。

教育歧视方面的典型案件如普来勒诉多伊案（Plyler v. Doe, 457 U. S. 212, 1982）。1975 年，得克萨斯州立法机关修改了它的教育法：第一，禁止地区学校用政府资助为那些"法律上不允许"进入美国的孩子支付教育费用；第二，授予学校拒绝给这类孩子注册的权利。有人提起了质疑得克萨斯州立法机关的集体诉讼。布南伦大法官认为：美国宪法第十四修正案规定："任何州不得不经由法律的正当程序，就……剥夺任何人的生命、自由和财产；也不能在其管辖范围内拒绝对任何人提供法律的平等保护。"根据民法，无论他的身份是什么，外国人无疑是最普通意义上的人。外国人——即使是当前那些在该国不合法的外国人——也一直被当作人，并受美国宪法第五和第十四修正案的正当程序条款的保护。美国宪法第五修正案保护在美国不合法的外国人免受联邦政府的不公歧视。公共教育并非宪法授予个人的权利，但也不仅仅是和其他社会福利全同的某种政府利益。其区别在于教育对于我们基本机制的重要性，以及教育之剥夺对儿童生活所产生的长期影响。教育提供了基本工具，使个人能够采取富有经济效益的生活方式，从而有利于所有人。教育对于维系我们的社会结构具有基本的作用。通过否定这些孩子的基本教育，我们剥夺了他们生活在我们公民结构中的能力，取消了他们为我们的民族进步作出甚至最小贡献的现实可能性。在决定 §21.031 的合理性时，我们可以适当考虑他对我们民族的代价以及他牺牲孩子的代价。根据这些努力平衡的代价，几乎不能认为包括在 §21.031 中的歧视是合理的，除非它有助于某些实质的州的目的。❷

从以上案例可知，传统的平等权主要保障人们的种族、性别、受教育等

---

❶ 保罗·布莱斯特，桑福·列文森，杰克·巴尔金等. 宪法决策的过程：案例与材料 [M]. 周青风，张千帆，沈根明译. 北京：中国政法大学出版社，2002：968 – 969.

❷ 保罗·布莱斯特，桑福·列文森，杰克·巴尔金等. 宪法决策的过程：案例与材料 [M]. 周青风，张千帆，沈根明译. 北京：中国政法大学出版社，2002：1527 – 1529.

免遭歧视，而今天随着基因科技的发展，基因歧视成为一个全新的问题。

### 2. 基因平等权所要保护的内容

随着基因科技的发展，基因歧视成为一个全新的问题，传统的平等权的保护内容与对象在基因科技及其衍生的问题面前可能会措手不及，因为基因歧视成为平等权所针对的对象。基因平等权是与基因科技发展密切相关的人类权利，它主要针对非正常基因携带者应当在学习、就业等社会生活中享有与正常人同等的、不应受到任何歧视的权利。个人的基因信息将会成为像身份证与社会福利证上的个人信息一样的信息，这对于被检测出存在有基因缺陷的个人来说，有可能受到来自各方面的歧视。美国经济趋势基金会的雷夫金说："我们将会面临一场新的战争，那就是基因歧视。"❶ 基因歧视是基于个人基因的差异而予以差别对待。它主要发生在保险、婚姻、银行贷款、教育、工作等领域。

不可否认，传统的民法理论适应科技发展的要求，在不断完善自身的前提下发挥保护基因权利的职能也是非常必要的。但是，传统的基本权利类型固然在一定程度上可以提供对基因权的法律保护（例如可以依托于平等权、财产权等进行保护），但是这种保护是缺乏针对性和极不充分的，有时甚至无法提供这种保护，这使得独立基因权的产生成为必要。同时，目前我国传统的平等权、财产权、隐私权、人格尊严权等所针对的问题都还没有涉及基因权利问题，同时都不足以完整地涵盖基因权利。就算是扩展这些基本权利的内容，每一项权利也只能将基因权利的其中之一涵盖进去，而无法把基因权利全部涵盖进去，要完整地体现这项权利的基本内涵，使基因权利真正而完整地得到保障，必须把基因权利抽出来，使之成为一项基本权利。于是，基因利益已经逐渐成为一项独立利益而受到重视并产生独立保护的诉求，而且只有将基因权利作为一项专门权利才能使之获得充分的保护。

如果硬要传统的法律理论完全适应基因权利保护的要求，那么只能使这些理论失去存在的基础而变质，甚至也可能挂一漏万，使受传统民法保护的那些权利得不到妥善保护。由此，只有在新的理论指导下产生的基因权利才有利于保护公民的基因权益。

---

❶ 高桂云. 生命伦理学教程［M］. 兰州：兰州大学出版社，2005：86.

## 第二节 基因权利的内涵

### 一、关于基因权利概念的不同观点

关于基因权利的概念，也是一个有争议的问题。我国有一些学者对于基因权利进行界定，如生命法学者倪正茂、陆庆胜认为："基因权即与基因的研究、利用和保护等有关的各种权利和义务的总称。基因重组技术的发展以及人类基因计划思维的实施，极大地增进了人类社会的福祉，为人类享有健康美好的未来生活勾勒了一幅美好的画卷；但同时也带来了许多新的问题，产生了许多新的需要通过立法来确认的一系列权利——即基因权利。"❶ 湛江师范学院的王少杰博士认为："所谓基因权就是基于基因资源的开发利用和基因技术的研发应用而产生的权利，基因权是一束权利，而非一项权利。"❷ 饶明辉学者认为："与基因有关的权利，可以称为基因权利。基因权利，从直观上来看，可以有不同类型。侧重于'资源'方面，形成基因物权、基因社会权（环境权和发展权）；侧重于'技术'方面，形成基因知识产权；侧重于'信息'方面，形成基因人身权（基因隐私权）。"❸

### 二、基因权利的内涵

#### （一）基因权利的概念

以上学者分别从不同的角度出发对基因权利进行了界定，都有其合理性，也存在一些共性。其对基因权利进行界定的共同点在于：承认基因权利是一束权利或一系列权利，不是一项单一的权利；认为基因权利是基于基因上（包括基因研究、利用等）产生的权利；缺乏对基因权利属性的认识，没有回答基因权利属于民事权利范畴还是宪法学意义上的基本权利等问题。

综合并修正他们的观点，笔者认为，基因权利是基于基因之上产生的综合性的基本权利，包含权利的主体、客体和内容。人类的基因资源需要从个人身上提取，而个人对于自己身上的基因享有基因隐私权、基因平等权、基因财产权、基因人格权等。

---

❶ 倪正茂，陆庆胜．生命法学引论［M］．武汉：武汉大学出版，2005：367.

❷ 王少杰．论基因权［J］．青岛科技大学学报（社会科学版），2008（3）.

❸ 饶明辉．基因上的权利群论纲［J］．中国私法网，http：//www.privatelaw.net.cn/new2004/shtml/20040518-213320.htm，2010-01-29.

（二）基因权利的构成要件

基因权利的构成要件主要包括基因权利的主体、客体和内容。

（1）几种不同的主体论。

权利主体是指权利的所有者或者具有某项权利的人或组织。主体是法律关系的最根本的要素。由于主体的确立直接关系到权利的适用范围，权利主体是权利理论中至关重要的问题。任何一项权利都需要有明确的主体，无主体则不能构成权利，如果主体不明确，要么权利虚设，要么权利被滥用。❶

关于基因权利的主体，学界有几种不同的看法。其一，个人能否作为基因权利的主体是一件悬而未决的事，持这种观点的主要是我国台湾地区学者颜厥安。他提出了基因权的概念，认为每个人都拥有对其本人之遗传基因的基因资讯权，其中包括基因资讯之私密或隐私权，以及基因资讯与遗传起源资讯之取得权，这是立基于人之尊严的宪法基本权。但其并不认为每个人都拥有对产生自他之生殖细胞的生命潜能控制权。对此他提出了六点理由："第一，人的细胞之生命潜能所涉及的，是一个可能发展完整的独立个人，而我们透过权利制度所要保障的，主要是潜在人格的利益，而不是细胞生产者的利益。第二，人的生命除了生物生命以外，还有传记生命的部分，因此，人除了活着以外，还有具体生命历程与内容之问题，而潜在人格之传记生命当然受到其生物体在发展过程里各种科技干预的重大影响。对细胞的生命潜能加以操纵改造，其实并未涉及细胞生产者的利益，但是深深影响了潜在人格之利益。因此，这项权利应该归于利益之拥有者。第三，如果将生命潜能控制权赋予细胞生产者，那么这个人反而可以在不顾及潜在人格之利益的情况下来行使这项权利（因为这是它的财产权利），而法律上要干预这项权利反而压迫受限于对干预自由基本权之种种限制……"❷ 其二，人类基因权利存在四种主体。持这种观点的是华东政法学院的邱格屏教授。他认为，基因权利的主体主要有以下四种：第一，象征性的集体所有者，即全人类；第二，法律上的集体所有者，即国家和地方政府；第三，资源提供者，即个人、家族和社区；第四，资源利用者，即社会组织的权利。其三是人类共同财富说。该学说认为，我们每个人的基因不全然是自己的，而是由我们的祖先经由数百万年的演化发展，一代代遗传下来的。从这个角度来说，基因既不是我们每个人自己的，也不是任何其他人的，而是全人类共同的资源财富。它存在于

---

❶ 杨春福. 权利法哲学研究导论 ［M］. 南京：南京大学出版社，2000：97.

❷ 颜厥安. 鼠肝虫臂的管制——法理学与生命伦理论文集 ［M］. 台北：元照出版社，2004：38-39.

每个人的身体之内，因此，没有任何个人、企业或国家有权利独占任何基因。❶ 联合国教科文组织国际生物伦理委员会法律组主席说："人类基因组被当作人类共同遗产的事实再次肯定了每个人对自身遗传财富的权利，那就是说，个人必须承认它是个人不可转让的物品，但在整体上代表人类利益并服从于法律。人类合法地建立国际组织保护这个遗产，并确保它不被任何个人或者包括民族在内的集团占有。"❷ 人类基因是人类的共同遗产，被代代相传并被家族和人群共同享有。❸ 其四是基于基因所具有的"一身专属性"这种人格法意的特点（除了同卵双生以及尚未出现的复制人以外，每个人的基因组成都是独一无二的），在法律上明确规范、保护自然人个人对其自身的基因所享有的权利尤为必要。❹

（2）基因权利的主体。

以上不同的主体论都有合理性，但也都有片面性，综合这些观点笔者认为，基因权利的主体非常广泛，主要包括个人主体和集体主体。

第一，个人主体。人类的基因资源需要从个人身上提取，而每个人的基因组成是独一无二的，个人对自己的基因理所当然地享有权利。基本权利的主体资格对人是否有高尚的道德并没有要求，只要他是一个人，便应当享有基本权利。由此，任何一项权利，不管它的主体多么广泛，只要还有一个人被排除在主体之外，那么这项权利不能被称为基本权利，因而基因权利中的每一个主体都享有同等的权利。"人权主体普遍性的栅栏一旦允许有了豁口，人权马上就不成其为人权，而蜕变为特权。"❺ 公民个人对于自己身上的基因享有基因隐私权、基因平等权、基因财产权、基因人格权、基因知情权等。

第二，集体主体。1966年联合国大会通过的《经济、社会和文化权利国际公约》与《公民权利和政治权利国际公约》都在第1条第2款中宣称："所有人民都有自决权"，"所有人民得为他们自己的目的自由处置他们的天然财富和资源"。最早和最广泛被人们接受的集体人权是民族自决权，它确立了集体人权的基本框架，成为其他集体人权的标本与摇篮，在它的带动下，环境权、发展权、安全权、和平权等都成为集体人权的内容。现在，基因权利也

---

❶ 颜厥安. 鼠肝虫臂的管制——法理学与生命伦理论文集 [M]. 台北：元照出版社，2004：33.

❷ [英] 让·弗兰西斯·马蒂. 伦理观解读人类基因组 [M]. 申宗侯，瞿涤主译. 上海：复旦大学出版社，2004：132.

❸ [英] 让·弗兰西斯·马蒂. 伦理观解读人类基因组 [M]. 申宗侯，瞿涤主译. 上海：复旦大学出版社，2004：156.

❹ 李燕. 医疗权利研究 [M]. 北京：中国人民公安大学出版社，2009：209.

❺ 徐显明. 对人权普遍性与人权文化之解析 [J]. 法学评论，1997（6）：17.

在逐渐成为被人们所接受的一项集体人权。由于担心承认集体人权会牺牲个人权利，传统的人权理论往往把人权的主体仅限于个人。事实上，集体人权不但是实现个人权利的基础与前提，而且还是实现个人权利的重要手段与保障。我们只要从权利的终极承受角度来看就会发现，任何集体人权最后必然落实到个人，而且，在权利的实现形式上，大多数集体人权包括基因权利有赖于个人权利的行使。❶

基因权利的集体主体又分为象征性的集体所有者——全人类、法律上的集体所有者——国家和地方政府、提供基因资源的家族或社区。

①象征性的集体所有者——全人类。

《世界人类基因组与人权宣言》中写道："从象征意义上说，它（人体染色体）也是人类遗产。"《关于人类基因组序列图完成的联合宣言》指出："人类基因组是人类的共同财富和遗产。"《关于遗传研究正当行为的声明》指出要坚持以下原则：第一，承认人类基因组是人类共同遗产的一部分；第二，坚持国际人权的规范；第三，尊重参与者的价值、传统文化与人格；第四，接受和坚持人类尊严和自由。作为一个物种，人类全都共有基本上相同的基因组。基因组是人类共同的遗产，人类从动物进化而来，大家拥有共同的祖先，人类现有的基因和基因密码是人类适应数百万年自然和社会的变迁，经过世代的发展，不断优胜劣汰，最终积淀下来的完善合理的基因组合。从这个意义上说，任何个人的基因都属于全人类的一部分，人类基因组计划应该有益于全人类。正如上述诸多国际宣言所宣称的那样，人类基因是全人类的共同财富或共同财产。全人类是基因权利的主体之一。可为什么我们说全人类是基因权利的象征性的集体主体呢？原因在于我们宣称人类基因属于全人类，不过如果这种说法运用于基因资源的探测、信息保护样本的搜集以及任何导致商业用途的技术与产品的开发就不合适了。因为没有一个全人类的组织或机构可以代表全人类对人类基因进行保护、利用和管理，即使有这样一个国际组织，也会因为国家之间资源占有量的不同、技术水平的巨大差异的原因导致利益冲突而无法正常运作。这就是全人类主体是象征性的集体主体的原因。

②法律上的集体所有者——国家和地方政府。

1992 年《生物多样性公约》的序言部分声明："确认保护生物多样性是全人类共同关切的问题，重申各国对自己的生物资源拥有主权权利，也重申各国有责任保护它自己的生物多样性，并以可持久的方式利用它的生物资

---

❶ 张光杰，徐品飞.人权是什么——三种阐释与一个回答［G］//复旦人权研究中心.复旦人权研究.济南：复旦大学出版社，2004：14.

源……"国家可以在自己的领土范围内对本国的资源进行有效的控制。首先，每个国家可以运用它的行政手段，对国家以下层次人类基因利用的参与者，如基因拥有者、研发机构、利益分享者、特定组织等，进行管理和控制，保证一切基因实践活动合理合法，既能做到对资源的保护，也能使各方得到公平利益。因此，国家在人类基因的保护和利用中的角色至关重要。作为行政机构的组织链条，各级地方政府也应当作为国家这一层次的主体。根据邱格屏教授的观点，国家所主张的基因权利应该包括：第一，对本国的基因资源享有所有权；第二，制定本国人类基因资源的法律，内容包括权利归属、利用制度和规则、各类各级部门的职能和权责、使用规模控制、罚则；第三，建立专门的国家机构，对本国的人类基因资源进行管理和监督；第四，建立专门机构，系统采集本国有价值的基因资源样本和数据，进行分析比较研究，建立相应的国家登记制度和数据库体系，建立完整的保护资源制度；第五，开展国际项目的开发和合作；第六，建立专有的基金或社团组织，对特定研发项目或特定地区人群提供资金支持和利益保障等。❶

③家族与社区。

供基因者个体的力量十分有限，只有将他们作为一个群体来集体保护，才能够达到相应的效果。实际上，这些地区的居民由于长期生活在同一个地区，大多数人之间有或远或近的亲戚关系，相互之间也有着共同的利益基础，因此，为了保护基因资源的主体利益，家族与社区权利的保护也是一个必不可少的因素。该代表组织按照民主方式选举出来，然后代表所有的成员享有以下权利：采集许可和监督权；获利的权利；帮助和支持集体成员维护自身利益。

（3）基因权利的客体。

权利的客体是权利所指向的对象，具体地说，是指为了满足有形或无形的社会利益为权利的内容或目的所必需的对象。所有权利都有其客体，如果没有权利客体的支撑，权利将会变成无源之水、无本之木。基因权利的客体是基因，具体地说主要是基因资源与基因信息。例如，基因隐私权的客体是基因信息，基因财产权的客体是基因资源。

（4）基因权利的内容。

基本权利的内容就是各种形式的权利，任何基本权利都内含某种利益。当然，单独的一个人是不会享有权利的，因为权利的享有必须对应一个义务的承担者，由此，权利的吸纳共有必然有两个人以上。正如霍菲尔德所言：

---

❶ 邱格屏．人类基因的权利主体分析［G］//倪正茂，刘长秋．生命法学论要——2007 年生命科技发展与法制建设国际研讨会论文集．黑龙江：黑龙江人民出版社，2008：213－219.

"一种权利必然表明一种内在的法律关系，而每一种法律关系又包含一种法律利益与法律负担。"基因权利的权利与义务是相对应的，每个公民都享有基因权利，但同时每个公民也有义务尊重其他主体的基因权利。基因权利的内容包括基因隐私权、基因平等权、基因财产权、基因人格权、基因知情权等。

## 第三节  基因权利是基本人权

研究基因权利的基本权利价值定位问题是基因权利法哲学领域的一个重点与难点。探寻基因权利的基本权利价值的目的在于阐明基因权利理论中的一个最根本性的问题：基因权利究竟是不是基本人权？基因权利为什么具有基本人权的价值？倘若基因权利作为基本人权的观点被证实，那么基因权利在权利体系中具有什么样的价值属性，居于何种地位？笔者认为，基因权利是基因科技法发展到一定程度的必然产物，它属于基本人权。

### 一、基本权利、人权、宪法权利的概念

关于人权、基本人权、基本权利和宪法权利几个概念的区别，学界众说纷纭，并无一致意见。在日本宪法学上，多数学者认为基本人权与人权同义，是指："人作为构成社会之自律性质的个人，为确保其自由与生存，维护其尊严性，因而作为前提而得到承认的、人为此当然所固有的一定必要之权利。而宪法则是将这些被认为宪法之前就已经成立的权利确认为实定宪法意义上的权利。"[1] 而基本权利（可简称为基本权）则是指"实定宪法上保障的权利"[2]。前者是后者的基础，且在范围上大于后者。也有少部分学者认为，宪法保障之主观利益，应总称为"基本人权"或"基本权"，只有自由权才得以称为"人权"。[3] 而在德国，基本权的概念也具有多义性，从历史上看，或将基本权理解为超实证法的自然权利，或理解为国法所赋予的权利。许多学者宁愿从基本权各种面向进行描述，而不轻易加以界定，以免有欠周全。[4] 在我国宪法学中，学者对于以上概念的使用也无一致意见。对于"人权"与"基本权利"的关系，有学者认为前者是人按照其本质而必然享有的权利，是

---

[1] [日] 卢部信喜，高桥和之. 宪法 [M]. 林来梵等译. 北京：北京大学出版社，2006：71.

[2] 萧淑芬. 基本权之概念 [G] //萧淑芬. 基本权基础理论之继受与展望——台日比较. 台北：元照出版公司，2005：32 – 36.

[3] 转引自萧淑芬. 基本权之概念 [G] //萧淑芬. 基本权基础理论之继受与展望——台日比较. 台北：元照出版公司，2005：35.

[4] 吴庚. 宪法的解释与适用 [M]. 台北：三民书局，2003：85 – 89.

一种道德权利，而后者则是人权的实定化和法律化。❶ 而对于"基本权利"与"宪法权利"，有的学者将二者等同，认为"无论使用哪种说法，均是指某种重要的权利"❷。有的学者则在"基本权利"与"宪法权利"中作出区分，但这种区分并不成功。❸ 至于宪法权利与人权的区别，有的学者认为："宪法权利是对作为价值意义上的人权在宪法规范上的逻辑构造，与人权价值并不直接同一。人权是宪法学研究的假设，或者说，人权在宪法学中，对宪法学理论的建构具有价值假设的前提性基础的意义，是宪法权利分析的逻辑起点。"❹

　　基于以上认识，笔者认为，对于"基本权利"，应该理解为经宪法实定化后的人权，即宪法保障的权利。基本权利与宪法权利无实质性差别，都区别于人权概念，指人权价值在宪法中的实定化。不过，由于这几个概念各自的文本依据、内涵外延以及使用语境因国别、历史等因素的不同而呈现出纷繁复杂、模糊含混的局面，对其进行清晰的界定与甄别是非常困难的。致力于在通盘考虑世界各国宪法学的基础上确定一个共通的基本权利概念，几乎是徒劳的。前述工作即使是可能的，对于宪法学的研究也并无太大的意义。因为无论如何界定这些概念，宪法学的核心依然是人权之保障。与其在讨论基本权利概念上下工夫，不如致力于探讨具体的基本权利保障问题。

　　尽管如此，作为宪法学研究的一项重要课题和重要方法，基本权利和宪法文本的关系是要讨论的。因为宪法学研究本质上是法学研究，法学的根本是以法律文本为出发点的"法解释学"❺，宪法学的研究应以文本为基础，其概念的使用也应来自宪法的文本而非学者的主观。❻ 宪法当中规定的基本权利应是一国对于人权的实定化确认，但并不能基于此认为只有宪法上予以确认的权利才是基本权利，宪法对于基本权利的确认与否只能产生宪法解释学上的区别。除了宪法文本以外，宪法实践特别是司法实践也是判断一项权利是

---

❶　韩大元．宪法学［M］．北京：高等教育出版社，2006：135．

❷　林来梵．从宪法规范到规范宪法：规范宪法学的一种前言［M］．北京：法律出版社，2001：75．

❸　韩大元．比较宪法学［M］．北京：高等教育出版社，2003：145－147．

❹　夏正林．社会权规范研究［M］．济南：山东人民出版社，2007：69．

❺　关于法学、法解释学，杨仁寿认为，"法解释学亦称为法学"；"法解释学之主要任务，在于阐释法律；与法社会学、法史学等属'法律的经验学科'，端在就法律社会现象，或法律的历史现象，为经验科学方面的观察研究，透过法律以实现社会统制，不可同日而语"。杨仁寿．法学方法论［M］．北京：中国政法大学出版社，1999：第一章．德国法学家拉伦茨将法学理解为："以处理规范性角度下的法规范为主要任务的法学，质言之，其主要想探讨规范的意义"；"法学主要在理解语言表达及其规范性意义"；"解释是一种媒介行为，解释者借之以理解本有疑义之文字的意义"。［德］拉伦茨．法学方法论［M］．陈爱娥译．北京：商务印书馆，2003：71，85．

❻　张翔．宪法学为什么要以文本为中心［J］．浙江学刊，2006（3）：21－22．

不是基本权利的重要参考标准，因为宪法解释往往是法官在具体案件的裁判中作出的。接下来，笔者就试图从立法和司法两个角度来论证如何保障作为一项基本权利的基因权利。

现代国家对个人权利的事项大多规定在宪法中，区别在于规定的详略或用语不同，有称人权的，例如法国人权宣言；也有称基本权利的，例如德国基本法；我国宪法称公民的基本权利。

我国台湾地区学者陈新民认为："人民权利……唯一般人甚至学界，习于以人权、基本权利、基本人权、基本权……等用语称之。"在多元开放的社会体系中，能够成为公民权利的固然都应该受到保障，但是，并不是每一项公民权利的保障都可以或者必须提升到宪法保障的层次，必须视该项权利的普遍性、不可侵害性的程度与法益保护的重要性等诸多方面的因素来衡量该权利是否值得以宪法保障。从权利的本质来看，值得宪法保障的权利必须是与国民主权、人性尊严或一般人格权的保障息息相关的权利；从权利保障的需求来看，除针对特定少数以外，应具有普遍性；从宪政的角度而言，如果不给予保障，有违自由民主宪政秩序与价值观。这种性质的权利享有者，如果不以国别而受限制者，属于每个人的权利，称为人权；如果因国籍因素而受差别待遇者，是该国宪法施行有效领域内该国国民才享有，称为国民民权；在国民达到一定年龄或心智者才享有的权利，称为公民权。不论人权、国民权、公民权，若由宪法规定，建议都称为基本权利。❶

宪法权利是对基本人权的确认，与此类似的表述还有基本权利。"公民的基本权利是指由宪法规定的，公民为实现自己必不可少的利益、主张和自由，从而为或不为某种行为的可能性。"❷ "基本权利是那些表明权利人在国家生活的基本领域所处的法律地位的权利。"❸ 基本权利是指凡人皆有的权利，宪法加以规定，使之具有在国家规范秩序中的最高效力，国家有加以保障的义

❶ 李震山. 多元、宽容与人权保障——以宪法未列举权利之保障为中心［M］. 台北：元照出版社，2005：9－11.

❷ 周叶中. 宪法［M］. 北京：高等教育出版社，北京大学出版社，2005：261. 关于基本权利概念还有：许崇德教授认为基本权利是"由国家根本法规定的，是公民必不可少的也即基本的权利与义务"。许崇德. 中国宪法［M］. 北京：中国人民大学出版社，1996：400. 焦宏昌教授认为："公民基本权利是指宪法所规定的，那些首要的、根本的、具有决定意义的权利与义务。"焦宏昌. 宪法学［M］. 北京：中国政法大学出版社，1999：149. 朱福惠教授认为："基本权利是宪法规定的，是公民在国家和社会生活中必不可少的最主要的那些权利和义务。"朱福惠. 宪法学［M］. 北京：法律出版社，1998：288. 蔡定钦先生认为："基本权利是公民最重要的那些权利，在公民权利体系中处于核心地位，构成普通法所规定的公民的权利的基础。"蔡定钦. 宪法精解［M］. 北京：法律出版社，2004：206－207. 刘茂林教授认为："基本权利是指公民成为公民不可缺少的权利。"刘茂林. 中国宪法导论［M］. 北京：北京大学出版社，2005：266.

❸ 李龙. 宪法基础理论［M］. 武汉：武汉大学出版社，1999：155.

务，制宪者如有侵犯，也视为一种宪法破毁的行为。基本权内容越是得到充分实现，政治体系越具有存在的正当性。● 基本权利中"基本"的含义不少于以下六种：第一，这些权利的不可取代性；第二，这些权利的不可转让性；第三，这些权利的不可缺乏性；第四，这些权利的母体性；第五，这些权利在现代文明国家中的共性；第六，这些权利的稳定性。● 基因权利是否能够成为或被公认为宪法权利，不仅取决于基因权利是否具备宪法权利的本质内涵，而且取决于基因权利是否具备宪法权利的规范特征。

基本权利是人所固有的，这些权利所体现的社会内容具有最高的地位和价值，对于公民而言是最基本的、最主要的、必不可少的。由于这些权利的重要性以及在整个权利体系中的重要地位，许多国家一般都以宪法规范的形式予以确认和表达，并加以保障。所以，基本权利往往又被称为宪法权利或宪法基本权利。● 宪法权利一词是法学研究领域使用频率极高的一个宪法学术语。● 宪法权利，亦即宪法上的权利，是宪法所确认并保护的权利，是民主法治国家公民所享有的基本权利，在权利体系中占有重要的地位。● "公民的宪法权利亦称为公民的基本权利，它是由宪法所确认的首要的、根本的、具有决定意义的权利。"● "基本权利是个人拥有的较为重要的权利；人们认为，这些权利应当受到保护，不容侵犯或剥夺……随着洛克个人主义学说的兴起，基本权利问题日益突出，引人关注。此后，基本权利被称为天赋人权，因此又常被称为人权。"●

## 二、基本人权的特征

基本人权的主体应该是普遍的、无限的和绝对的。一切人，无论种族、肤色、性别、年龄、语言、宗教、国籍、出身、能力和政治见解的差异或不

---

● 吴庚. 宪法的解释与适用［M］. 台北：三民书局，2004：910.

● 徐显明. 公民权利义务通论［M］. 北京：群众出版社，1991：132–133.

● 刘广登. 论知情权［G］//杨海坤. 宪法基本权利新论集. 北京：北京大学出版社，2004：154.

● 罗纳德·德沃金仅在《自由的法——对美国宪法的到的解读》第一章"罗伊判例的危机"中，就有大约 6 处直接使用了"宪法权"或"宪法权利"一词，在"美国宪法的内涵"一章中大约有 30 处使用了"宪法权利"。参见［美］罗纳德·德沃金. 自由的法——对美国宪法的到的解读［M］. 上海：上海人民出版社，2001：103–161. 路易斯·亨金在《宪政与权利》一书的导论中，有 10 处直接使用了"宪法权利"。参见路易斯·亨金，阿尔伯特·J. 罗森塔尔. 宪政与权利［M］. 北京：三联书店，1996：121.

● 郑贤君. 基本权利研究［M］. 北京：中国民主法制出版社，2007：30–31.

● 杨海坤. 宪法基本权利新论［M］. 北京：北京大学出版社，2004：3.

● 戴维·米勒，韦农·波格丹诺. 布莱克尔政治学百科全书［M］. 北京：中国政法大学出版社，1992：283.

同，都应享有基本人权。它是每个现代人维持正常生活所应拥有的基本条件。

基本人权的固有性表现在基本人权对于人而言是不可缺乏的、不可取代的、不可转让的三个方面。从基本人权与国家权力的关系看，基本人权不是国家权力的自觉赐予，相反，它是对国家权力的索取。宪法以基本人权为基本原则，根本目的在于保护人权，限制公权，明确国家权力的宗旨和界限，规范公权力尤其是政府的行政权，从而有效地阻止公权力的滥施，保障民权。只有肯定基本人权，才能合理说明国家权力的归属，揭示政府为什么应受到公民的监督、政府官员为什么应当成为公民的公仆、宪法至尊、主权唯民等一系列民主政治的原理。

基本权利或者说宪法权利具有以下特征：其一，权利的基础性。宪法权利是一个人格独立而有尊严的公民正常生活所必需的权利，它是公民在社会生活中最低限度的权利，这些权利还需通过刑法、民法、经济法、刑事诉讼法、民事诉讼法等部门法加以具体化。其二，权利的关联性。各项基本权利之间是相辅相成、相互依赖的，构成一个结构相对稳定的体系，缺少其中任何一项基本权利，其他权利都会受到威胁和损害，甚至导致整个权利体系的崩溃。基本权利之间的这种内在联系根源于社会物质生活条件内在的一致性和公民法律地位的完整性。其三，基本权利体现公民与国家的基本关系：它们同政权的性质有直接的联系，什么样的政权性质承认和保障什么样的权利；它们是对国家和政府权力的制约，是一种遏制强权和维护政权的方法与设施；维护和保障公民的基本权利正是国家权力机关的基本义务所在。❶ 其四，基本权利的内容在逐渐增多，基本权利的内容增多是由于科学技术的发展引起的。科学技术的发展对人的生存环境、人的尊严和个性形成了巨大的冲击，要求重新考虑国家责任，以保护公民基本权利。❷

### 三、基因权利具有基本人权的特征

日本学者卢部信喜认为，一项权利只有被认为具有宪法上的权利价值才可承认，具体而言，具备以下三个条件方可成为"新的人权"而受到宪法保障：一是此种权利为长期国民生活的基本权利，且被证明具有历史的正当性；二是具有多数国民经常行使的普遍性；三是具有无（或极少）侵害他人基本人权之虞者的公共性。❸ 基因权利具备上述三个条件。当然，权利的形成与维

---

❶ 刘广登. 论知情权［G］//杨海坤. 宪法基本权利新论集. 北京：北京大学出版社，2004：155－156.

❷ 郑贤君. 基本权利研究［M］. 北京：中国民主法制出版社，2007：115.

❸ 现代国家与宪法——李鸿禧教授六秩华诞祝贺论文集［M］. 台北：月旦出版社，"中国民主法制出版社"，1997：821.

护有一个发展、成熟和分化的过程，独立的利益和利益诉求产生后就可能形成一种独立的法律权利。❶ 由此，基因权利作为一种新兴的宪法权利处于发展过程中，处于权力和利益的分化与整合过程中，我们不能因为权利的分化趋势和过程就否认这种权利存在的价值。从根本上讲，基因权利是一束权利，构成这一束权利的各个权利主要有基因平等权、基因财产权、基因隐私权等。基因利益已经逐渐成为一项独立利益而受到重视并产生独立保护的诉求，只有将其作为一束专门权利才能使之获得充分的保护。传统的宪法权利类型固然在一定程度上可以提供对基因权利的法律保护，但是这种保护是缺乏针对性和极不充分的，有时甚至无法提供这种保护，这也使独立的基因权利产生并成为宪法基本权利非常必要。

（一）基因权利的固有性与地位的基础性

基因权利乃人之为人当然享有的权利，非由国家所赋予，宪法的人权宣言仅仅具有确认的效果，并无创设的作用。基因权利根源于个人的人性尊严，只要是人，生下来就是基因权利的主体。宪法权利往往是宪法通过一些具体宪法规范所确认的权利，这就造成一种错觉，即宪法权利直接渊源于宪法，离开宪法规范就没有宪法权利。❷ 倘若赞同这种观点，就意味着基因权利不能称为宪法权利，因为在最初各国宪法中均未规定基因权利。基因权利受到重视，是随着基因科技的发展，直到最近才有的。"在肯定人权的前国家性质或前宪法性质这一点上，自然法思想较之法律实证主义的观点包含了更多的真理颗粒。"❸ 基因权利成为宪法权利并非源于宪法文本，但毋庸置疑的是，宪法文本为基因权利的宪法属性提供了某种实证性的证明与依据。从基因权利本身来看，它已具备和体现了宪法权利的某些特征。对每个人而言，基因权利是其根本利益和要求的法律反映。"人的基本权利是作为构成社会整体的自律的个人，为确保其生存和发展、维护其作为人的尊严而享有的，并在社会历史过程中不断形成和发展的权利；从终极意义上说，这种权利既不是造物主或君主赋予的，也不是国家或宪法赋予的，而是人本身所固有的，同时又多为宪法所认可和保障。"❹ 基因是人生命的基础，可以说没有基因就没有生命，人对基因所拥有的权利可以说是与生俱来的、固有的。虽然没有得到宪

---

❶　张军. 宪法隐私权研究［M］. 北京：中国社会科学文献出版社，2007：39.
❷　林来梵. 从宪法规范到规范宪法：规范宪法学的一种前言［M］. 北京：法律出版社，2001：79.
❸　林来梵. 从宪法规范到规范宪法：规范宪法学的一种前言［M］. 北京：法律出版社，2001：79.
❹　林来梵. 从宪法规范到规范宪法：规范宪法学的一种前言［M］. 北京：法律出版社，2001：80.

法的确认，但并不能因此否认基因权的宪法性权利的性质。"美国宪法最初并没有规定迁徙自由、隐私权、婚姻自由，但它们现今作为个人保留的自由权而受到宪法的保护。"❶ 概括地说，基因权利的固有性是指作为人所直接享有的，任何人一出生便享有基因权利。也就是说，只要是一个人，那么基因权利就与之相伴，不附带任何条件。

人权或人的权利和基本自由，"旨在使每个人在个性、精神、道德和其他方面的独立获得最充分和最自由的发展。作为权利，它们被认为是生来就有的个人理性、自由意志的产物，而不是由实在法所授予的，也不能被实在法所剥夺或取消"❷。可见，基本权利是指那些成为有理性和意志的人所不能缺少的固有权利，如果失去了它，人的本质属性就难以保持甚至会丧失。❸ 基因权利地位的基础性体现在于它是主体不可或缺、不能转让且不能分割的权利，亦即主体所固有的对人具有绝对必要性的稳定永恒的权利。

（二）基因权利功能的母体性与根本性

"公民基本权利的根本性在于它是公民权利中最重要、最根本的部分，表明了公民权利的宪法地位，对于公民而言是必不可少的权利。"❹ 再加上宪法所具有的特殊功能和地位，宪法权利具有母体性和宏观性的特征。宪法权利是部门法权利的基础和依据，亦即部门法上的权利是宪法权利在该领域的延伸与具体体现，但是这并不排斥某些部门法权利先于宪法权利产生的事实。❺ 基因权就是从民事权利发展成为宪法权利的。基因权一旦为宪法所确认与保障，就可对其他部门法中基因权的价值和权利保障起到强化论证和提供依据的作用。宪法权利具有概括性和宏观性，比部门法上的权利涵盖和影响的范围更广泛，对其他部门法而言具有立法依据和价值基础的功能。由此而言，宪法权利可以被看作一种"权利束"或者类权利并具有概括性和宏观性的特点，在规范意义上往往缺乏具体的定义和内涵，甚至有些宪法权利往往有赖于部门法中得到具体说明和解释。❻ 基因权利在民法权利和宪法规范中都体现了权利的多样性和客体的复杂性。基因权利对个人而言是一种根本性的和不可剥夺的权利，是国家应予以宪法保护的权利，而且基因权利之下包含多种权力和利益在内。由基因权利可以派生出基因隐私权、基因平等权、基因财

❶ 莫纪宏. 宪法学 [M]. 北京：社会科学文献出版社，2004：283.
❷ [英] 沃克. 牛津法律大辞典 [M]. 北京：光明日报出版社，1988：426.
❸ 汪习根. 法治社会的基本人权——发展权法律制度研究 [M]. 北京：中国人民公安大学出版社，2002：121.
❹ 朱福慧. 宪法学原理 [M]. 北京：中信出版社，2005：183.
❺ 张军. 宪法隐私权研究 [M]. 北京：中国社会科学文献出版社，2007：42.
❻ 张军. 宪法隐私权研究 [M]. 北京：中国社会科学文献出版社，2007：42.

产权等，基因权利具有母体性。

（三）基因权利的不可侵犯性与不可转让性

"人权若作为基本权利，其所指的基本便意味着这些权利的不可剥夺，亦即在任何情况下都不容否定。"❶ 基本权是一个人生存所不可或缺且其核心永久不可侵犯的权利。"所谓人权的不可侵犯性，指的是在人权原则上不受公权力的侵犯（行政权自不待言，立法权甚至宪法修改权也不可侵犯之）。"❷ 包括立法、行政、司法在内的任何国家权力都不得侵犯基因权利。当代社会权力发达，企业、职业团体、工会以及其他民间团体的影响力十分惊人，堪与国家权力相比，这使人权面临严重的威胁。因此，如何防止社会权力侵害人权也是不可忽视的课题。❸ 基因权利具有不可转让性，若让渡基因权利，人性尊严将不复存在，人的生存都会成为问题，更不用说人的全面发展了。事实上，任何人都不愿让与这项权利。任何人都不得将基因权利擅自转让给他人，否则就会失去基因权利所具有的保护人的尊严和价值的性质。基因权利对个人而言是一种根本性的和不可剥夺的权利，是国家应予以宪法保护的权利。

（四）主体的普遍性和特殊性

宪法权利的普遍性是指相当数量的国家的宪法均确认和规定相同的或类似的基本权利。所谓特殊性，是指一个国家的基本权利在某些方面与其他国家的基本权利有所不同，甚至同一权利包含不同的内容。❹ 普遍性的存在基础在于个人需求和人性尊严要求的一致性。就人类需求而言，人们无论性别、年龄、文化程度、种族、国别有何不同，总会有一些需要是在历史与人的个性发展过程中共同需要的，如生存、安全、追求幸福、尊严等。这种需要构成基本权利的客观基础，而基因权的存在和保护要求构成基因权利的客观基础。就人性尊严而言，"一切人权都源于人类固有的尊严和价值，认识人权和基本自由的中心主体，因而是实现这些权利和自由的主要受益者，应积极参与这些权利和自由的实现。……一切人权均为普遍、不可分割、相互依存、相互联系。国际社会必须站在同样的地位上，用同样的眼光，以公平、平等的态度全面看待人权"❺。作为人性尊严的具体表现形态的基因权的产生、发展和保护要求同样具有某些共性特点，这也是国际社会和国际条约能够对基

❶ ［英］亚当·库博. 社会科学百科全书［M］. 上海：上海译文出版社，1989：338 - 339.
❷ ［日］卢部信喜，高桥和之. 宪法［M］. 林来梵等译. 北京：北京大学出版社，2006：72.
❸ 许志雄，陈铭祥，蔡茂寅等. 现代宪论［M］. 台北：元照出版公司，2002：71.
❹ 莫纪宏. 宪法学［M］. 北京：社会科学文献出版社，2004：283.
❺ 国际人权法教材编写组. 国际人权法教程（第一卷，第二卷）［M］. 北京：中国政法大学出版社，2002：89 - 91.

因权施以共同保护的基础。

人权的普遍性意味着人权在任何地方、对任何人都是一样的，即在所有时间和空间都有效。"任何基本人权在本质上都是人类作为一个普遍性的主体无例外地应该享有的人权。某项人权为普遍主体共同享有是该项人权成为基本人权的先决条件，只为部分主体或特殊主体独享的人权不可能是一项基本人权。主体是否应该具有普遍性是衡量人权作为基本人权的标准之一。"❶ 基因权利的主体涵盖了社会中的所有人，具有无限的、绝对的、普遍的特性。基因权利是所有公民的权利。当然，基因权主体的普遍性并不否认其特殊性的存在。事实上，在不同时空与人权的具体环节，主体的地位和价值是有其个性而不尽一致的。虽然不同国家、不同时代、不同社会对基因权利的要求也许不同甚至相差很远，但人们无法也不应在理论上在全体人类中人为地划出一道鸿沟，断言哪一部分人应该享有基因权，哪一部分人不应该享有。正是从这个意义上说，任何人，不分民族、种族、肤色、性别、语言、宗教、财产、政治或其他见解、社会出身或其他身份等任何区别，都应一视同仁地享有基因权利。基因权的主体是存在众多差异的普遍主体。

（五）基因权利的强制性

基因权利是一种以国家强制力保障实施的权利，当基因权利受到侵害时，无论这种侵害来自国家机关、法人、个人还是其他组织，受害人均有权请求国家给予救济，国家负有保障基因权利实施的义务。国家机关在主体的基因权利受到侵犯时，应依法给予救济，同时国家机关也有积极采取措施、创造条件保障主体享有和行使基因权利的义务。

科技对法律的冲击，经常显现在既有的法律理论与实务无法解决新科技带来的新问题上，而人权又是法律中往往被认为阻碍科技发展且抽象不切实际的部分，大都要等待人们享受科技的甜美果实，也尝到其苦果时，才开始正视。本书提出的"基因权"，除名词稍微新鲜以外，其实早已是活生生的现实问题。该问题是每个人的问题，是基本人权，在法律层次上应提升到基本权利高度。

---

❶ 汪习根. 法治社会的基本人权——发展权法律制度研究［M］. 北京：中国人民公安大学出版社，2002：119.

# 第四章　基因权利的法律保障范围

一项基本权利的保障，应首先确定其范围，其范围的变迁将影响基本权利侵害概念的变迁，关系侵害的合宪性。一般而言，基本权利的保障范围，可以从其应保障的人、应保障的事宜以及该保障是否与其他基本权利保障范围产生竞合等面向去分析。就基因权利的保障对象而言，其应及于每个人以及家族，保障事宜主要有基因隐私、基因财产、基因知情等。基因权利的保障范围至少包括以下事项：基因隐私权、基因知情权、基因财产权、基因平等权、基因人格权等。

## 第一节　基因隐私权

### 一、基因隐私权的概念

个人资料具有私密性，本质上与隐私权的保障密不可分，因此隐私权中有关个人资料部分往往被称为"资讯隐私权"。谁有权接近使用基因资讯？[1] 作为权利主体的人对于他的基因拥有何种法律上的权利是复杂的，但首先可以确定的是，人拥有对其本身基因资讯的隐私权。说得更精确一点，就是人对于其基因资讯的保密相对（confidentiality）、秘密（secrecy）流通、运用（access）等拥有自主决定权。由于一个人的基因组成特征对于一个人的生理、心理与社会生活的影响与重要性极高，因此如果金融资讯都可享受宪法层次的隐私权保障，基因资讯也理应受到同样的保障。[2] 每个人都有权知道自己的遗传基因状况以及在血源上是源自何人、与何人有血缘关系，这是基于人的尊严上的基本宪法权。

"基因隐私常常是指基因信息的隐私，包括对基因信息的保密和隐名。在

---

[1]　Philip Reilly: Legal Issues in Genetic Medicine, in Principles and Practice of Medical Genetics, pp. 655 –656. David L. Rimoin, J. Micheal O' Connor&Read E. Pyeritz eds. , 1997.

[2]　颜厥安. 鼠肝与虫臂的管制——法理学与生命伦理探究 ［M］. 北京：北京大学出版社，2006：125 – 126.

提取基因标本和进行基因研究中，对研究人员的主要限制就是要求他们尊重他人的基因信息隐私。"[1] 基因隐私权是指自然人独自享有的对其个体的基因信息、基因组信息、与其基因或基因组有关的其他遗传材料信息拥有绝对支配性的具体人格权。[2] 基因信息是与生俱来的信息，同时也是一种潜在的、非运用技术手段不能获取的承载着生命秘密的私人数据。基因信息具有以下特殊性：第一，易取性。基因信息可以从毛发、唾液、血液、牙齿等组织中分析出来，个人的基因资讯在目前的生物技术条件下几乎唾手可得。其也正因为具有易取性，经常在未经同意下遭到不当使用。第二，未来性。基因的研究结果通常会告知我们个人的健康状态在什么条件下可能产生怎样的改变，它是具有预测性的未来讯息。第三，家族相关性。个人的基因信息不可避免地携有家族基因信息，其研究成果可能会揭露家族成员之隐私信息，具有群体相关性，可能造成污名化、种族歧视等问题。第四，不确定性。随着科技的不断发展，基因本身所携带的潜在信息将不断被发觉、应用。[3] 因而，基因隐私与普通隐私不同。对普通隐私而言，当事人一般知道自己的隐私，对这种隐私的保护主要采取私力救济的手段。而对基因隐私而言，个人的基因隐私确实存在，但大多数情况下个人并不知道自己的基因隐私是什么，由于基因是看不见和看不懂的，只有在高科技手段介入的情况下才能检测出基因信息，但是由于毛发、血液等承载基因信息的载体容易获得，个人可能在毫无察觉的情况下被他人获取了基因隐私。在这种情况下，基因隐私的保护很大程度上有赖于公力救济。

## 二、基因隐私权的构成要件

基因隐私权的主体是基因信息的所有者即公民个人；基因隐私权的客体为基因信息、基因资讯；基因资讯的内容是个人相当私密的私人事务，应该是隐私权保障的客体。有学者甚至将 DNA 所带有的基因资讯比喻为一本生命之书（the book of life）。[4] 一个人的基因资讯在一定程度上会透露一个人未来可能会染患与基因异常有关的疾病或者健康上的问题的倾向，而且随着基因

[1] 阿丽塔·L. 艾伦，理查德·C. 托克音顿. 美国隐私法：学说、判例与立法 [M]. 冯建妹等译. 北京：中国法制出版社，2004：149.

[2] 滕丽，王刚. 我国隐私权隐私权立法探索 [J]. 沈阳师范学院学报（社科版），2002（5）：42.

[3] 林瑞珠，梁宗宪. 医学研究之发展对告知同意原则的冲击 [G] //倪正茂，刘长秋. 生命法学论要——2007 年生命科技与法制建设国际研讨会论文集. 黑龙江：黑龙江人民出版社，2008：196.

[4] MichaelLemonick& Dick thompson, Racing Ti Map Our DNA, TIME, Jan. 11, 1999, at 44. 引自 George J. Annas, Genetic Privacy：There Ought to be a law, 4 Texas Review of Law & POLITICS 7，10 (1999).

科技的发展，对基因资讯的了解、掌控与利用将会更加丰富。个人的隐疾一般是不愿公开给外人知道的，每个人都不想暴露自己的弱点，以免遭到不利的评价或待遇。我们应该平等地尊重每一个人独立存在的自主尊严，这是"人之所以为人"的基本信念。因此，对于关系个人隐私的基因资讯应予以隐私权的保障。

基因隐私权的内容主要包括以下方面。

1. 个人对自己基因隐私的知晓权与拒绝知情权

每个人都有权知道自己的隐私，其中包括自己知道和不能凭自己的能力知道的隐私。如果凭自己的能力不能获知隐私，那么知道或凭借其能力能够知道的个人或组织有义务如实告知本人相关信息。因基因信息需要相关部门检测之后才能知晓，个人享有根据自己的意愿检测或不检测的自由，其他主体不得在个人不知情的情况下为达到一定的目的对其进行基因检测。当个人同意检测之后，检测机构负有如实告知其基因信息的义务，为避免基因歧视，还负有为其基因信息保密的义务。同时，若有人为了不增加自己的负担，不想把自己的基因缺陷表达出来，那么他也有权拒绝获得这些资料，亦即他有拒绝知情权。在这种情况下权利主体享有根据自己的意愿决定是否进行基因检测的权利，他人不得强求，更不得在权利主体不知情的情况下进行基因检测。

关于个人对自己基因隐私的知晓权与拒绝知情权，《世界人类基因组与人权宣言》有相关的规定。其第5条（a）规定：只有在对有关的潜在危险和好处进行严格的事先评估后，并根据国家法律的其他各项规定，才能进行针对某个人的基因组的研究、治疗或诊断。第5条（b）规定：在各种情况下，均应得到有关人员事先、自愿和明确的同意。如有关人员不能表态，则应由法律从其最高利益出发予以同意或授权。第5条（c）规定：每个人均有权决定是否要知道一项遗传学检查的结果及其影响，这种权利应受到尊重。第5条（e）规定：按照法律规定，如有关人员不具备表示同意的能力，除法律授权和规定的保护措施外，只有在对其健康直接有利的情况下，才能对其基因进行研究。一项无法预计对有关人员的健康是否直接有益的研究只有在特殊情况下才能十分谨慎地进行，而且要注意使有关人员冒最小的风险、受最小的限制，但条件是这项研究应有利于属于同一年龄组或具有相同遗传条件的其他人的健康，而且符合法律规定的条件及保护有关人员个人权利的原则。

2. 对个人基因隐私信息的保密权

对个人基因隐私信息的保密权是指个人有权决定其个人的基因资讯是否以及如何提供给他人知晓，包括个人基因检测或筛选所透露的个人资料，有要求保护其私密性、匿名或秘密，不被第三人任意获取的权利。基因隐私权的主体有权隐瞒自己的基因信息而不被他人知晓，非经法律规定，雇用单位、保险公司以及医疗机构等无权要求个人告知或公开自己的基因信息。《世界人类基因组与人权宣言》第7条规定：为研究和其他任何目的而保存或处理的与可识别的个人有关的遗传数据应按法律规定的条件予以保密。其第9条规定：为了保护人权和基本自由，只能由法律根据迫切需要并在国际公法与国际人权法的范围内，对同意和保密原则予以限制。

3. 对他人非法搜集、利用个人基因信息的禁止权

对他人非法搜集、利用个人基因信息的禁止权是指权利主体对自己的基因信息具有维护基因隐私的权利。若他人非法刺探、搜集、泄露、传播权利主体的基因信息，非法提取含有权利主体基因信息的组织、血液或骨髓，甚至加以非法利用，权利主体有权通过法律手段维护自己的权利。

4. 家族权

由于个人的基因资讯隐私权所透露或揭露的家族成员的共同隐私，因而有家族权的说法。个人基因资讯的揭露，可能同时揭露或推知其他家庭成员、亲属的基因资讯特征，特别是某些与外界建立较少婚姻关系而有高度同质性的族群，例如我国台湾地区的原住民以及冰岛人、犹太人等种族成员的个人基因资讯。该基因资讯的所有权人因资讯利用而行使资讯自决权的同意，或所谓告知后同意，已有代他人为决定之顾虑，因此其同意的界限恐怕不能与其他个人资讯的利用等同视之。❶ 单纯针对个人所采取的告知同意显然不足以保护族群的利益。在此前提下，即使特定族群中的少数个人非常热心，愿意参与某项生医研究，也无法使该项族群的基因研究回避伦理问题。由于该个人参与研究的结果可能影响到其所代表的族群团体，因此有学者提出集体同意的主张。然而以族群为基础的告知同意如何执行却是一大难题，在国际学术研究中引起争论。人类基因多样计划（HGDP）北美地区委员会（North A-merican Regional Committee）在其所提出的"伦理规范模式"（Model Ethical Protocol）中指出❷，该研究计划不仅需要取得提供生物检体者个人同意，而且需要在条件许可的前提下获得集体的同意。因为许多基因研究是以群体而非个人为研究对象，而其所选定的群体中大多数为社会中较弱势且边缘化的族群，因此如果研究者取得个人同意就开始研究，实质上有违反伦理之虞。既然以个人为对象事前告知同意模式无法充分达到尊重族群自主权决定的目标，就必须建立以族群为对象的参与审核机制，其审核内容包括对象选择标

---

❶ 李振山. 论宪法意义下之集体权［G］//公法学与政治理论——吴庚大法官荣退论文集. 台北：元照出版社，2004：181 –182.

❷ North American Regional Committee，Human Genome Diversity Project，Proposed Model Ethical Pro-tocol for Collecting DNA Samples，33 Houston Law Review，1431 – 1473（1997）.

准、检体采集的方式、将来使用计划以及其他有关族群保护的基本政策。在联合国教科文组织（UNESCO）的宣言中，第6条有关"同意"的规范规定：在针对社区或团体成员所进行的生医研究中，应寻求该社区或团体的法人代表的同意，但社区集体同意或社区代表同意都无法取代个人同意的必要性。族群也可以考虑邀请外来专家共同组成对社区负责的伦理审查机制，或称为社区咨询机构（Community Advisory Board，CAB），也就是站在社区保护的立场对科学研究计划进行审核。这种方式可协助族群与科学家社群进行专业基础平等对话，除了可充分揭露该项基因检测采集或研究计划的风险之外，将科学家的专业术语转化为族群可理解的语言，更可以将族群特殊文化、传统价值观等因素导入科学家的研究计划之中，以化解可能存在的误解。❶

个人基因资讯与一般个人资讯相比的最大特征是，从基因资讯同时可探知其他亲属、族群之资讯隐私，因此，如果允许个人依个人意愿将自己的基因交付使用或让渡，而无须其他"关系人"同意，是否已经代替他人放弃其资讯隐私权，长此以往是否会掏空社会赖以维系的休戚与共的原则？但是，如果不允许个人依自愿交付让渡或放弃个人基因资讯，是否已侵害个人资讯自决权？此外，个人基因资讯自决权的利用，在实际上不易获得其他人同意的情形下，是否必需动用国家保护义务来干预，以达到保护多数人隐私权的目的？这里的第一个问题是个人可否放弃基本权利，第二个问题是个人可否代替别人放弃基本权利。就第一个问题而言，对于宪法所保护的个人自由与权利，依其性质并非完全不可放弃、让渡或自我限制，例如放弃行使政治参与权。从保障自决权的立场来讲，笔者肯定个人有权在支配和处分基本权利之时，作自我限制或放弃的决定。就第二个问题而言，因为自愿揭露的个人基因资讯在形式上专属于个人，实质上涉及亲人或族群的个人资料与隐私，若自顾自地公开或在有不良企图与动机下公开，已侵害到他人的自决权，即代他人放弃资讯隐私权，何况人亦有不想知道的"不知权"（the right not to know）。因为考虑到这个因素，国家法律不许或限制公开个人资讯，因此就必须考虑将拥有个人基因资讯权列为不可让渡的基本权利，如果想放弃或限制该类型的权利，其限制的强度与密度需慎重考虑个人与团体的利益才能作决定。当然，除自己同意之外仍需他人同意，除非限制在极亲近血缘关系范围内，若扩大至家族或族群，在立法技术上或实际中必会遭到一些困难，但是可在告知同意的程序上下工夫。

基因隐私在我国法律上的基本意义就是基因资讯的保障。随着基因学与

<hr />

❶ 李崇僖. 原住民基因研究之伦理课题与规范初探［J］. "国立"台湾大学法学论丛，2007（3）.

预防医学等领域的进展，基因资讯将越来越成为重要的个人资讯。因为即使我们并非生命的化约主义者（reductionism，即认为生命就是基因），我们还是不得不承认基因对于一个人的外形、健康、智力甚至精神发展与心理都可能有重要的影响。这使得基因资讯不同于传统的医疗健康资讯。其影响所及的社会生活范围，除常提及的就业与保险之外，更涉及家庭、婚姻、交友、社交等层面。因此，一部规范基因资讯保障的法律可能在所难免。❶

基因隐私权也有例外的情形，下列两种情形可以强制取得与利用个人基因资讯：第一，对于一些会影响公众生命安全的特殊职业，例如大众运输驾驶员，应当可以要求进行基因检测，避免有突发心脏休克的倾向者从事这类工作。第二，为了有效地侦查犯罪与亲子鉴定，可以强制取得犯罪人的基因样本，进行基因检测，获得基因资讯。但是这种基因资讯的强制取得只限于辨别身份的需要，且必须符合法律的正常程序。❷

### 三、欧洲对基因资讯的法律保护

1995 年 10 月 24 日，欧洲议会和欧盟理事会通过了《个人数据处理和自由流动的个人保护指令》（Directive 95/46/EC of the European Parliament and of the Council of 24 October 1995 on the protection of individuals with regard to the processing of personal data and on the free movement of such data），简称第95/46号欧盟指令。该指令的目标在于保护自然人的基本权利和自由，特别是个人数据处理中的隐私权保护；但其同时也规定，成员国不得以此为理由限制或禁止个人数据在成员国之间的流动。该指令明确规定了与合法的数据处理有关的原则与条件：数据处理理应公平、合法；应为特定的、明确的、合法的目的搜集个人数据，不能以与这些目的不一致的方式处理数据……指令规定，数据处理必须满足下列条件之一：数据主体已经清楚地表示其同意；数据处理对于履行数据主体是一方当事人的合同是必要的，或者是在签订合同之前应数据主体的要求而采取措施；数据处理对于保护数据主体的重大利益是必需的……该指令还规定了对于特别类型的个人数据也即敏感数据的处理，内容更为全面与详尽。敏感个人信息包括涉及种族或民族来源、政治意见、宗教或哲学信念、健康、性生活或贸易联盟成员资格等个人数据，该指令要求国内法禁止这些数据的处理。该指令规定了对于个人数据保护的例外与限制；

---

❶ 颜厥安. 鼠肝与虫臂的管制——法理学与生命伦理探究［M］. 北京：北京大学出版社，2006：122.

❷ 林子仪. 基因资讯与进隐私权——从保障隐私权的观点论基因资讯的利用与法的规制［G］//载翁岳生教授祝寿论文编辑委员会. 当代公法新论（中）. 台北：元照出版社，2002：712.

规定了应赋予数据主体反对的权利；规定了数据处理的保密与安全保护措施；规定了法律责任、司法救济和惩罚。总之，第 95/46 号欧盟指令全面规定了对于个人信息的保护原则和保护措施。

　　根据该指令，基因信息主体享有获取基因信息的权利、反对处理基因信息的权利和获得救济的权利。获得基因信息的权利包括基因信息主体有权得到关于其基因信息是否正在处理、处理的目的、基因信息种类及接受者的信息；有权更正、消除或阻止不符合规定的基因信息，尤其是不完全或不完整的基因信息，以及把这些改变通知接受基因信息的第三人。主体获得基因信息应是无偿的，而且应该没有时间上的拖延。反对处理基因信息的权利包括三个方面：第一，依照国内法规定，当基因信息处理对于维护公共利益或官方行使职权是必需的，或者对于控制者或接受基因信息之第三方实现其追求的合法利益是必需的，从而可对基因信息进行处理时，基因信息主体可以依据合法理由予以反对。如果反对理由成立，控制者的处理规则不应再涉及这些基因信息。第二，当基因信息的处理适用于直销目的或在该基因信息被首次透露给第三者之前，基因信息主体应有权表示反对。第三，如果自动处理基因信息的决定权是为了评价个人工作业绩、可信赖性、可靠性和操行，且该决定可以对基因信息主体产生法律效力和影响，则基因信息主体有权反对该决定；但是，如果该决定是为履行基因信息主体作为一方当事人的有关合同，且基因信息主体已经同意或已有适当的保护措施保护他的合法利益，则可对基因信息主体适用该决定，也可以进行基因信息自动处理。获得救济的权利是指基因信息主体获得行政救济、司法救济的权利，而且司法救济不应影响可能有的行政救济。包括基因信息主体在内的任何人因给予任何非法的基因信息处理而遭受损失，都有从控制者处得到补偿的权利。除非控制者能够证明他没有责任，对于基因信息主体的任何侵权，侵权者都应依据国内法受到惩罚。❶ 欧盟的相关规定可供我国借鉴。

## 第二节　基因平等权

### 一、基因平等权的概念

　　任何人不应该因为基因特征而受到歧视，否则将会侵犯人的尊严、自由与平等权。"基因平等权是一项与基因科技相关的人类权利，是指非正常基因携带者应当在学习、就业等社会生活中享有与正常人同等的、不应受到任何

---

❶ 刘银良. 生物技术的法律问题研究［M］. 北京：科学出版社，2007：72 - 74.

歧视的权利。基因平等权是一项基本权利，是一项信息平等权，是一项社会平等权，是人权中平等权概念在基因时代的新发展。"❶

基因平等权的主体是公民个人，客体为基因信息，主要内容是禁止基因歧视。在现实生活中，基因歧视的案例时有发生，如前面所述的中国基因歧视第一案、美国的保险与就业方面的基因歧视案件等。

## 二、基因歧视

### （一）基因歧视的概念

个人的基因信息将会成为像身份证与社会福利证上的个人信息一样的信息，对于被检测出存在基因缺陷的个人来说，其有可能受到来自各方面的歧视。基因歧视是指："基于个人基因构造与正常基因组的差异，而歧视该个人或其家族成员。"由该定义可知以下两点：第一，若家族中有一个人带有变异基因，则家族的所有成员都有可能遭到歧视；第二，只要个人带有与正常人不同的变异基因，那么其不管是否发病，都有可能遭到歧视。❷ 亦即如果某人基因中确定有某些与正常基因组有差异的遗传缺陷基因，如果不当利用该基因资讯，就可能侵害该人的隐私权，进而促使该人或其家属成员受到歧视。简而言之，基因歧视就是基于个人基因的差异而予以差别对待。基因歧视主要包括：第一，婚姻上的限制，对其择偶结婚产生不利后果，因而间接限制其婚姻权。第二，教育上的歧视，例如以基因评判智商，实施能力分班，以基因分析性向，判令为一定方向的学习，侵害受教育的自主性。第三，医疗保险商的歧视，在商业性保险范围内，指保险人对被保险人的基因缺陷所隐含的风险，而拒绝核保或要求收取较高的保费，影响其最低生存尊严的保障，侵害其健康权甚至生命权。第四，家族或族群的歧视，扩大到该带有遗传性缺陷基因的亲属、族群成员都是带因者，从而直接或间接受到歧视，甚至可能波及未出生者，若该基因与犯罪有关联性，则构成原罪。第五，犯罪者歧视，某些特定犯罪者的基因特征将成为其标签或烙印，更生不易。第六，银行贷款基因歧视，指银行没有其他正当理由，只因为申请贷款人携带有异常的基因，担心申请人失业、罹患重大疾病甚至丧失劳动能力而难以还贷，因此拒绝发放贷款的行为。第七，工作上的歧视，在就业范畴内，指雇主以员工或应征者之基因缺陷作为雇佣与否或差别对待的主要依据，因其基因缺陷而限制其工作权，包括职业选择自由、职位选择自由、职业执行自由等，甚至威胁到生存权。目前可能发生基因歧视的领域多半在就业与保险方面。

---

❶ 刘长秋，刘迎霜. 基因技术法研究 ［M］. 北京：法律出版社，2005：35.
❷ 何建志. 基因歧视与法律对策之研究 ［M］. 北京：北京大学出版社，2006：3.

（二）基因歧视造成的影响

由美国乔治大学儿童发育中心和遗传支持团体联盟实施的人类基因组教育模式计划（Human Genome Education Model Project）项目曾对分布在美国 44 个州和哥伦比亚地区的 332 个人进行了详细的社会调查，被调查者的家庭中都有一个或多个成员患有遗传疾病。结果显示，13% 的被调查对象表明他们被拒绝工作或被解雇，22% 表明他们被拒绝提供健康保险，25% 的回答者表明他们被拒绝提供生命保险；由于害怕受到基因歧视，17% 表示不把基因信息透露给雇主单位，18% 表示不把基因信息透露给保险公司，9% 表示拒绝做基因检测。1997 年由美国国家基因组资源中心（National center for Genome Resources）资助的一项全国性调查表明，在接受调查的 1000 人中，85% 的被调查者认为，应该禁止雇主得到关于一个人的基因状况和遗传倾向的信息；接近 2/3 的被调查者表明，如果雇主或健康保险提供者能够看到检测结果，他们就不会做基因检测。因为害怕由此可能带来的基因歧视，一些人已经开始拒绝参加相关的遗传学实验，由此可知人们对于基因歧视的普遍恐惧心理。[1] 尽管基因歧视目前还未变成普遍现象，还只出现零星的案例，但是随着人类基因组计划的完成与基因检测技术的日渐成熟，人们对基因歧视的恐慌是有根据的：据美国民间团体"基因联盟"的统计，目前已有近 700 种基因可以加以检测。[2] 新科技的应用势不可当，但公民的平等权也不可无理地牺牲；如何设法调和就业与保险上的基因资讯应用，避免基因资讯造成新的不当歧视，乃是国家和政府不可忽视的新课题。

在职场中，德国每年约进行 10 万次基因检验，许多是在雇主为确保员工或求职者没有严重健康风险的坚持下进行的。[3] 可见此项检验也有可能成为未来我国职场中就职前或在职健康检查的普遍措施。在职场基因歧视问题上，因为我国职场与各国职场常见的就业时体格检查与在职定期健康检查的例行要求，且工作者有接受检查的义务，这就可能使工作者的健康隐私暴露于可能被雇主基因歧视的风险中。例如第一章中论述的美国在 20 世纪 70 年代初期为对抗"镰状细胞贫血症"，全美 20 几个州都通过了强制性的测试法律，规定新生婴儿、学龄儿童、申请结婚登记证书者以及监狱犯人等都必须接受检测。此规定在当时引起极大的争议，因为不但检测结果无法保密，事前也未对受检者提供充分的咨询服务，帮助他们了解检验结果所代表的意义，这

---

❶ 刘银良. 生物技术的法律问题研究 [M]. 北京：科学出版社，2007：90.
❷ 罗玉中. 科技法学 [M]. 武汉：华中科技大学出版社，2005：435.
❸ 陈姵先. 立法防制职场基因歧视之必要性与合宪性研究 [D]. "国立"台湾大学法律学院法律学研究所，2009：24.

导致他们事后在就业、保险上饱受歧视。在强大的舆论下，20世纪70年代中期，许多州将这种检测改为自愿性质或完全加以禁止。❶

现实生活中不仅存在对基因缺陷携带者的歧视，还有可能存在有钱人花钱优化自己的基因，从而出现对穷人的歧视现象。我们可以回想一下，人类对于肤色、人种的歧视曾经历了漫长的斗争历史，直到今天情况还并不尽如人意。倘若有一天基因歧视也泛滥成灾，那么对人类来说既是一场浩劫，也是人类文明的倒退。因此，我们应及早加以防范，加强对基因隐私权的保护。"基因歧视现象是对人权的反动，它以基因筛选为手段，以基因的优劣为根据，剥夺了基因劣势人群的平等生命权、发展权等基本人权，从而彻底否定了现代民主宪政制度所确定的人人平等的原则。"❷ 基因歧视直接影响到平等权甚至生存权。

（三）正确认识疾病基因携带者

随着人类基因科技的进展，20世纪90年代开始出现了基因决定犯罪的观点。布鲁纳尔在美国的一家遗传杂志上宣称：在研究对象的X染色体上，有一个特定部位的基因发生变异，而这个部位的基因正好是决定应该怎样复制人脑所需的"一元胺氧化酶"蛋白分子的。该基因所控制复制的一元胺氧化酶由于变短了，就不可能去氧化分解过多的"一元胺"，一旦大脑中的"一元胺"浓度过高，就会使大脑的主人表现出烦躁、易怒、冲动等倾向。布鲁纳尔将这个部位的基因称为"犯罪基因"。❸ 美国约翰霍普金斯大学一个研究小组认为，某一基因决定老鼠的暴力行为，他们把这个基因称为暴力基因，认为动物身上的基因原则上也适用于人类，甚至有科学家宣布人类的暴力基因在第12条染色体上。德国马克斯—普朗克学会主席克伯特·马尔克尔认为："人也是一种生物，人也具有生物所具有的特性。"美国一位心理学家认为："人类的行为具有遗传倾向，这是由基因的遗传学造成的。"基因决定论使基因歧视有了生存的土壤。❹ 众所周知，任何一个有自由意志的人都应该对他的选择负责，而不能把一切都归咎于基因。人的行为与健康由两个因素决定：环境因素与基因因素。其中环境因素是外因，它决定社会人；基因因素是内因，它决定生物人。正如联合国教科文组织2003年通过的《国际人类基因数据库宣言》第3条所言："每个人的基因构成都有其特点，然而一个人的特性却不应归结于基因特性，因为它涉及复杂的教育、环境和个人因素以及与他

❶ 曾淑瑜. 论基因歧视 [J]. 华网法粹, 2007 (39): 204.
❷ 胡瓷红. 法律与基因的对话——生命法学的现实问题研究 [J]. 公法研究, 2002: 348.
❸ 罗大华, 刘邦惠. 犯罪心理学新编 [M]. 北京: 群众出版社, 2000: 35.
❹ 刘长秋, 刘迎霜. 基因技术法研究 [M]. 北京: 法律出版社, 2005: 36.

人的情感、社会和文化的纽带关系，具有一定的自由度。"因此，没有谁是天生的罪犯，基因决定论是不成立的。基因的差异不能成为基因歧视的理由和依据，那些带有不良基因的人与正常人一样在法律上是平等的，反对基因歧视是对生命的尊重，对人的尊重，更是对人权的尊重。基因歧视与基因隐私权密切相关，但基因隐私权更多的是从法律角度通过赋予权利的构想来保障人对自己的基因拥有的权利，基因歧视则上升为一个社会问题，基因歧视的解决要依靠法律，依靠平等的理念。❶

疾病基因携带者，即某人基因中确定带有遗传性缺陷基因，若不当利用该基因资讯，就有可能侵害该人的隐私权，进而使其受到不合理的差别待遇。对基因歧视应该正视，如不正视而任由该不平等对待自由扩张，将促成基因决定论的快速发展，并有可能汇集成"优生"的思潮，各种强制以团体利益、以强者利益为出发的改造基因、禁止繁衍等措施将不断涌现，其问题也可能从个人扩展到团体，譬如贫富之间、科技大国与科技落后国之间、种族之间、劳资之间充满紧张，社会的不安宁、冲突难以避免。基因资讯与一般个人资讯的差异是其具有将来性和不确定性。其所检测出来的带因者，或是未必发病，又或是即便必会发病，其疾病的发生时间、严重程度也无法由检验结果或个人基因组成分析或由目前的科技水平得知。因此，基因检测带因结果的预测准确性多数情况下就如同是一种对个人健康状况的天气预报。而根据我们对目前气象科技预报的经验法则可知，即便是目前的气象科技也无法准确预测可能的天气变化，同理，基因检测技术也是如此，仅仅可算作一种预测性的参考资料，而不应被视为一种个人健康注定会如何的预言。❷

生医研究的目的在于发现疾病原因（疾病研究），提出解决的办法（医药研究），因此就其本质而言应该是良善的动机。然而以基因为研究对象所进行的疾病研究，却可能造成社会大众严重的误解，因为基因对于疾病的影响是绝对性的，此种基因决定论可能导致基因歧视心态出现。尤其若基因研究与族群研究相结合时，更可能造成族群偏见的强化。要破除这种误解，首先必须厘清一项基本概念，即人类并非因为带有某基因而产生疾病。❸ 事实上，人类总共携带大约 32000 个基因，每个人都是如此，没有人携带额外的基因。只不过许多基因都不止一种形式，这称为变形或基因型。❹ 从两个人之间的基因比较中可发现，其中 DNA 序列有 99.9% 完全相同，大约有 1/1000 的 DNA

---

❶ 吕建斌. 基因、伦理及法律问题［J］. 科技与法律，2002（1）.

❷ 陈姵先. 立法防制职场基因歧视之必要性与合宪性研究［D］. "国立"台湾大学法律学院法律学研究所，2009：9.

❸ 李崇僖. 基因隐私保护之法理规范［J］. 台湾法学杂志，2002：71 – 85.

❹ 基因型是指生物体 DNA 中的所有基因，包括不同的对偶基因，能表现的或不能表现的基因.

碱基出现差异。一般来讲，此种相互差异的碱基对称为对偶基因。❶ 单一基因变异所导致的遗传性疾病比较容易受到瞩目，因为基因决定论的性质将较为明显，但并非疾病的常态，而是极少数的特殊疾病，例如亨廷顿舞蹈症就是著名的案例。大多数遗传性疾病都是多种基因共同影响之下的结果，并且要考虑其他环境诱发因素。例如同样著名的 BRCA1 与 BRCA2 这两种基因型，一个妇女如果携带前述两种对偶基因之一种，则其将来罹患乳腺癌的概率将从 10% 升高到 50% 甚至 85%，其罹患卵巢癌的概率则从 1% 提高到 30%。由此可知，并非所有携带此种对偶基因的妇女都必然罹患这种癌症，而科学家目前尚无法了解是哪些因素决定了其中某些妇女罹患这种癌症，其他同样携带此种基因的妇女却未发病。基因与疾病之间存在另一层复杂关系：某人所携带的基因虽然可能增加罹患 A 疾病的概率，却可能同时降低罹患 B 疾病的概率，反之亦然。由此，基因与疾病之间的关系并非直接而绝对，但基因研究结果的发布可能导致社会大众产生此种误解。因此，基因生医研究应避免片面说明，否则就可能造成社会偏见或制度性歧视出现。其实，真正造成社会歧视的主要原因还是在于种族主义偏见，也就是对基因与族群关系的错误理解。

如果研究成果指出某族群有较高比例人口带有特定高罹患病率基因，是否意味着该族群较不健康或者较未进化呢？虽然在医学上很少这样认定，但随着医学研究成果的发表，这很可能造成社会大众的普遍印象与随之而来的社会歧视。事实上，原住民族群受到医学研究的高度关注，多半因为他们长期隔离、族群内婚，且原始环境选择适应等客观条件使其基因组成较单一并可能存在与外界社会不同之特殊基因，这点有利于研究方法的需要与早期得到研究结果，实际上并非该族群带有什么特殊疾病基因。

目前关于基因歧视主要建立在基因资讯对健康的强烈预示性的前提下。然而基因与健康的关系并非单向的，因此如果充分理解基因资讯对健康预示的有限性，则不应认为基因研究及其应用将使"基因阶级化"，也就是某些人将由于个人基因的属性而被归于低劣人种。当然不可否认的是，许多社会歧视行为都是建立在错误的认知上。因此，在基因资讯对健康的意义目前仍被扩大解读的情况下，确实可能发生基因歧视的行为。而当这样的歧视行为触

---

❶ 对偶基因是指相同基因的各种形式中的一种，单一基因可能有 1～100 中不同的对偶基因存在，对偶基因可能指个体存在，但基因的氮碱基排序不同，也可能是团体细胞内两条同源染色体间的差异。由于对偶基因不同，造成遗传突变以及基因表现上的差异，故族群中的每个个体都有不同的特征。M. L. Steinberg & S. D. Cosloy. 生物及技术与遗传工程辞典 [M]. 严瑞鸿译. 台北：台湾猫头鹰出版社，1995：14.

及我们在宪法上所保护的平等价值时，就成为法律应介入规范的情况。❶ 但是，如前所述，基因资讯具有样本非常容易取得的特性，即无处不在，这使得基因资讯的保护变得如此敏感与困难。另外，就医患关系而言，基因资讯的适度传播与流通可促使医院在治疗过程中增加用药和治疗方式的考虑因素，这将对病患有利，所以不能完全从保护绝对隐私的角度来思考。再则，由于基因资讯具有样本易取性，当我们认为基因研究会使参与者陷入个人资讯隐私风险的时候，其实我们的基因资讯已经在研究活动以外的领域有了被记录的可能性。如果太过强调基因研究对隐私的侵害风险，不仅会忽视基因资讯本身原本就普遍存在的风险性，更有可能会阻碍公共卫生研究的进展。❷ 在自然演化下，每个个体都有许多会增加或降低其患病率的基因变异，以后随着基因检验项目的日益增加，其将成为个人化医疗的有利工具，即基因科技的进步将使得基因资讯更容易取得并以低廉的费用检测，既然每个人都有可能是职场基因歧视下的潜在被害人，职场基因歧视不会仅是少数人，而是每个人都可能面对的问题，正因为如此，基因变异本身也就更不应该被认为是一种缺陷或异常。

反对基因歧视的最好最直接的办法是立法明确保护基因隐私权或基因资讯自决权，禁止基因歧视。多数人会支持立法禁止基因歧视的原因在于：第一，多数基因疾病是由多基因和多因素决定的，过多地依赖基因检测可能导致基于错误信息的基因歧视；第二，不禁止会导致基因信息的滥用，从而导致基因歧视；第三，不加控制地接近基因信息可能会带来严重的心理伤害；第四，基因歧视损害了人们的自愿、自由、平等和对隐私权的期待等基本权利。❸ 因此，禁止基因歧视的立法是非常重要的，例如可在民法典中规定，凡是非法刺探、泄露、公布别人的基因信息和在就业、保险、升学上实行基因歧视行为都属于侵权行为，应该承担相应的法律责任。一些发达国家，例如美国，已经有了保护基因隐私、反对基因歧视的专门立法。

（四）美国反基因歧视法简介

2008 年 5 月 21 日，时任美国总统布什签署了《反基因歧视法》（Genetic Information Nondiscrimination Act，GINA）禁止美国保险公司以及雇主通过对相对人的基因及检测资讯，对其作出差别待遇，也就是歧视的待遇。GINA 禁

---

❶ 李崇僖. 人体基因研究之伦理规范问题初探［J］. 月旦法学杂志，2007（2）.

❷ Scott Burris, Lawrence Gostin & DeborahTress: Public Health Surveillance of Genetic Information. Ethical and Legal Neponses to Social Risk, in genetic and public health , 21$^{st}$ century, pp. 527, 527 – 546, Muin J. Khoury ed, 2000.

❸ 赵振江，刘银良. 人类基因组计划的法律问题研究［J］. 中外法学，2001（4）.

止保险公司以基因资讯为由而拒绝或降低医疗保险给付范围；同时，禁止雇主在录取员工时，将基因检测结果作为负面决定因素。该法的通过对个人基因资讯的保护来说是一大进步。

1. 2008 年美国《反基因歧视法》的主要内容

其主要分为两大领域：医疗保险和职场工作。医疗保险方面的主要规定：第一，医疗保险业者不能要求个人或者其家人进行基因检测。同样的政策也适用于医疗保险计划的政策。第二，保险业者不得以基因资讯作为保险审核的条件，同时也不得以此作为保险评等的考量要件。第三，GINA 所保护的对象是尚无症状的个人，而非已经患病者。❶ 举例来说，如果一个妇女通过基因检测得知自己带有罹患乳癌的基因，则其基于 GINA 的保护，保险业者不能以其基因检测而对该妇女有不平等的待遇，但是如果该妇女日后确实得了乳癌，则疾病发生后就非 GINA 所保护的对象。第四，GINA 进一步规定团体健康保险应该遵守 HIPAA❷ 的隐私与机密性规则，包括所有的保险参与者、家庭成员等。

当然，这中间的第 3 条是有争议的，一些学者认为 GINA 应该扩大保护所有因为基因罹患乳癌的妇女，而非仅针对不可知的基因预测，如此一来才能确定达到基因检测平等对待的核心原则。但是这样一来，非基因所指的乳癌患者是否就免于禁止保险差别待遇的条款之外？这样的争论尚未有定论。❸

工作职场方面的主要规定：第一，如果雇主在基因资讯的基础上拒绝雇佣、解雇特定人或是进行工作条件、优惠的差别待遇，将会被视为违法。简单来说，GINA 禁止职场透过基因资讯，对潜在的职员或是职员有不公平的差别待遇。第二，基因资讯的定义是个人基因检测的资讯，因此基因资讯不包括个人的性别、年龄。第三，员工的基因资讯必须视同医疗记录而受到同等级的机密保护，禁止任意揭露资讯，同时可依据 HIPAA 相关法规的内容来使用基因资讯。第四，禁止工作单位要求职员提供基因资讯，除非职工自愿，并且提供书面同意书，或是基于工作场所安全而为之。❹

2. 美国制定《反基因歧视法》的必要性

美国早在 1970 年就有一些州如佛罗里达州、路易斯安那州等立法禁止职场基因歧视，至 2007 年年底，大约有 2/3 的州制定了禁止职场基因歧视的法律。在 2000 年，时任美国总统克林顿曾经发布一份"13145 行政命令"，禁止

---

❶ Genetic Information Nondiscrimination ACT, 2008, HR 493 EAS § 101, 103, 105.

❷ HIPA 是 1996 年美国克林顿政府签署的《健康保险流通与责任法案》。

❸ Rothstein, Mark A. Is GINA Worth he Wait. Journal of Law, Medicine and Ethics, Spring, 2008: 176.

❹ Genetic Information Nondiscrimination ACT, 2008, HR 493 EAS § 102, 201, 202, 206.

联邦成员因为基因资讯而受到不公平待遇，这是第一个针对基因歧视的联邦级法令。虽然美国已有相关的法令，但是政府、学界与相关人权团体的多数意见认为有制定普遍性的联邦法规的必要性。主要理由如下：①基因歧视不同于其他种类的歧视。基因检测与健康检测最不同的地方在于，基因检测所产生的结果可以隐含数以千计与疾病相关的基因风险因子，甚至包含与身心相关的疾病，例如药物上瘾。同时，基因资讯目前的可靠性与疾病预测性仍处于不可知、不确定的阶段，但是该资讯如果用于保险合约的签订，则会让基因异常者在保险合约评估上居于劣势，产生不合理的差别待遇。基因检测的疾病结果有时所代表的是一种概率问题，并不是百分之百的确定状态，有时疾病的发生也是因为环境因素的影响所致，所以，基因检测所代表的意涵不应该作为个人未来罹患疾病的唯一判定因素。而且，目前个人资料的窃取事件频繁发生，让个人隐私暴露在公开的威胁中也会造成个人对于基因检测的障碍。❶ ②个别州法保护不足。如前所述，美国大部分州都制定了禁止基因歧视的就业法规，虽然州法对于基因歧视作了不同的规范，但是大部分的人仍然没有受到州法的保护，因为联邦的员工退休金保障法（Employee Retirement Income Security Act，ERISA）优先于州法，所以有关医疗保险的基因歧视禁止规定仅适用 ERISA 以外的人，影响范围小，不足以保护个人。❷ ③现行联邦法规保护不足。《美国残障者法案》（Americans with Disabilities Act，ADA）禁止雇主向尚未聘雇的求职人要求提供个人医疗资讯，但是在雇员已经取得该职位之后，雇主在考量工作性质、商业需要或是为了避免该职员对工作场合有直接威胁的情况下，可以要求该职员提供相关的医疗资讯。而依据美国的 Sutton v. United Airlines 案❸的判决，高等法院认为目前基因检测结果并不是现有病症的呈现，只是一个预测，所以不符合 ADA 的残障定义。而且，基因缺陷仅代表未来罹患特定疾病的可能性，并不意味着发生疾病的结果，与实际残障者的情况不能等同视之，如果直接将基因有缺陷者视为残障者，就等于对基因缺陷者先入为主而视为歧视客体，将引发大众恐慌

---

❶ Jungreis, Rivka: Fearing Fear Itself: The Proposed Genetic Information Nondiscrimination Act of 2005 and Public Fears About Genetic Information. Journal of Law and Policy, 2007: 224 - 232.

❷ Jungreis, Rivka: Fearing Fear Itself: The Proposed Genetic Information Nondiscrimination Act of 2005 and Public Fears About Genetic Information. Journal of Law and Policy, 2007: 233 - 234.

❸ 在 Sutton v. United AirLines, Inc. 案中，原告孪生姐妹由于未矫正的视力不符合航空公司的健康要求，航空公司拒绝她们成为公司的飞行员。在孪生姐妹依据《美国残疾人法》提出诉讼时，被告航空公司辩称，原告在"减轻的状态"（mitigated state）下，并不存在严重限制其主要生活能力的损伤。最高法院并没有采纳"平等就业机会委员会"关于"损伤应当在没有被减轻的状态下考虑"的解释，而是主张法院应当考虑眼镜对她们状态的影响。

心理。❶

美国人权法案第 7 章"保障工作平等权"规定，任何人不应该因为种族、肤色、宗教、性别或是原始国籍受到就业上的歧视，然而基因资讯并不属于其所列举的分类，所以人权法案第 7 章无法保障基因缺陷导致的工作歧视。另外，工作场所的基因歧视也不在 HIPAA 的保护范围之内。"13145 行政命令"仅适用于联邦雇员，同时也未对医疗保险的部分作出规定，只对联邦政府工作场所歧视的部分有所规定，无法保障大部分的美国人。

《反基因歧视法》是禁止个人在医疗保险与求职雇佣关系问题上被相对人以歧视、不平等的方式对待。《反基因歧视法》的制定可以说是个人权利保护方面的一个里程碑，试图让个人基本权利与科技发展能够取得一个平衡点，让人们在享受科技进步的同时，也不用担心个人权利受到侵害。❷

（五）英国的经验

英国目前对于基因检测与保险这一敏感议题，由政府与保险业者协议，由保险业者自我约束，在 2011 年 11 月 1 日前，暂时禁止利用投保人的预见性基因检测结果作为核保依据。例外可能允许的是单一基因缺陷所引致的疾病、晚发性疾病、高发生率疾病以及若干保险金额过高的状况。这些是自愿的，并不会形成参与保险业者的任何法律义务。

有关基因资讯就业所引发的争议，英国历来在实务上仅发生过一例，没有如保险公司利用基因检测结果般引起轩然大波。英国至今也并无直接规定基因检测与就业的相关立法，因此，雇主要求员工或应征者进行基因检测没有违法之举。然而雇主仍要遵守相关法规：在个人资讯保护方面，雇主必须遵守 1988 年《医疗报告近用法》（The Access to Medical Reports Act 1988）及《资料保护法》（The Data Protection Act1988）的相关规定。根据《医疗报告近用法》规定，为就业、保险目的而由员工、被保险人之医师所制作的医疗报告，需得到员工、被保险人之同意后始得制作。此外，员工在医疗报告送交雇主之前，有权就报告内容先行过目。在保障个人不受歧视方面，英国则有 1975 年《性别歧视法》、1976 年《种族关系法》、1996 年《就业权利法》、1995 年《失能歧视法》。基因检测结果可能显示基因缺陷与特定性别（例如血友病）或种族（例如地中海贫血症）有关的疾病，雇主若基于此等基因特征而歧视员工或应征者，将有触犯《性别歧视法》及《种族关系法》之虞。

---

❶ Jungreis, Rivka: Fearing Fear Itself: The Proposed Genetic Information Nondiscrimination Act of 2005 and Public Fears About Genetic Information. Journal of Law and Policy, 2007: 235 - 239.

❷ 宋佩珊. 简介美国反基因歧视法的必要性——从 2008 Genetic Information Nondiscrimination Act 的经验谈起 [J]. 科技法律透析, 2008 (8).

此外，《就业权利法》保障员工在就业期间，若雇主要求员工接受基因检测遭到拒绝，除与公共安全议题有关外，雇主不得因此解雇员工。至于《失能歧视法》则为残障员工提供了进一步的保障，包含基因缺陷所导致残障状况在内，以及雇主不得因员工基因检测的不利状况而解聘员工。在员工健康及职场安全方面，最主要的是 1974 年的《职场健康及安全法》。该法主要是赋予雇主在合理的范围内确保其员工在职场内安全及健康义务，因此雇主有权对员工的健康状况进行监督。

由此可知，英国目前虽无立法明文规定禁止雇主使用基因检测，但从其他相关领域立法来看，已在某种程度上限制雇主取得基因检测结果，对员工进行歧视性待遇。另外，奥地利、比利时、荷兰、挪威等国家也制定了相关法律，直接或间接禁止基因歧视。《世界人类基因组与人权宣言》第 6 条规定：任何人不应因其遗传特征而受到歧视，因此，此类歧视的目的和作用均危及他人的人权和基本自由以及对其尊严的承认。《欧洲人权与生物医学公约》第 11 条规定：任何因基因遗传而对人的歧视形式均应禁止，但其如何落实还需进一步立法。例如，瑞士已于 1999 年 3 月草拟了《人类基因检测法》，明确规定雇主于雇佣员工时或雇佣期间不得要求进行预先基因检测，也不得利用个人基因资讯，即使受雇者依自由意愿交付资讯也是一样；同样原则也适用于保险事宜。❶

（六）对我国的启示

基因歧视在我国尚未引起足够的重视，目前的立法与研究远远没有解决基因歧视的有关问题。基因检测技术虽然引进我国多年，但尚未成为价格大众化的服务，除了治疗检验和其他个人因素外，基因检测对绝大部分人的日常生活而言仍存在相当的距离。因此，保险业者或雇主使用个人基因资料的问题也尚未成为社会关注的焦点，一般大众也无法感受到此问题的严重性。基于此，笔者就政府及相关单位应采取何种态度及立场提出以下建议。

第一，因为生物技术发展的过程甚为耗时，但其成果展现可能发生在一夜之间，而且影响层面之深远往往超出预测范围，因此对于生物技术需要长时间观察，并及早开展与各方利害关系人之对话，借此搜集各方观点，以有助于解决问题。因此，建议政府相关主管机关提早关注这个问题并进行多方了解，可考虑分阶段将政府立场及意见在网上公布，接受民意的检验，这样形成的政策才有得到落实的可能。

第二，在进行各方面的对话的同时，政府还应鼓励相关单位针对类似问

❶ 李振山. 多元、宽容与人权保障——以宪法未列举权之保障为中心［M］. 台北：元照出版社，2005：409－411.

题，尽早开展相关研究或进行民意调查，组织生技领域、社会学、法学等跨领域人才，以具体研究数据或实际调查分析结果作为政府制定政策的基础。英国政府依赖专家委员会搜集整理相关资讯，让业者、消费者及专家的立场均能得到表达，而决策过程尽量公开透明，种种措施均有助于产业的长久发展，以建立人民对此技术的信心。这种方式可供我国政府参考。❶

第三，我国基因信息与基因歧视的立法可以关注以下几个方面：其一，保险业和雇主应被禁止对投保者或雇员施加基因歧视；其二，由于几乎每个人都有缺陷基因存在，因此相关立法应对每个人提供保护；其三，应禁止未经授权的对于基因信息的公开；其四，个人应免于强制性的基因检测；其五，立法对科学的进步来说应该是可适应的；其六，立法应提供有效的执行手段。❷

随着基因科技的发展并不断运用到人们日常生活当中，许多之前未曾发生过的问题也逐渐涌现，基因歧视就是这些新问题之一。既然这是科技发展所无法避免的过程，就应该尽早面对，并规划出对策，如此才能真正构建一个保障人权的优质环境。

## 第三节　基因知情权

对于受试者而言，该如何告知以及告知到何种程度等不容易标准化或量化的问题，致使违反医学伦理的人体试验研究仍时有所闻。1996 年美国发生了一起在未告知的情况下，将尚未获得许可的麻疹疫苗注射在美国非裔黑人儿童与拉丁裔儿童身上进行试验的事件。❸ 2000 年在佛罗里达州也发生过将可能危害胎儿健康的药品，在未告知的情况下给贫穷的黑人孕妇服用，以进行药品试验的案例。❹ 近年来，一些外国机构与公司利用我国相关法规不完善与管理上存在的漏洞，将国外严令禁止的人体医学临床试验转移到我国进行，在我国搜集样品以及在老百姓完全不知情的情况下抽取血样开展研究，使我国公民的基因知情权屡遭侵犯：1997 年 1 月《科学》杂志报道，一家美国公司从中国某山村获取了哮喘家族的致病基因，我国至今都没有搞清楚这个公司是怎样从这个山村盗走基因的。1998 年在我国浙江某山区，一群外国人打着联合国教科文组织的幌子，以每份血清 10 元的价格，偷走我国隔离人群的

❶ 李雅萍. 生技法律解码［M］. 台北：书泉出版社，2005：15 - 23.

❷ 赵振江，刘银良. 人类基因组计划的法律问题研究［J］. 中外法学，2001（4）.

❸ Lawernce O. Gostin：Public Health Law and Ethics – A Reader，2002：312 - 319.

❹ 牛惠之. 跨国人体实验相关伦理与法律问题［J］. 月旦法学杂志，2007（2）.

基因样本。2003 年 3 月 30 日，《华盛顿邮报》刊载了一篇题为"哈佛在中国的研究有过失，试验的安全与伦理问题备受关注"的报道。报道说，哈佛大学副教授徐希平在中国安徽从事哮喘病研究，用于该研究对象的同意表没有事先告知中国家庭他们是自愿参加的，研究人员擅自对该表作了一些改动，包括从病人抽取的血液量由 10 毫升增加到 30 毫升，并且没有列出与 X 光辐射和肺功能有关的危险与不适。该报道称，哈佛大学公共卫生学院对有关人体医学实验的监督有待改进，并应对徐希平以及另外一位研究人员的研究采取"纠正行动"。❶ 基因知识的缺乏、权利意识的淡薄与国家保护措施的缺位是这些普通基因提供者的利益受到损害的重要原因。

## 一、知情权

知情权的概念是于 1945 年由美国新闻记者肯特·库柏在一次演讲中提出的，他要表达的意思是公民有权知道自己应该知道的信息，国家应保障公民在最大范围内享有获得信息的权利，尤其是关于国家政务信息的权利。在现代社会，了解与自己利益密切相关的生存环境信息，知悉自己的处境，明确自己可能面临甚至遭遇的困境与危险，是个人得以生存的前提条件。知情权在西方发达国家早已成为公民最基本的权利之一，美国 1966 年通过的《信息自由法案》是世界上最早出现涉及知情权的法律。❷ 但是在我国，知情权还是一个相当新的概念，我国学者王利明教授把知情权的内容概括为五个方面：知政权、社会知情权、对个人信息的知情权、法人知情权与法定知情权（是指司法机关享有的了解案件有关情况的权利）。❸ 我们要讨论的基因知情权是对个人信息的知情权。

每个人都有权决定是否将其个人资料交付与供利用。换言之，个人资料非经本人许诺，不得任意搜集、储存、运用、传递，若基于公益的理由，必须限制该项权利，当然须遵循民主法治国家的诸多原则。资讯自决权源自基本人权中的一般人格权与人性尊严。在电子资料搜集相当先进与发达的美国，对个人资料的保护大多以隐私权保护概称之。❹ 近年来，在宪法学研究中，将自己决定权作为一项基本人权来认识的见解逐渐取得了支配地位。❺ 自己决定权就是"与他人无关的事情，自己有决定权；仅仅对自己有害的行为，由自

---

❶ 邱格屏. 人类基因的权利研究 ［M］. 北京：法律出版社，2009：64.

❷ 张宝珠，刘鑫. 医疗告知与维权指南——知情同意权理论与实践 ［M］. 北京：人民军医出版社，2004：21.

❸ 王利明. 人格权法新论 ［M］. 吉林：吉林人民出版社，1994：488.

❹ 李振山. 人性尊严与人权保障 ［M］. 台北：元照出版社，2000：277.

❺ ［日］松进茂记. 论自己决定权 ［J］. 莫纪红译. 外国法译评，1996 (3)：11.

己承担责任的权利"。自己决定权在对基因支配权和决定权方面，体现在每个人对其基因的采集、研究与商业上的运用，拥有被告知以及自主决定是否同意该项运用的权利，此权利同样及于已经脱离人体的器官或组织中的基因，因此，医疗研究单位如果想要使用由病患身上所采得培养的细胞，即使此项研究与原本的医疗目的无关，也应该充分告知病患其状况，并且只有在获得告知同意后才能使用这些细胞。❶

## 二、基因知情权

所谓基因知情权，是指基因提供者了解自己的基因并决定是否准许他人利用其基因以及对侵犯其基因信息的行为寻求法律保护的权利。❷

基因知情权的主体是基因提供者。毋庸置疑，基因提供者个人对于自身的基因信息享有知情权。但是，有些基因特征不是一个人单独具有的，而是一个家庭、一个族群或者一个民族甚至一个种族共同拥有的。那么在这种情况下，基因知情权的主体就会扩大为家庭、族群、民族、种族集体主体等。正如国际人类基因组织在《关于遗传研究正当行为的声明》中所表明的："同意参加的知情权决定可以是个人的、家庭的或社区和人群的层次。"概括地说，基因知情权的主体包括个人主体与集体主体。联合国教科文组织（UNESCO）2005 年颁布的《生命伦理与人权宣言》第 6 条有关同意的规范中指出："在针对社区或团体成员所进行的生医研究中，应寻求该社区或团体法定代表人的同意。但是社区集体同意或社区代表同意都无法取代个人之同意的必要性。"联合国教科文组织认为对群体的研究应该取得的是双层同意的程序。基因知情权的客体是基因信息。基因知情权的内容主要包括基因信息的知晓权与支配权、基因信息的利用权以及基因信息的维护权。

基因信息的知情权主要包括两种情况：一种是个体作为受试者亦即研究过程中的权利，另一种是在基因诊断、基因治疗过程中作为患者的知情权。对于后一种，我们可以适用现有的医疗体系内医生告知同意的方式解决问题，因此，我们所说的基因知情权主要是指第一种情况。人作为受试者所享有的知情权不仅是知道的权利，还包括同意与否的选择，也就是知情同意。❸ 在人体研究中，知情同意是指：一切试验都必须向受试者说明情况，包括所实施程序的依据、目的、方法以及潜在的损伤、风险、对个人的影响与研究成果对社会可能的预期贡献等，受试者在没有任何压力、胁迫、利诱、哄骗的情

---

❶ 李燕．医疗权利研究［M］．北京：中国人民公安大学出版社，2009：214.
❷ 刘长秋，刘迎霜．基因技术法研究［M］．北京：法律出版社，2005：21.
❸ 邱格屏．人类基因的权利研究［M］．北京：法律出版社，2009：66.

形下主动同意，或在可能多的选择办法中作出自由的选择。❶ 尊重个人主要在于确认程序的透明与受试者自主权的充分行使，因此，关于告知同意法则便是基于尊重个人的自主权所作的必要程序。

### 三、告知同意

目前，对基因隐私的侵犯主要发生在医患关系与 DNA 数据库的建设领域。我国就发生过这样的案例：一个 7 岁的中国小男孩在广州中山医科大学做了包皮环切手术，该医院的某教授从切割下来的包皮细胞中提取细胞核，植入一只去核的兔子卵子中，培育成初期胚胎（不满 14 天的"桑葚胚"），然后从中提取胚胎干细胞。事前教授没有告知男孩的监护人，更不用说获得其同意了。❷ 在医学上，利用个人的基因信息首先必须履行告知同意程序。

告知同意法则在美国医疗法中已经发展得相当成熟，并逐渐在各国的国内法中建立。日本于 2000 年制定了《人类基因研究基本原则》，其第 5 条规定："进行人类基因研究的时候，在需要样本提供者提供样品的情况下，必须事先对该样品提供者给予充分的说明，取得其基于自由意思所为的同意。该同意须以书面为之，请求提供样品的研究者，在样本提供者拒绝时，不得使其蒙受任何不利益。"日本 2001 年制定的《人类基因解析研究伦理指针》规定："研究主持人必须事先对于样品提供者就其研究的意义、目的、方法、预测结果、提供者可能遭受的不利益、样本的保存以及使用方法等给予充分的说明，然后由该提供者基于自由意思为书面同意，该研究主持人才能采集其所提供的样本。"❸ 原则上，告知同意必须由样本提供者本人亲自为同意，但是，当样本提供者难以为同意，例如其为未成年人或者心智功能障碍者的情形，是否可由代理人代为同意？关于这个问题，日本的伦理指针要求：必须符合相当严格的条件程序，才可以例外地由其代理人代为同意。依据《欧洲人权与生物医学公约》第 6 条规定，这必须在对当事人直接有利的条件下，另由其法定代理人或其他依法律规定之官署、个人或机构同意行之。依据《赫尔辛基宣言》第 24 条规定："若研究对象无法律上的行为能力，或为生理或心智上无同意能力的未成年者，研究人员必须向其符合适用法令的法定代理人取得受试者同意书。"第 15 条规定："当一个被视为无法律行为能力的对象，例如未成年人，对参与研究的决定有表达同意的能力时，研究人员除了

---

❶ 姜萍，殷正坤．人体研究中的知情同意问题研究综述［J］．哲学动态，2002（12）：29.
❷ 我国首例人兔结合方法克隆人胚［C］．文汇报，2001 - 10 - 09.
❸ 刘宏恩．评日本基因资料库之相关伦理规范与制度设计——以其组织运作及告知同意问题之处理讨论核心［J］．月旦法学杂志，2007（2）．

应取得该对象的同意外，还必须取得其法定代理人之同意。"新西兰于 2005 年修订的《健康研究伦理指针》规定：研究人员必须确保参加研究者的同意是自愿的，并未受金钱刺激或胁迫，个人有权决定如何处置其身体组成部分，特别是如果使用其身体组成部分会产生经济效益时。知情同意在我国医事立法中有所体现，如《医疗事故处理条例》第 11 条、《中华人民共和国职业医师法》第 26 条、《医疗机构管理条例实施细则》第 62 条、《医疗机构管理条例》第 33 条。不过因为在民事责任与权利救济方面还没有相应的规定，因此，知情同意在我国并没有发挥单独的侵权责任应有的作用，尚未成为调整医患关系的有效工具。❶ 告知同意应该包括以下几项内容：检测的步骤、检测结果对逾期和正确遗传资讯的不确定性、试验性质与目的、检测对个人及家庭的风险、对他人与科学的好处、检测过程伤害事故的承担者与解决途径、个人及家属享受检测中以及检测后的医疗卫生服务的权利、个人撤回权利。❷

## 第四节　基因人格权与财产权

### 一、基因人格权

#### （一）人格权

人格权是指民事主体专属享有的，以人格利益为客体，为维护其独立人格所必备的固有权利。人格权的获得不是依一定的法律事实，而是依人的出生，一旦自然人出生，法人成立，就依法享有这种固有的权利。人格权由民事主体享有，具有专属性，且只能由每个民事主体单独享有，不得转让、抛弃、继承，也不受他人非法限制，不可与民事主体的人身相分离。民事主体如果不享有人格权，就不可能具有独立的人格，就根本不可能作为主体存在。丧失人格权，就会丧失法律上的人格，人就不成其为人。❸ 在宪法学研究中，将自己决定权当作一项基本人权的见解逐渐取得支配地位。❹ 自己决定权就是指"就与他人无关的事情，自己有决定权；仅仅对自己有害的行为，由自己承担责任"。自己决定权已经成为人格权的重要内容。

依据德国学者的观点，在基本权利价值体系中，一般人格权（亦即人格自由发展权）属于人性尊严的首要价值。其主要内容也是人性尊严，对于整

❶ 赵西巨. 人体组织提供者法律保护模式之构建 [J]. 科技与法律, 2008 (3)：16.
❷ 尚志红. 论人类基因提供者利益的法律保护 [J]. 北方工业大学学报, 2007 (3)：36.
❸ 杨立新. 人格权法专论 [M]. 北京：高等教育出版社, 2005：25－27.
❹ [日] 松井茂记. 论自己决定权 [J]. 莫纪红译. 外国法译评, 1996 (3).

个已经类型化的特别自由权而言，一般人格权具有概括、承接、保护尚在孕育中的自由权的作用，以防止宪法基本权利的保障漏洞。❶ 我国台湾地区学者李振山从一般法益观点出发归纳出一般人格权的保障范围："其一，私人、秘密领域；其二，个人名誉；其三，个人陈述的使用权；其四，个人影像及言语的权利；其五，自我指责的缄默权；其六，资讯自决权。"❷ 根据该一般人格权理论可以推导出一个具体的基因权，一般人格权与人性尊严理论也就成为支配和影响基因权的价值或法理基础。人格是人作为权利主体和义务主体的资格；尊严乃是指"公民所具有的自尊心和自爱心不受伤害，个人价值不受贬损的权利"❸。

（二）基因人格权

凡人格权法益都与某种物质性的表彰和载体联系在一起。基因的载体是人的身体或者与人体分离的组织。基因人格权表现在对基因的支配和自主决定权方面，具体而言，是指个人在对于其基因的采集、研究与商业利用问题上拥有的被告知以及自主决定是否同意该项运用的权利。对于已经脱离人体的器官或组织中的基因，个人也享有同样的权利。这就要求医疗研究单位但凡要使用从病人身上取得培养的细胞，都应该明确而充分地告知病人实际情况，并且只有在征得病人同意的情况下才能使用该细胞。❹ 基因人格权的主体是自然人。基因人格权的客体包括尚未与身体分离的基因和与人体分离的组织中所含的基因。尚未与人体分离的基因是人身体的组成部分，是人格的表征，它是基因人格权的客体；对于与身体分离的组织中所含基因，个人也享有人格权，主要体现在个人对基因的支配权和自主决定权上。

## 二、基因财产权

（一）关于基因财产权的争议

关于基因财产权，不同的学者有不同的看法。第一种观点认为，基因的载体是人的身体或与人分离的组织。根据大陆法系的传统，只要不违反法律与公序良俗，与身体分离的部分可以作为独立的物，作为物权的客体，属于该人所有，所有权人有权进行或捐赠或抛弃的处分，亦即每个人对于基因在研究和商业上的运用享有自己决定权，同时也享有获得利益的财产权。❺ 第二

---

❶　张军. 宪法隐私权研究［M］. 北京：中国社会科学文献出版社，2007：30.
❷　李振山. 人性尊严与人权保障［M］. 台北：元照出版社，2000：290－291.
❸　蔡定剑. 宪法精解［M］. 北京：法律出版社，2004：231.
❹　张爱燕，李燕. 生命科技的法律问题研究［M］. 山东：山东大学出版社，2007：39.
❺　张爱燕，李燕. 生命科技的法律问题研究［M］. 山东：山东大学出版社，2007：43.

种观点认为，作为基因源的个人对于其基因的商业运用不享有财产权。第三种观点认为，基因是人类共同的财产，个人没有基因财产权。遗传学和基因学告诉我们，每一个人的基因都不全是自己的，它是我们的祖先经由几百万年的演化发展，一代代遗传而来的，而且在未来，我们也将把我们的基因一代代遗传下去。因此，我们体内的基因，除了造成我们个别形状差异的基因功能单位以外，其余都是与全人类共同享有的人类基因图组部分。从这个角度考虑，基因就不是我们每一个人的，也不是其他任何人的，而是全人类的共同财富。人类共同财富或人类共同遗产、人类共同继承财产原则是给予认定某些特定财富资源乃是全人类所共同拥有，因此，禁止任何国家、任何企业或私人将这些资源据为己有，相应地排除其他国家或人民的利用机会。所谓特定的财富资源，特表现为深海海床、南极大陆、月球以及其他的星球。这些资源都是一些特定的空间地区，因而往往被称为领域。依据共同遗产学说（Common Heritage Doctrine），有五项原则应该被世界各国遵守：第一，所有国家负有共同经营管理这些领域的责任；第二，任何国家不能占有或拥有这些领域；第三，所有国家共同分享采自该领域的利益或资源；第四，为了未来的世代，所有国家都应该共同承担保育该领域之独特与不可取代资源的责任；第五，所有国家都只能以和平的目的使用这些领域。❶ 赞成人类基因组图是人类的共同财富者，主张这五大原则也应该适用于基因组图的研究成果之上，因此所有人类的基因都不应该允许申请专利。在基因研究成果是否可以申请专利问题上，有学者坚决反对人类基因具有专利性的观点。持这种观点的包括基因学、分子生物学领域的一些顶尖科学家，例如发现双螺旋结构的 Waston。1953 年，Waston 与 Crick 共同发现 DNA 的双螺旋结构时，他们有很好的机会将其申请专利，而且可望因此获得高额利润，但他们拒绝将其专利化。后来，Waston 为了抗议 NIH 将人类基因研究成果申请专利，辞去了该项研究计划主持人的职位。

时至今日，虽然理论界多数学者主张人类具有基因财产权，但是实务界并没接受这一观点，近年来出现的基因财产权案例都未在财产权的争取中取得胜利。其中最著名的是发生在美国的 Moore v. Regents of University of California 案。其具体案情是：1975 年 10 月 5 日，加州大学医学中心的医生 Gold 对 Moore（原告）进行检查并且确认原告患有发细胞白血病（hairy‐cell leukemia）。这种疾病的特征在于患者血液与骨髓中的网状细胞有许多头发般的辐射，并且患者的脾脏会大幅增大。在检查过程中，Gold 从原告采取了血液、

---

❶ 颜阙安. 鼠肝与虫臂的管制——法理学与生命伦理论文集［M］. 台北：元照出版社，2004：193–194.

骨髓与其他组织、液体的样本。Gold 在采取样本的时候知道这些细胞作为医学研究的材料有潜在的商业与科学价值，但没有向原告揭示这个资讯。Gold 建议实施脾脏切除术以治疗原告的白血病，虽然这个手术有治疗目的，但 Gold 也计划以此使用脾脏到医学研究与商业利益上，然而却未告知原告这项研究与它潜在的货币报酬。原告签署了同意书并且在 1976 年 10 月 20 日进行了手术，而 Gold 则依照之前安排的计划获得了被移除的脾脏部分。从这些组织和体液中，Gold 发现一种具有很大潜力的白血球可以促使身体产生免疫抗体。Gold 并没有将这一情况告诉 Moore，而是自行于 1984 年申请了专利。1985 年当 Moore 发现自己已经变成由遗传数字组成的专利后，他以缺乏告知同意、违反信任责任和侵占（盗窃财产）的名义起诉了 Gold 医生。他说："医生所做的，是宣称我的人性、我的遗传本质为他们的发明和财产。他们视我为一个可榨取生物学材料的矿藏，而我则是他们的收获。"❶ 加州最高法院1990 年审判结果认为 Moore 不具有经营其本有脾脏的权利，而 Gold 被判"没有执行其应告知病人有关实情的义务"罪。❷ 法院认为，病患一旦同意进行手术与接受取样检验，就是同意了抛弃对其身体组织的所有权。但是，医生在建议病人实施某项切除手术之前，应告知病人该切除组织的相关利益，即使对于该组织的运用计划与该病人的健康并无关联。因此本案中，Gold 医生因为没告知 Moore 将有商业开发的可能而被判处民事赔偿。❸ 该案例中对于已经被抛弃的切除组织中基因的利用，承认患者享有告知同意后的自主决定权，而不是基因财产权，主要的理由是如果赋予其基因财产权，将加重医学研究人员过重的负担，阻碍医学研究的发展。❹ 该案的判决否认了个人的基因财产权，假若当事人要对某个根据自己基因培养的细胞株主张财产权，那么他首先必须对被使用的组织或 DNA 有财产权。个体对其组织是否具有财产权呢？

（二）基因财产权存在的依据

基因财产权存在的法理依据主要有：第一，从个体的角度而言，基因财产权的存在是对人的自由意志的保障，个人只有对自己的基因拥有财产权，他才有权阻止他人获取自己的基因。在自己的基因被试图占用或控制的时候，个人可以行使这项权利，以保护人类的尊严；反之，如果个人不享有这项权利，那么其在遗传方面的权利很容易被剥夺，最终会损害人的自由或尊严。

❶ 杨秀仪. 谁来同意？谁做决定？［OL］. http：//www. med8th. com/humed/2/20031115sltyszjd. htm，2006 - 04 - 01.

❷ 伦理学［OL］. http：//www. journals. uchicago. edu/ethics.

❸ Laura M. Ivey，Case Comment：Moore vs. Regents of the University of California：Insufficient Protection of Patients'Rights in the Biotechnological Market，in Georgia Law Review，Vol. 25：489，1991：489.

❹ 王泽鉴. 侵权行为法（第一册）［M］. 北京：中国政法大学出版社，2000：110.

第二，基因财产权是对生物科技的保护。对人类基因资源的研究需要基因提供者的积极配合，为了确保基因提供者积极主动地提供基因资源，以确保基因科技成果的正常供给，适当考虑基因提供者的利益是非常必要的，否则，一旦基因提供者或其家属知道了这些组织被加工处理甚至被出售盈利，那么一方面捐赠的来源会越来越少，另一方面可能会有不断的由基因提供者提起的诉讼而影响到生物科技产业的发展。❶

更有人从宪法的角度研究了基因财产权的合法性，他们认为：财产权是"基本的"权利，美国宪法的缔造者就充分认识到财产权的存在，他们的财产权包括人的身体特征在内，而基因组成决定身体特征，所以其应受宪法保护。❷ 基因权利人有权决定是否处分、转让其基因，并在支配基因的过程中获得某种利益，例如，在基因被提取时获得适当的经济补偿，在基因研究获得成果之后有权分享利益。❸ 在欧洲，人体组织一直都被认为具有货币价值，这一观点到 20 世纪 40 年代器官移植广泛传播时才被美国人接受。我国《人类遗传资源管理暂行办法》（1998 年颁布）第 3 条规定："凡从事涉及我国人类遗传资源的采集、收集、研究、开发、买卖、出口、出境等活动，必须遵守本办法。"这个规定表明在我国人类基因资源是可以买卖的，是被当作财产处理的。

（三）基因财产权的含义与构成要件

基因财产权是指任何人拥有对于从其身上分离独立之基因物质的所有权。除非有明示、默示或可得而知之的意思表示表达所有权人有抛弃之意，否则该基因物质的所有权仍属于基因源。

基因财产权的主体是基因的提供者。基因财产权的客体是基因资源。基因财产权的主要内容包括：第一，排除权。所谓排除权是指基因提供者有权要求，在未经其许可的情况下，基因技术研发人不得将基因提供给第三人使用。这是因为从基因提供者体内提取的基因本身并不是专利，专利权人无权未经允许就供给第三人进行研究使用。第二，取得报酬权。当基因技术研发人对基因进行商业性利用时，基因提供者就有权获得一定的经济补偿或使用费。目前在实践当中，一些国际机构与公司也提出了与资源国、当地人民或其他有关单位共享新生物技术产品专利所获得的商业利润。对于人类基因，提供者同样享有取得报酬的权利。

❶ 邱格屏. 人类基因的权利研究 [M]. 北京：法律出版社，2009：139 – 142.

❷ Kelly S. Erbes：Identification of The Unknown Soldier and the Fight For The Right to Anonymity；The Human Genome Project and Implications of a National DNA Database, ClevelandStateLawReview, 1999.

❸ 黄玉烨. 人类基因提供者利益分享的法律思考 [J]. 法商研究，2002（6）：100.

　　基因权利的内容非常丰富，如基因隐私权、平等权、人格权、财产权、知情权等，它们之间既相互联系，又相互冲突。说它们是相互联系的，主要是因为它们都以基因资源、基因信息的存在为基础，它们的客体都是基因资源或基因信息，没有了基因资源或基因信息，这些权利都不存在；而且这些权利的行使都是为了实现基因资源上的利益，都是以基因资源上的利益的充分实现为轴心运转的。另一方面，它们又存在冲突性，这也是由于它们的客体相同。常见的冲突有基因隐私权与基因知情权之间的冲突、基因人格权与基因财产权之间的冲突等，由于发生冲突的权利都为自己的主体贡献价值，如果置冲突于不顾，那么权利冲突会进一步激化，导致权利机制瘫痪、基因权利混乱。所以，对于冲突必须运用法律的手段进行协调，从这个角度而言，加强我国的基因立法已成为当务之急。

# 第五章　国内外相关立法及分析

基因权利的规范依据主要涉及三个方面：第一是各国宪法或宪法性法律中有关基因和基因权利保护的规范及其内容；第二是国际条约中有关基因和基因权利保护的规范及内容；第三是宪法和国际法中基因和基因权利保护规范内容的效力和影响问题。世界各国对基因研究广泛关注，一些欧美国家已经通过专门立法对人类基因引起的法律和伦理问题进行预防和控制。国际社会特别是欧美国家对人体基因资源的法律保护做得比较到位，制定了相当一部分法律法规，甚至已经初步形成了人体基因资源法律保护体系。

## 第一节　国外相关立法及借鉴

随着人类基因研究的快速发展，人体研究越来越受到重视。1990 年由 13 个国家参加的、投资约为 30 亿美元的人类基因组计划（Human Genome Project，HGP）❶ 的启动，打开了将基因技术扩展为全球性联合发展的大门，在基因技术促进生命科学领域一系列基础研究的发展，为人类疾病的诊断和治疗提供依据，为医药产业带来翻天覆地变化的同时，人类基因权利的保护也已经逐渐成为世界各国共同重视的问题，包括联合国、欧盟、世界医学组织等国际性组织共同呼吁，除了基因技术的全球化，人类基因权利保护的全球化也势在必行。

### 一、国际立法

1997 年 11 月 11 日，联合国教科文组织全会在第 29 届会议上一致通过了《世界人类基因组与人权宣言》❷，这是生物学领域的第一部世界性文件。它的通过给予了人类基因研究的基本自由和基本保障，同时又实现了对人权和人的尊严的保护。《世界人类基因组与人权宣言》分为 7 章，共计 25 条。其

---

❶　该计划实际历时 13 年，将人体基因组 30 亿个碱基序列约 10 万个基因密码译出。

❷　Universal Declaration on the Human Genome and Human Rights，http：//portal. unesco. org/en/ev. php - URL_ ID =13177&URL_ DO = DO_ TOPIC&URL_ SECTION =201. html.

内容包括：人的尊严与人类基因组；相关人员的权利；关于人类基因组的研究；科学研究活动的条件；团结一致与国际合作；促进宣言中各项原则的实施；宣言的实施。《世界人类基因组与人权宣言》的通过标志国际社会认可了将人类基因组的研究及成果应用在增进人类健康方面具有广阔的前景，同时强调这种研究应当充分尊重人的尊严、自由与人权，防止对具有遗传学特征的各种形式的歧视。它不是由某一国、某一区域整合成功的医学伦理相关宣言，而是生物学、医学和遗传学领域的第一份世界性文书，也是第一部关于人类基因研究取得全球性共识的伦理指导准则。它对国际间基因研究所衍生的生物伦理，或对各国人类基因组计划相关法制的制定，均具有重大意义。

　　1964 年 6 月，第 18 届世界医学大会通过了《赫尔辛基宣言》❶，该宣言用以指导医生及其他参与者进行人体医学研究。人体医学研究包括对人体本身和相关数据或资料的研究，其中"人体本身和相关数据或资料的研究"包含了人体基因及基因组研究、人类遗传学等。该宣言提出："人体医学研究的主要目的是改进预防、诊断和治疗方法，提高对疾病病因学和发病机理的认识。即使是已被证实了的最好的预防、诊断和治疗方法都应不断地通过研究来检验其有效性、效率、可行性和质量。"

　　此外，针对国际人类基因组计划的实施、克隆技术运用于治疗人的疾病以及克隆人等，国际人类基因组组织理事会发表了由该组织伦理、法律和社会问题委员会（ELSl）1996 年起草的《关于遗传研究正当行为的声明》；2002 年发布了《关于人类基因组数据库的声明》；联合国教科文组织 2003 年 10 月 16 日第 32 次会议通过了《国际人类基因资料宣言》（The International Declaration On Human Genetic Data），宣言的目的是揭示有关基因信息的搜集以及利用的伦理原则，从而为会员国有关基因信息保护的相关立法提供最高指导原则。欧盟《关于生物技术发明的法律保护指令》（EC/98/44）第 26 条规定："如果一项发明是基于人体的生物材料或生物中使用了这些材料，在提交专利申请时，该材料从其身体中被提取的人，应有机会根据国家法律被告知并表示同意。"相关的国际立法主要是强调了基因信息隐私权保护的重要性，具体的保护规则则交由国内立法完成。如，2005 年发表了《生物伦理世界宣言》；国际医学科学组织理事会（CIOMS）与世界卫生组织（WHO）联合颁布了《涉及人的生物医学研究的国际伦理准则》（1993 年制定，2002 年修订）；世界卫生组织于 1998 年单独颁布了《医学遗传学与遗传学服务中伦理问题的国际准则》，2000 年颁布了《评审生物医学研究的伦理委员会工作

❶　World medical association declaration of Helsinki——Ethical Principles for Medical Research Involving Human Subjects，http：//www.wma.net/en/30publications/10policies/b3/.

指南》，2002 年颁布了《伦理审查工作的监督与评估：对评审生物医学研究的伦理委员会工作指南的补充准则》等。一系列国际性的针对基因权利的立法或宣言从各方面揭示了有关基因信息的搜集以及利用的伦理原则，从而为会员国对基因信息保护的相关立法提供了最高指导原则。

2000 年，欧盟理事会和委员会签署并颁布了旨在保障欧盟公民权利的《欧盟基本权利宪章》。❶ 该宪章有 54 项关于公民权利的条款，内容包括自由、平等、社会权益和不受歧视等。如第 8 条第 1～2 款规定："人人均有权享有个人信息之保护权。此等信息应仅得于特定明确目的，且于信息所有人同意或其他法律规定之正当依据下，被处理。人人均有权了解其个人信息，并有权要求销毁其个人信息。"

《欧盟基本权利宪章》奠定了欧盟在法律和体制上的基础，它明确指出欧盟应以下列原则为指导：民主、法治、人权和基本自由的普遍性与不可分割性，对人的尊严的尊重，平等和团结的原则，以及对《联合国宪章》和国际法原则的尊重。《欧盟基本权利宪章》强化了这些原则，并将所有这些权利都汇集到了该宪章之中。欧盟还通过了《欧洲民主和人权倡议》（EIDHR），在 2007～2013 年间拨款 11 亿欧元来帮助当地和国际的非政府组织在世界各地促进人权的发展。❷

在联合国所颁布的各项对于人权保护和基因保护的宣言中，大部分都具有原则性的宣誓作用，其作用在于使各国立法者在订立一个学术或者社会伦理方针时可以作为指引的标准，其重要性并不如在法律上具有约束力。对于这一现状，欧盟更倾向于订立一系列经过各国批准的公约，这些公约不仅是国际法上的条约，对签约国而言，其有义务将公约的规范转换为国内直接有拘束性的法律；对公约批准国而言，公约在国内具有直接的法律效力。例如，欧洲理事会经过各会员国讨论，在 1996 年 11 月 19 日经部长会议表决通过，于 1997 年 4 月颁布了《欧洲人权与生物医学公约》。❸ 该公约全文分 14 章 38 个条文，作为各会员国生物医学研究以及在人体应用上的准备。其宗旨在于"保障在生物学与医学的应用上，所有人类生命的医学与同一性；以及所有人不受歧视地保持其完整性及其他基本权利与基本自由"。该公约对于基因权利

---

❶ 英文名称：Charter of Fundamental Rights of the European Union. 原文可参见：http://eur-lex. europa. eu/en/treaties/dat/32007X1214/htm/C2007303EN. 01000101. htm.

❷ http://eeas. europa. eu/delegations/china/key_ eu_ policies/human_ rights/index_ zh. htm.

❸ 英文名称：Convention for the Protection of Human Rights and Dignity of the Human Being with regard to the Application of Biology and Medicine：Convention on Human Rights and Biomedicine. 全称《生物与医学应用之人权与人性尊严保护公约：人权与生物医学公约》，原文可见：http://conventions. coe. int/treaty/en/treaties/html/164. htm.

的研究有几项核心的要求。第一是禁止对人类基因遗传的歧视，对人类基因组的干预需是符合伦理要求的；任何人都不应当因其基因特征而受到歧视，以防止在其他方面如就业、保险和婚姻等方面受到基本自由、尊严和人权的侵犯。第二是对于患者或受试者的私生活或隐私权的保护。个人基因可以体现一个人生命的全部基本特征甚至全部过程，基因资料或遗传学资料的泄漏或被不正当地使用，将会严重侵害人的生命健康权、人格尊严、人体和人种的完整性以及遗传物质的不可改变性。

该公约仅仅宣示了一个最低保障标准，但并不排斥会员国在国内法中提供一个更加严谨的规范秩序，原有的较为严格的规范并不因公约的生效而受影响。并且该公约第 27 条规定："本公约的任何规定皆不得解释为限制或影响签约国提供除本公约之外可能对生物学与医学应用有更大程度保护的可能性。"这旨在鼓励成员国提供严格于公约保护标准的规范。

2008 年 12 月 4 日，欧盟人权法院全体一致裁定英国政府建立嫌犯 DNA 数据库违法。欧盟人权法院使用了少见的严厉词语谴责英国政府的这一做法，称法院对英国"地毯式、不分情况地搜集、保存公众的 DNA 数据感到震惊"。英国政府于 2001 年建立了嫌犯 DNA 数据库，搜集了超过 460 万英国人的 DNA 资料，其中的 86 万人甚至从未有过犯罪记录。英国政府坚持认为，这些 DNA 数据和指纹资料在处理犯罪案件、保持社会正义方面起到不可估量的作用，同时也帮助英国警方破解了很多大案要案，至少包括 53 起谋杀案和 94 起强奸案。而欧盟人权法院认为这一政策是对人权的侵犯，要求其国内法律必须改正。❶

1998 年法国、丹麦、芬兰、希腊、意大利、西班牙等欧洲 19 个国家在法国巴黎签署了《禁止克隆人协议》❷，这是国际上第一个禁止克隆人的法律文件，是对《欧洲人权与生物医学公约》的补充。该协议旨在促进哺乳动物克隆领域的科学发展，特别是通过胚胎分裂和核移植的哺乳动物；防止通过故意制造违背人的尊严的与人类基因相同的人，从而构成滥用生物学和医学的行为。该协议规定，禁止各签约国的研究机构或个人使用任何技术创造与活人或死人基因相似的人，否则将予以重罚。违反协议的研究人员和医生将被禁止从事研究和行医，有关研究所和医院的执照将被吊销，如果签约国研究机构或个人在欧洲以外地区进行这类活动，也将追究其法律责任。

---

❶ 欧盟法院裁定英国建立嫌犯 DNA 数据库侵犯人权［EB/OL］. 中国网，http：//news. 163. com/ 08/1205/21/4SE9C13A0001121M. html.

❷ Additional Protocol to the Convention for the Protection of Human Rights and Dignity of the Human Being with regard to the Application of Biology and Medicine, on the Prohibition of Cloning Human Beings, http：//conventions. coe. int/treaty/en/treaties/html/168. htm.

在基因技术给生命科学与信息科学、生物学资源与环境学资源、转基因食品与农业发展以及医学治疗与卫生健康等领域带来革命性影响的同时，也要对基因技术的实验和使用加以规范与监督，使社会各界对该技术保持在一定界限内的有限制的使用。这些国际立法与国际公约一方面促进了基因科技的研究与良性发展，另一方面保障了人类的基本人权特别是基因权利免遭限制、剥夺和侵犯，保持了两者之间的平衡。

## 二、其他国家的相关立法

### （一）俄罗斯

俄罗斯对人的权利和自由等人权方面的保护也是非常重视的，这从人权的保护被列入宪法而作为国家法律所要遵循的一项基本原则中可见。俄罗斯宪法第 24 条规定："未经本人同意，不得搜集、保留、利用和传播有关个人生活的信息。"❶ 为防范基因技术对人类生活和生态环境带来危害，维护基本人权，在基因技术发展过程中制定相关的法律是非常必要的。2001 年 7 月，俄政府批准了《暂时禁止克隆人》法案。该项法案规定，禁止在法案公布后的 5 年内在俄罗斯境内进行克隆人实验，同时禁止进出口被克隆出的人类胚胎，但允许俄科研机构继续进行克隆动物实验，避免俄罗斯在这一科学领域长期落后于其他国家。此外，目前的法案仅规定了追究从事克隆人实验者的刑事责任并对其进行行政处罚，并未规定处罚的具体措施。俄罗斯各界在表示支持该法案的同时，还呼吁立法机构依据法案中的条款修改刑法，制定行政处罚规定。1996 年 7 月俄联邦国家通过并颁布了《关于国家对遗传工程活动领域进行协调的联邦法》。该协调法规范了在遗传工程研究活动中国家协调的任务、主要领域、安全保障、法律责任、从事遗传工程活动的许可证制度，并强调遗传工程领域的国际合作合同由俄联邦政府签署。❷ 2007 年 5 月，俄罗斯内务部起草了一项关于成立俄罗斯联邦公民基因数据库的法律草案。❸ 俄罗斯联邦内务部法制司第一副司长塔吉扬娜·莫斯卡利科娃说："俄罗斯内务部将往数据库中录入犯下重罪和特重罪的罪犯的基因特征，录入身份不明人士、犯罪嫌疑人、失踪人口亲属以及无名尸首的生物痕迹。"这项法案将有助于借助 DNA 提高打击包括恐怖主义和极端主义在内的各种犯罪的侦破效率，并根据无名尸首轻松进行死者身份确认。2008 年 1 月俄罗斯内务部提议从

❶ 于洪君. 俄罗斯联邦宪法［J］. 外国法译评，1994（2）.

❷ 木丁月，纳田殊. 俄罗斯基因资源的国家管理［J］. 全球科技经济瞭望，1998（2）.

❸ 俄罗斯内务部建议成立本国基因数据库［EB/OL］. 俄罗斯新闻网，http://rusnews.cn/eguoxinwen/eluosi_ anquan/20070528/41785559. html.

2009 年年初开始在俄罗斯组建国家 DNA 数据库，以便将其用于侦破犯罪案件，寻找失踪公民和确认无法辨认的死者身份。内务部称："内务部起草了联邦法律草案，并已呈交俄罗斯联邦政府批准，该法案允许从 2009 年起着手组建国家 DNA 数据库。"

（二）美国

不少国家已经制定或者正在拟订相应的法律，以应对由基因科技引发的隐私权保护问题。其中，有些国家是在有关基因科技的综合立法中对基因信息保护进行专门规定。例如美国的《基因隐私和反歧视法案》（Genetic Privacy and Non‑discrimination Act）、《工作场合反基因歧视法》（Genetic Nondiscrimination in the Workplace Act）。1989～1998 年，美国有 28 个州相继制定了反基因歧视法。[1] 2008 年 5 月 1 日，美国国会众议院以 414 票通过《反基因歧视法》[2]；2008 年 5 月 21 日，时任总统布什签署了该项法案，禁止美国保险公司以及雇主通过对相对人的基因及检测资讯，对其作出差别待遇。这是全球第一次就基因歧视提出预防性立法。该法案分为两个部分：第一部分为禁止在医疗保险方面的基因歧视，规定医疗保障机构根据基因信息或是要求提供基因信息来决定投保者是否具有投保资格是违法的。第二部分为禁止职业雇用方面的基因歧视，规定雇主以基因信息作为招聘、解雇或升职的依据是违法的。[3] 特别值得一提的是美国的"基因隐私法范本"[4]，该范本是迄今为止最为系统和全面的有关基因信息隐私权保护的规范文本。该范本的作者为美国波士顿大学卫生公共学院卫生法律系的 George J. Annas，Leonard H. Glantz，Patricia A. Roche 三位教授，他们接受美国能源部人类基因组解读

---

[1] 基因歧视在美国频频发生，20 世纪 70 年代，美国有几家保险公司就拒绝为携带易患镰状细胞贫血病基因的黑人提供医疗保险。美国媒体还透露，劳伦斯伯克利国家实验室从 20 世纪 60 年代开始，直至 1993 年，一直以"胆固醇常规检查"为由暗中通过基因检测检查员工是否携带易患镰状细胞贫血病等遗传疾病的基因。美国第一起基因检测纠纷案件发生于德克萨斯州一家铁路公司。2002 年，该公司的 36 名员工因患"腕管综合征"对公司提出工伤补偿。这种疾病是由于腕管内正中神经受压或受损导致手指麻木、疼痛、活动受限的一种临床综合征。但公司在员工不知情的情况下对他们进行了基因检测，并称假如检测结果显示这些员工携带了易患该病的基因，就证明他们的病并非工作所致。随后，工人们起诉了该铁路公司，公司方面曾声称，基因检测并没有违反任何法律，也不存在所谓的"歧视"。最终法院支持员工的请求，判决该铁路公司赔偿这些员工 220 万美元。

[2] The Genetic Information Nondiscrimination Act（GINA），http：//ghr. nlm. nih. gov/spotlight = thegeneticinformationnondiscriminationactgina. http：//www. gpo. gov/fdsys/pkg/PLAW‑110publ233/html/PLAW‑110publ233. htm.

[3] http：//ghr. nlm. nih. gov/spotlight = thegeneticinformationnondiscriminationactgina.

[4] 有关该范本的简介、条文及注释等，可从下列网址查看：http：//www. oml. gov/sci/techresources/Human_ Genome/resource/privacy/privacyl. html，该范本的全文中译，参见何建志. 基因隐私法范本［J］. 生物科技与法律研究通讯，2002（7）：6‑21.

计划之伦理、法律与社会意义研究项目的资助，就"基因资料库信息之隐私权保障准则"（Guidelines for Protecting Privacy Of lnformation Stoted in Genetic Data Banks）进行了研究。他们认为，鉴于基因信息的特殊性，对于基因信息隐私权应制定专门的法律作为保障的机制，遂于 1995 年 2 月 28 日提出"基因隐私法范本"以作为美国政府未来立法的参考。该范本共 183 条，本书仅引用其起草者 Annas 教授和 Roche 教授对该法的重点归纳，将其重要内容列举如下：（1）未予事前告知并经当事人或其法定代理人自愿地授权，不得搜集该当事人之 DNA 作为分析之用。（2）从事 DNA 分析者在未证实当事人或其法定代理人已经书面授权前，不得进行该当事人 DNA 之分析研究。（3）DNA 的分析不得逾越书面授权的范围。（4）DNA 属于该 DNA 所从出者之财产。（5）授权期限届满后，DNA 采样必须依既定程序予以销毁。（6）任何因正常业务的进行而持有他人基因信息者，对该信息应严守秘密，非经该人或其法定代理人之书面授权同意，不得将该信息公开于他人。❶

专家指出，携带"缺陷基因"或"不利基因"，并不意味着人们一定会患上某种疾病。大多数疾病是由不同基因突变之间的复杂关系共同造成的，换句话说，是由一个人的生活习惯、饮食习惯、心理状况等众多因素相互作用引起的。在 20 世纪，人们为了争取自己的权利要求反对性别歧视，反对肤色的歧视，这些都只是我们基因里的一部分，种族和性别的歧视早已在美国被联邦法律所禁止，我们基因里的剩余部分也同样应该受到法律的保护。从反基因歧视法案中首先获益的人将会是那些具有家族病史的人。日益增加的基因测试可以使得研究人员更可能对具有遗传关联的疾病采取早期的拯救生命的治疗，也有助于医生及早地发现问题，而且可能提出预防性的治疗措施以及减少医疗开支。但是，他们往往会因为害怕失去保险或工作机会而推迟检查是否具有患病基因。美国国立卫生研究院估计，在医学研究中，30% 的潜在基因检查志愿者因为惧怕可能出现的基因事实而最终选择退出基因研究项目。白宫发言人南希·鲍罗斯称："由于该项法案，美国人将不再遭受因为接受癌症、心脏病、糖尿病和阿滋海默症的基因测试而担心失去他们的工作或是医疗保险。"

（三）英国

英国是世界基因技术发展史上的领导者之一。1996 年 7 月 5 日，英国爱丁堡罗斯林研究所（Roslin）的伊恩·维尔穆特（Wilmut）领导的一个科研小

---

❶ George J. Annas, Genetic Privacy：There Ought to be a law, 4Texas Review Of Law & Politics, 14 - 15 (1999)；Patricia A. Roche, Caveat Venditor：Protecting Privacy and Ownership Interests in DNA, in HUAMN DNA：LAW AND POLIC43, Kluwer Law International, 1997.

组，利用克隆技术培育出一只小母羊"多莉"（Dolly）。这是世界上第一只用已经分化的成熟的体细胞（乳腺细胞）克隆出的羊。它被美国《科学》杂志评为 1997 年世界十大科技进步的第一项，被科学家们认为标志着生物技术新时代的来临。此后，基因资源也越来越成为英国社会各界所瞩目的焦点。为保护基因资源研究所带来的重大科学意义和使用价值，加强对生物基因资源的保护和合理利用，同时防止生物技术给人类健康和自然环境带来负面影响，英国建立了一系列法律和政策来维护本国的基因工程活动。

1989 年，英国政府成立了基因疗法伦理委员会，作为临床治疗的审批和监督机构。1993 年，英国成立了基因治疗咨询委员会，对基因治疗临床方案的可接受性进行审查和管理，协调与其他相关机构的关系。

在各国纷纷立法反对基因克隆的情况下，英国选择了有区别地对待人类克隆问题。在英国，对于人类克隆的讨论被分为两种类型：治疗性克隆和生殖性克隆。治疗性克隆的克隆细胞采集于成人，用于医学和生物移植，是一个活跃的研究领域。生殖性克隆是指为了那些希望有孩子但不能自然生育的夫妇创造出一个克隆婴儿。此外，第三种类型的克隆又叫替代性克隆，是一种理论上的可能性，它将是治疗性克隆和生殖性克隆的综合。替代性克隆需要进行部分或全部脑移植，这可能使代替品受到大的创伤甚至是死亡。❶ 在西方传统宗教文化中，胚胎被认为是一个"人"，人为地创造一个胚胎已经是违反宗教伦理的，而以治疗疾病为目的所提出胚胎的干细胞更加被认为是残害生命，是难以接受的。基于宗教、伦理的考虑，英国政府是禁止克隆人类和胚胎的。

1990 年，英国政府颁布了《人类受精和胚胎学法案》。❷ 该法规定了人类胚胎和此类胚胎的后续发展，禁止对胚胎和配子的某些活动，规定了被法律视为孩子的父母的某些特定情况。2001 年 1 月 14 日，英国通过了《人类受精和胚胎学（研究目的）法案》❸，通过扩展对胚胎研究的允许、干细胞研究的允许和细胞核更换的允许，从而允许治疗性克隆。该法最初表示不能授权任何研究，除非它被政府认为是必要的或适用于以下五个目标：（1）促进不孕不育方面治疗的发展；（2）丰富先天性遗传疾病方面的知识；（3）增加流产原因方面的知识；（4）研发更有效的避孕技术；（5）发展在胚胎植入前检测基因或染色体异常表现的方法。该法案还要求：政府在发出执照之前，必须

❶　Human cloning，原文可参见 http：//en. wikipedia. org/wiki/Cloning.

❷　英文名称：The Human Fertilisation and Embryology Act 1990，原文可参见：http：//www. legislation. gov. uk/uksi/2001/188/regulation/1/made.

❸　The Human Fertilisation and Embryology（Research Purposes）Regulations 2001，原文可参见：http：//www. legislation. gov. uk/uksi/2001/188/regulation/1/made.

满足对于特定研究目的胚胎的使用。使用从人个体取得的配子（精子或卵子）来创造胚胎需要征得个体的同意。在进行体外受精的治疗过程中，剩余资源可以用于专业医学胚胎研究而创造胚胎。在有限的情况下，创造胚胎用于研究在法律上是允许的。法案并未区分卵子和精子的受精结合与细胞核置换的新克隆技术之间的区别。因此，法案允许使用用于研究的胚胎干细胞和通过置换细胞核创造的胚胎到退化性疾病和替代组织的治疗中。

2001 年 6 月，英国议会通过《人类的生殖性克隆法》❶，明确禁止生殖性克隆。该条例是对《人类授精与胚胎学法案 1990》的修订，含有两个条款。法案规定，以生育以外的目的在妇女体内放入人类胚胎是违法的，其刑罚最高可达 10 年监禁。如："第一条：罪行：1. 非以生育目的在妇女体内放入胚胎构成犯罪。2. 遵循公诉程序被判为有罪的人员，可处以罚款或 10 年以内的监禁期限。3. 可以不提起诉讼的罪行——（a）在英格兰和威尔士，经刑事检察长同意的；（b）在北爱尔兰，经刑事检察长同意的。"该法案旨在惩罚从事克隆行为的人员，并未惩罚接受胚胎的妇女。但接受胚胎植入的妇女如果知道并积极参与该行为，则可能受到刑法一般条例的规范。因为该法案的目的是防止将精子和卵子用于受精胚胎以外的其他方面的行为。此次英国对生殖性克隆人亮起红灯，实际上是对这一法案的进一步完善。英国政府有关发言人称，这个法案将成为配套完整的法律保障，使治疗性克隆健康、有序、迅速、无干扰地发展。

英国针对基因工程中可能或者已经出现的相关犯罪行为作了刑事责任的规定。刑法作为最严厉的法律，对基因工程发展过程中所出现的具有严重社会危害性的行为当然应当承担起预防和惩罚的功能，以防止基因及基因技术被滥用或不道德地运用而给人类生存和发展带来威胁，其所起的作用是无可替代的。❷

2004 年 8 月 11 日，英国人类受精和胚胎技术管理局给英国纽卡斯尔大学的研究人员发放了"治疗性复制人类胚胎"的执照，允许他们探讨治疗糖尿病、帕金森氏症和阿尔茨海默氏病。英国成为欧洲第一个允许治疗性复制人类胚胎的国家。考虑到胚胎复制问题在社会上仍然面临很多疑虑和批评，英国人类受精和胚胎技术管理局在经过 6 个月的从科学、伦理、法律和医学各个方面进行评估后才作出比较谨慎的决定。管理局主席苏茜·莱特强调说："有关的执照初步有效期只有一年，而且是在有关当局经过仔细权衡和考虑后

---

❶ The Human Reproductive Cloning Act 2001，原文可参见：http：//www. parliament. uk/documents/commons/lib/research/rp2001/rp01 – 104. pdf.

❷ 孙岩. 基因工程刑法规制若干问题研究［J］. 科技与法律，2008（6）.

给出的。"❶

2008 年，英国政府颁布了《人类授精与胚胎学法案 2008》，再次声明了生育立法，废除了 2001 年的克隆法令。2008 年的法案也允许人类与动物的混合胚胎实验。英国还颁布了《遗传操作规程》、《遗传改良生物控制使用规则》。❷ 2012 年 3 月，英国宣布 30 日将对国际研究者开放其含有 50 万人信息的公民基因数据库。英国生物银行基因数据库约耗资 1 亿英镑构建，被认为是全球涵盖信息最广、信息最全面的基因数据库。每人的信息数据多达上千条，还包括血液、尿液和唾液样本等，给研究者提供了丰富的资源。❸ 该数据库由英国政府资助的医学研究理事会（Medical Research Council）支持，2006 ~ 2010 年间接收志愿者的基因数据信息。数据库搜集的信息主要来自 40 ~ 69 岁年龄段的中老年人，内容涉及包括饮食、锻炼、性生活等各方面的综合信息。通过追踪这一批人的数据，研究人员希望能够找到基因组成和变异、行为、环境和种族背景等因素与疾病之间的联系，并确定它们是如何影响医疗结果的。为保护所有提供数据者的隐私，无论对英国研究者还是国际研究者，信息都将匿名呈现。建立数据库项目的主要科学家罗里·科林斯（Rory Collins）认为，对国际研究者开放会增大数据库本身的价值，研究者们的分析结果，如生物样本的基因测序等，今后都将成为该数据库的一部分。

总地说来，英国立法实践主要优在其先进的立法态度，在克隆技术的立法上采取"分立主义"，将人类医学疾病治疗目的与人类克隆研究相分离。这将有助于人类的器官移植、基因治疗以及疫苗和新药研究，同时保障英国的胚胎干细胞研究处于世界前沿水平，不但可以最大程度地维护社会伦理道德的底线，维护公众社会的和谐稳定，也可以尽可能保护相关科学研究合法发展的空间，表现出一定的超前性。

（四）德国

德国的基因研究的发展起步也是相对比较早的，1978 ~ 1983 年间，其在基因技术领域内共完成 580 个研究发展项目。除了 25 所大学和马克斯·普朗克学会所属的 11 个研究所之外，联邦德国一些大研究中心也设有基因技术研究室，其中主要有德国癌研究中心（海德堡）、生物技术研究中心、辐射和环保研究中心（纽伦堡）、卡尔斯鲁厄核研究中心等。与此同时，德意志研究联

---

❶ 英国颁发世界上第一份克隆人类胚胎执照［EB/OL］. 人民网，2004 - 08 - 12，http：//www.people. com. cn/GB/keji/1056/2703492. html.

❷ 韩缨. 人类基因资源的国外立法和政策实践［J］. 安徽工业大学学报（社会科学版），2006（5）：21.

❸ 英国将向研究人员开放 50 万人基因数据［EB/OL］国际在线，2012 - 03 - 30，http：//gb. cri. cn/27824/2012/03/30/6011s3623792. htm.

合会资助了 14 个与基因技术有关的特别研究项目，专门用于基因技术发展研究的"核酸综合实验"重点项目。此外，联邦研技部还资助过一个为期 3 年的"基因组织采集"特别项目。❶ 但是长期以来，德国公众对基因技术的发展和研究采取谨慎、质疑甚至带有拒绝的态度，这造成德国在基因工程领域的立法工作重点集中在针对基因技术的安全性和道德问题方面。德国先后制定了《基因技术法》《基因技术安全条例》《胚胎保护法》等法律法规，其条文规定范围涵盖了基因技术设施的建立、基因技术的应用、人类基因技术安全等级、转基因生物的释放和流通等。❷

1984 年德国由司法部和科研部召集医生、生物学家、哲学家、法学家、宗教代表组成了一个基因分析和基因治疗的研究小组，为政府的立法提供咨询报告，并基于报告提出了一系列相关的法律法规。德国 1990 年制定并颁布了世界上第一部对于基因技术进行规范的法律——《基因技术法》（Gene Technology Law），分为 7 部分 42 节。该法案对遗传工程的研究、实验和生产，同时对包括微生物、动植物细胞和寄生物等重组体的发放和运输进行了管理，目的在于保护人类、动植物和环境免受基因技术操作和产品可能带来的威胁，并且建立明确的研究、开发和利用基因技术的法律框架。《基因技术法》规定了一系列由生产重组体 DNA 所使用的亲本或受体微生物和细胞的危险级别决定的安全水准，对基因技术装置、微生物和动植物的研究和经营进行审批和登记，从而使此项工作的开展有章可循。例如，安全水准将细菌、真菌、病毒、动植物细胞和寄生物分为四大类安全等级，其中所有动植物细胞和细胞系被列为一类安全水准。对于一类安全水准的重组体 DNA 的研究和实验，该法案要求重组体 DNA 生产工厂要在其动工兴建的 3 个月前将方案通告有关部门，属于二至四类安全水准的则要有正式的审批手续，同时，申请中要附有安全措施、人员素质等说明资料。❸ 该法还明确了危害责任，例如，如果基因工程产生的有机体给人类的生命或财产造成了损害，重组体 DNA 设备的操作者将承担责任，其事故的最高赔偿费用高达 1.6 亿马克。对于二至四类重组体 DNA 的使用者，其必须有足够的责任保险金或存款。

德国是开创现代生命科学和生物技术的国家之一，德国针对基因技术的讨论主要集中在能否放开对人类胚胎干细胞研究的限制上面。人类胚胎干细胞研究在德国承受的反对压力是相当大的，这是由于德国国内的宗教历史、法律体系、社会伦理道德等诸多原因引发的。1991 年，德国颁布了《胚胎保

❶ 邓柯. 联邦德国等基因技术发展简况［J］. 国际科技交流, 1986（1）: 13.
❷ 薛顺震. 德国生物资源管理的有关法律法规［J］. 全球科技经济瞭望, 1998（1）: 13.
❸ Genetic engineering news, 1990（8）.

护法》，严格禁止人类胚胎干细胞研究以及克隆胚胎干细胞。❶

2009 年德国议会联邦议院通过了新的基因法案——对做基因测试列出限制，在该法案中禁止私人的亲子鉴定行为，违者将面临最高 5000 欧元的罚款。根据这一法案，亲子鉴定只能由有职业资格的医生实施，而且要征得涉及鉴定各方的一致同意。对于新法案关于亲子鉴定的规定，其支持者认为新规定有利于保护儿童权益。同时，新法案不允许进行对胎儿性别和体质特征的鉴定，但出于纯医学目的的鉴定不在受限之列。在保护基因测试信息不遭滥用方面，新法案规定，禁止雇主和保险公司要求雇员或潜在保险客户做基因测试，也禁止雇主和保险公司要求雇员或客户提供曾经的基因测试结果。❷

这一新法案的出台，意味着由于基因技术与商业、市场的关系更加紧密，基因利益的冲突更加明显，维护人的权益的任务更加艰巨。❸ 在行为价值选择与道德约束均衡的背后，在平衡伦理规范与科学发展的境况下，实现伦理的制度化刻不容缓，势在必行。

（五）澳大利亚

在澳大利亚，基因技术也是一个非常活跃的研究领域，除了生物医药等领域，其在农业、水产养殖、森林和自然资源管理方面的研究、开发和应用也位列世界前茅。澳大利亚的政府部门非常重视基因技术的管理，认为应当把保护公众的健康和安全与保护环境放在首位，同时也不应该限制对公众不存在风险的基因技术的应用。早在 1966 年，"国家卫生医疗研究委员会"（Nation Health and Medicial Research Council，NHMRC）就发表了《人体试验宣言》（Statement on Human Experimentation）。之后，其在补充注意条款中衍生出为不同研究或研究的受试者及参与者在伦理争议上提供解决纷争的指导纲要。于是，在涉及人类研究，尤其是医学研究及逐年增加的社会和行为研究时，《人体试验宣言》便成为"机构伦理委员会"（Institutional Ethics Committees）进行伦理审查所广泛使用的标准。建立在伦理研究之上的基因权利的立法开始逐步发展和完善起来。

鉴于基因技术的特殊性及现有管理体系的缺陷，为制定生物技术法规，建立全国性的管理框架，1999 年澳大利亚联邦众议院通过决定成立基因技术管理临时办公室（The Interim Office of The Gene Technology Regulator，IOG-TR）。2000 年起，澳大利亚基因技术管理临时办公室陆续起草了一系列与基

---

❶ 德国在人类胚胎干细胞研究和伦理之间寻求平衡 ［J］. 世界科技研究与发展，2001（6）.

❷ 德国通过法案禁止秘密亲子鉴定 ［EB/OL］ http：//epaper. yangtse. com/yzwb/2009－04/26/content_ 12681640. htm.

❸ 张春美. 基因伦理与基因政策 ［J］. 社会与科学，2012（2）：94.

因有关的技术法案，这些法律分别是《基因技术法 2000》（Gene Technology Act 2000）、《基因技术（相应修正案）法 2000》、《基因技术（许可证收费）法》（Gene Technology［Cence Charges］Act），以上法案于 2001 年 6 月生效实施。同时，基因技术管理临时办公室改名为基因技术管理办公室（Office of The Gene Technology Regulator，OGTR），于 2001 年 6 月开始运作。

《基因技术法 2000》❶ 的立法旨在通过鉴定基因技术产生的风险以及通过与转基因组织（GMO）有关的风险管理来保护公众的健康与安全，保障环境。《基因技术法 2000》分为 12 部分，共计 194 条，主要包含以下 6 项内容：（1）除非已获许可或注册，已告知其风险是非常小的，或是指定的紧急处理决定，否则禁止任何人进行与转基因组织有关的活动；（2）成立法定机构（基因技术管理办公室）；（3）成立两个协助委员会：基因技术顾问委员会（the Gene Technology Technical Advisory Committee，GTTAC）、基因技术伦理与公众协商委员会（the Gene Technology Ethics and Community Consultative Committee，GTECCC）；（4）联合转基因组织（GMO）建立针对人类健康和环境保护风险评估的计划；（5）扩大其在法律上的监管与实施的权力；（6）建立一个已在本国批准的、集中的、公开的转基因组织和转基因产品数据库。如果违反了《基因技术法》，视其情节轻重进行相应处罚，对个人最高处罚 22 万澳元，对单位最高处罚 110 万澳元。❷

2001 年 6 月，澳大利亚决定在全国范围内针对禁止克隆人等相关问题制定统一的法律。随后，澳大利亚各州卫生部门就立法问题起草了报告，并在公众中广泛征求意见，在维多利亚、西澳大利亚和南澳大利亚等三个州通过了禁止克隆人的法案。

2002 年，为禁止克隆人和与生殖技术及相关目的有关的其他不可接受的实践，澳大利亚颁布了《禁止克隆人法案 2002》❸，该法案对任何组织或个人从事人类克隆活动的行为进行了严格的规定。该法案分为 4 部分，共计 26 条，包括两大方面的内容：第一方面是禁止人类克隆的行为；第二方面是除非有授权执照，否则禁止某些行为。❹ 法案规定，在进行某些人类胚胎克隆或研究的行为时，必须有官方授权的执照才可以。

综上可见，《禁止克隆人法案 2002》的目的是解决一系列当前的问题，

---

❶ Gene Technology Act 2000，原文可参见：http：//www. comlaw. gov. au/Details/C2011C00539.

❷ 澳大利亚颁布基因技术法［J］. 科技与法律季刊，2001（1）：20.

❸ Prohibition of Human Cloning for Reproduction Act 2002，http：//www. comlaw. gov. au/Details/C2008C00694/Html/Text#param9.

❹ 澳大利亚 2002 年禁止克隆人法案（节译）［J］. 谢广宽译. 法律与医学杂志，2004（1）：77.

其中包括伦理问题，关系到人类的繁殖和人类胚胎的利用，禁止某些做法的科学发展。澳大利亚对于克隆人与克隆胚胎的行为，从刑法高度上给予了制止。尽管澳大利亚政府仍禁止对人类进行克隆，但是治疗性克隆在人类医学领域仍将是可能的。

（六）奥地利

从 1994 年制定《基因技术法》（GeneTechnique Law）到 2000 年，奥地利已有 200 多个条例涉及生物技术领域。奥地利是以基因科技法为核心对基因治疗进行立法规制，除瑞典外它是唯一以特别立法形式对基因治疗作出完整规定的国家。除规范基因治疗外，奥地利的基因科技法还规范包括所有涉及基因改良生物的工作、释出、销售、人体基因检测以及基因信息保护等事项。该法适用于基因治疗行为的规范，主要体现在第一章界定了"基因""人类基因转换""细胞基因转换之应用"等名词的定义和适用范围，明确了绝对禁止种系基因治疗的研究。至于体细胞基因治疗及其临床实验，只有在以治疗或预防严重疾病为目的的情形下，或者依照当前科技水准已经为此目的建立了适当程序，方可以实行。该法规定了对于人类基因分析与基因治疗只有在由具备特定资格者进行，其行为动机符合法条所列举之特定目的或得到受试者同意时，才能被视为合法行为。

## 三、国外立法对我国的借鉴

国外基因立法无论在立法模式或是在立法内容上，都对我国有借鉴意义。从以上各国对人体基因科技的立法规制中可以看出，无论是单独基因科技立法模式，还是结合立法模式，或者制定规则的综合立法模式，从大方向上都分为两类：一类是从整体上对基因科技进行规范，另一类是对具体基因科技的应用领域进行规范。德国是遵循第一种模式的典型国家，即程序导向的水平面立法，制定了《基因科技法》。第二种是垂直的立法模式，即针对基因科技应用的个别产品领域进行垂直面的规范控制。美国是采用这种模式对基因科技进行立法规制的典型国家。究竟采取哪种模式更有利于促进人体基因科技的发展，并发挥其利益价值的最大化？水平面立法规制的模式在相当程度上反映了对人体基因科技发展所潜藏危险的重视，所以在立法时防患于未然，先预防其可能对人类带来的危险并纳入管制范围，基本立场是首先要排除风险，从德国、奥地利的基因科技立法过程中可见一斑，这些国家制定的法律对基因科技的管制相对比较严格，在相当程度上反映了立法过程中对科技的危害后果抱有疑虑的基本立场。除此之外，这些国家还有一个共同点，即比较关注基因改造产品的安全性规制，而对专门针对人体基因科技的立法规制的重视不足，这也是各国目前没有制定专门的规范人体基因科技法律的原因之一。垂直面的立法模式也有其优缺点，因为是通过对个别领域的产品进行规制而不是全面性地规制基因科技相关活动，意味着不会受全面性严格法律规定的限制，因此给予基因科技一定程度的不受羁绊的自由空间进行自由发展，并且由于是由特别法律对基因科技的局部领域进行规制，因此对不同形式、不同领域的基因科技活动往往应用不同的价值判断或者风险评估标准，相对而言，这种模式对促进单项基因科技的发展比较有利。目前，这种模式也是对人体基因科技进行规范的主流模式，但不利于从整体上、根本上维护人类的生命健康利益。从现实立法来看，很多国家也都在或多或少地调整其立法模式，采取两种模式并行的折中路线，既有全面性的水平立法规制，同时又针对各个基因科技具体应用的领域进行专项立法。本书认为，我国的人体基因科技立法规制也应采取这种折中路径，采取两种模式并行不悖、各自发挥作用的规制手段，即一方面要针对人体基因科技制定单独的《人体基因科技基本法》，另一方面同时针对各具体的人体基因科技领域制定单项法，如《胚胎干细胞法》《基因治疗法》等。

在立法内容方面，它们的共同点有：基本内容一般包括总则部分，内容有立法目的、适用范围、法条用语的定义等。这些国家中，只有奥地利的基因科技法单独对人体基因科技作了规范。其全文共111条，规定得比较细致，最重要的是专列一章将人体基因分析与基因治疗纳入了管制范围。奥地利关于人体基因科技的法律规范值得我国借鉴的地方在于其规定得比较细密，并且确认了伦理原则作为法律规定，比较重视实体上的权利义务。比如，其详细规定了从事基因分析和基因治疗行为的合法要件，进一步区分了基于研究目的和基于医学目的所进行的人类基因分析的合法要件。根据这些规定，针对人类基因的分析与治疗只有符合特定资格才能进行，或得到受试者同意，并且其行为动机符合法律所列举的特定目的时，才能被视为合法行为。例如，对基于医学目的而从事人类基因分析的情形，奥地利《科技法》第65条规定，该类基因分析只有在：人类遗传学或相关领域的专科医师，基于确认病患之病症（尤其是未来可能发生之遗传病）或确认带原者身份的目的；负责诊断或治疗的医师，基于疾病诊断、治疗过程控制之准备或符合第70条第1款规定的研究执行的目的时，始能获得许可。其他关于胚胎干细胞、基因治疗和克隆的立法内容，各国法律从立法目的、适用范围、管理机构、伦理委员会、管制程序、允许条件以及法律责任方面都规定得比较细密；而我国相关的法律内容相对来讲则比较简单，需要借鉴国外立法经验，进一步完善相

应的法律规定。❶

　　另外，当前的国际立法和各国立法最突出的共同点是均强调了对基因信息隐私权主体意愿的尊重，具体而言，即要求通常情况下对基因信息的采集、利用应在基因隐私权主体告知同意的前提下进行。❷

# 第二节　我国相关立法及完善对策

## 一、我国基因立法现状

　　目前我国主要的基因立法有《人类遗传资源管理暂行办法》（由中国国家科学技术部和卫生部于 1998 年共同颁布）、《基因工程安全管理办法》（1993年由国家科委颁布）、《农业生物基因工程安全管理实施办法》（1996 年）、《人用重组 DNA 制品质量控制要点》、《人体细胞治疗和基因治疗临床研究控制要点》等几部法规与规章。以下以基因隐私权与基因知情权为例详细介绍我国的立法状况。

　　从权利发生史的角度而言，我国的隐私权立法与司法保护经历了三个阶段：一是"他权利"阶段，即隐私权被吸收在名誉权的范围内给予保护，隐私权被隐没在名誉权内，成为名誉权保护的一部分。这主要是在《中华人民共和国民法通则》（以下简称《民法通则》）颁布后至 2001 年最高人民法院《关于确定民事侵权精神损害赔偿责任若干问题的解释》通过之前。二是"准权利"阶段，即承认被侵犯隐私者可以侵权为由请求人民法院予以救济。这承认了隐私利益为与名誉权相独立的可以给予权利救济的合法利益（准权利），但是并未直接承认隐私权的概念。三是"法权利"阶段，即在 2009 年12 月 26 日《中华人民共和国侵权责任法》（以下简称《侵权责任法》）通过后，隐私从合法利益开始上升为"法权利"（该法第 2 条第 2 款）。

　　尽管实质意义的隐私权在中国法律中存在了 20 多年，但是对隐私权的内容并没有明确的规定，是否包含个人信息有待立法或司法的能动或被动解决。此外，即使承认《侵权责任法》之隐私权的概念涵盖了个人信息，但是由于个人信息权利的保护对于个人信息处理程序的较强依赖性，是否能够以及如何能够在隐私权的概念下完成个人信息法才能完成的依据个人信息处理的不同阶段配置多种权利与义务的任务也不无疑问。而且，通过司法解释也不能实现建立保护个人信息的公共机关，因为这是立法的任务。可以说，在现行民法的框架下，无论是《民法通则》还是《侵权责任法》，以及通过司法解释权，都无法完成将现行法上的隐私权创造性地扩展为包含个人信息的现代隐私权的任务。

1998 年 6 月施行的《人类遗传资源管理暂行办法》是我国唯一一部直接规制遗传材料及其信息资料的行政立法。但是该行政立法无论是在立法目的上还是在立法内容上，均非以保护公民个人的基因隐私权为己任，甚至可以说它根本就不保护公民的基因信息权利。三个立法宗旨，即"有效保护和合理利用我国的人类遗传资源""加强人类基因的研究与开发""促进平等互利的国际合作和交流"（第 1 条），根本就没有提到基因拥有者的权利问题，更遑论在立法上完成对其权利的确认、建构、配置和保护的重要任务了。

在现行立法框架下，还谈不上基因隐私权的民法保护，基因隐私权的立法几乎处于空白之中。从立法完善的角度看，基因隐私权的民法保护有待个人信息法的通过，才能建立其符合现代个人信息保护需求的制度框架，在此基础上，将基因信息作为敏感个人信息予以特别保护。

尽管知情权在西方发达国家早已成为公民最基本的权利之一，但对绝大多数中国人而言，这是一个新词汇，部分人甚至还未听说过自己享有这样一种权利。特别是人体研究中受试者的知情权问题，虽然我国历史上也发生过日本法西斯以中国人进行人体试验的事件，但我国由于生命伦理研究与实践起步较晚，因而在人体试验中对受试者知情权的保护方面存在许多不尽如人意的地方。现实中，医疗界普遍存在将临床研究当做临床常规治疗，混淆二者界限，忽视知情同意原则的现象。一方面，我们的研究人员过去接受的专业教育中缺乏伦理学教育，他们尽管在专业方面具备了相应的能力，但在医学伦理方面不尽如人意，忽视了对人的生命的保护和对受试者最起码的尊重。如，前几年一些医院开展的手术戒毒研究、上海东方医院人工心脏研究、干细胞治疗研究等，虽然均属高精尖技术，但研究人员混淆了治疗与研究之间最基本的界限，严重违背了伦理规范，这不仅影响了研究的结果，更危害了受试者的权益。另一方面，我们长期没有出台任何保护受试者的法规，甚至连指导性的规范措施也没有，更不用说人大立法这一层次上的保护了。值得欣慰的是，近 10 年来我们一直在努力进行研究和规范。亡羊补牢，犹未晚矣。如，1998 年卫生部颁布了《涉及人体的生物医学研究伦理审查办法（试用）》；同年，科技部与卫生部联合制定了《人类遗传资源管理暂行办法》；1999 年 9 月 1 日，我国国家药品监督管理局又颁布并实施了《药品临床试验管理规范（GCP）》；2004 年，科技部与卫生部再次联手，共同提出了《人胚胎干细胞研究伦理指导原则》；2007 年 1 月，卫生部发布了关于印发《涉及人的生物医学研究伦理审查办法（试行）》的通知。所有这些办法、规定，目的都是引导和规范我国涉及人的生物医学研究的伦理审查工作，推动生物医学研究的健康发展。目前，我国关于知情同意的规定虽然仍与许多发达国家的相关规定还有一定的差距，但比较以往对受试者的保护已经有了很大的进步。

1998 年可以说是我国人体研究知情权的起步与转折阶段，在此之前，我国并没有颁布相关法律法规，但这一年，卫生部颁布了《涉及人体的生物医学研究伦理审查办法（试用）》，这是我国最早对人类基因研究中的知情权进行规范的法规性文件。该办法不仅要求在形式上所有"涉及人体的生物医学研究必须事先得到被研究者的知情同意"，更为关键的是要求研究者对被研究者的尊重：要给被研究者足够时间提出问题，并给予回答；不得用欺骗、威胁等不正当手段对待被研究者；必须在被研究者得到充分的与研究相关的信息知识，并经足够时间考虑之后，才能要求被研究者作出是否同意参加研究的决定；必须在取得被研究者书面签字的同意意见之后，方可视为被研究者同意参加研究；当研究的程度或条件发生变化时，必须逐一向被研究者加以说明，并重新取得被研究者的书面同意。为了保证被研究者在作出同意的决定之前对研究项目有完全彻底的了解，该办法对研究者必须向被研究者提供的信息提出了具体要求。

此外，该办法根据国际条约的内容，还对在特殊人群中进行研究给予了详细具体的规定，其中第 11 条是对"涉及儿童参加的研究"的知情同意，第 12 条是对"涉及精神病患者或行为异常者的研究"的知情同意。不过，该办法中尽管有针对儿童及精神病患者或行为异常者的特别条款，却没有把儿童本人的决定作为重要参考因素，这与一些国际公认的指导原则或宣言及部分国家的法律法规有很大出入。另外，该办法把行为异常者与精神病患者放在一起考虑，然而什么样的人属于"行为异常者呢"？对于这里的"异常"的"度"应作何规定呢？如果仅仅是因行为与正常人不一样就失去知情同意权，那么就有给研究人员"放水"之嫌，也必然使许多不愿实施知情同意权的研究人员逃脱惩罚。另一个需要考虑的问题是，该办法的审查范围有限，只审查"A. 准备列入卫生部基金资助的科研项目；B. 国际合作的科研项目和拟引进项目"，对接受民间资金资助的项目没有约束力。而该办法第 8 条规定，"国内外同行确认技术成熟的，在伦理上无争议的卫生服务技术，不属于本办法审查范围"。这在小国的特殊国情下，更增加了项目不受审查的空间，也许最后连前面规定的两种情况也不在该办法的控制之列。

为了规范基因领域的国际合作，1998 年，我国科技部与卫生部联合制定了《人类遗传资源管理暂行办法》，并于同年 6 月 10 日通过国务院批准。其也明确规定，"人类遗传资源提供者及其亲属的知情同意证明材料"是申请和立项的必备材料，中国的遗传资源采集、遗传研究等都要遵守此办法。所有涉及人类遗传学的科研项目都要填写申请表，签订合同，经审核同意后才能批准。研究目的不明确，合作力量不够，知识产权分享不合理、不明确，知情同意书未提供的科研项目将不被批准。这无疑为我们保护人类基因知情权又提供了一个依据。可惜的是，这一专门针对人类基因研究的规范性文件并没有对在人类基因研究过程中应该如何保障人类基因知情权提出具体意见，给人以可以用知情同意书代替知情同意过程的印象。

1999 年 9 月 1 日，我国国家药品监督管理局又颁布并实施了《药品临床试验管理规范（GCP）》，其中也明确规定保护受试者权益。其第 8 条规定："在药品临床试验的过程中，必须对受试者的个人权益给予充分的保障……伦理委员会与知情同意书是保障受试者权益的主要措施。"第 15 条规定，"经充分和详细解释试验的情况后获得知情同意书"。第 14 条规定了研究者必须向受试者说明的详细情况。2004 年，科技部与卫生部再次联手，共同提出了《人胚胎干细胞研究伦理指导原则》，其第 8 条第 1 款也规定："进行人胚胎干细胞研究，必须认真贯彻知情同意与知情选择原则，签署知情同意书，保护受试者的隐私。"这里所指的知情同意和知情选择是指研究人员应当在实验前，用准确、清晰、通俗的语言向受试者如实告知有关实验的预期目的和可能产生的后果和风险，获得他们的同意并签署知情同意书。

可以说，《人胚胎干细胞研究伦理指导原则》是继 1998 年卫生部颁布《医学研究伦理审查指导》，1999 年国家药品监督管理局颁布《药品临床试验管理规范（GCP）》后，国家有关科研主管部门颁布的一个专项伦理指导原则。2007 年 1 月 26 日，卫生部印发了《涉及人的生物医学研究伦理审查办法（试行）》。该办法从保护受试者权益和尊严的高度，强调伦理审查应当遵守国家法律、法规和规章的规定以及公认的生命伦理原则，伦理审查过程应当独立、客观、公正和透明。涉及人的生物医学研究伦理审查原则包括尊重和保障受试者自主决定同意或者不同意受试的权利，严格履行知情同意程序，不得使用欺骗、利诱、胁迫等不正当手段使受试者同意受试，允许受试者在任何阶段退出受试。在知情同意方面，该办法有两点值得关注：一是临床试验的知情同意与治疗时的知情同意不同，必须使受试者个人知情同意，其家属均不能代替同意；二是关于免除知情同意的规定非常空洞，操作中的回旋余地很大。据伦理专家解读，"免除知情同意，是基于研究的可能的伤害极小；或者在一些特殊研究（如在心理学研究）中，知情同意可能影响受试者对问题的回答，从而影响研究结果的准确性；或在一些问卷调查时，也可能免除知情同意"。而对于什么样的伤害为"极小"，其却语焉不详。

## 二、我国基因立法的不足

（一）立法的层次低

相对于国外基因立法而言，我国的基因立法还处于初始阶段，甚至跟不上基因科技发展的形势。目前我国制定的关于基因技术方面的法规与规章在保障我国基因安全与防止基因滥用方面起到一定的作用，但是它们毕竟不是严格的、真正意义上的法律，立法层次较低，可诉性不高，很难达到保障基因权利和维护利益的目的。

（二）立法滞后且内容不足

我国立法滞后在基因立法领域表现得尤为明显，早在 20 世纪 70 年代，我国已经进行了 DNA 的研究工作，但是长期以来我国在这方面根本没有相关的法律规范，致使立法与技术发展脱节，导致该项技术的研究与应用处于无人管理、监督的状态。

要保障内容复杂的基因权利以及调整由此引发的基因社会关系，必须综合运用宪法以及其他部门法包括刑法、民法、环境与资源法、行政法来加以规制。而我国目前的基因立法主要偏向行政法律规制，忽视了其他立法。首先，基因权利作为基本权利，宪法未加涉猎；其次，基因技术的发展引发了基因隐私权侵犯、基因专利权的争议，但我国的民事立法也未进行相应的调整以适应新技术发展的需要；再次，随着基因科技的快速发展，基因犯罪的社会危害性越来越大，在刑法上设立基因犯罪的相应罪名以防范基因犯罪的发生已经成为现实发展的要求，但是关于基因犯罪方面，我国刑法至今还是空白，因此一旦发生基因犯罪，我国刑法难以发挥其应有的作用；另外，环境法也完全未涉猎基因问题。

## 三、基因立法对策

立法保障是基本权利保障体系中首要的、最基本的方面，它决定了一个国家的基本权利的享有程度和实现程度。正如法国实证主义法学家孔德所言："公共福祉是立法者努力以赴的目标，这是没有更好的理由可推翻的原则。"立法者必须以积极的态度均衡国家社会的需要，勤于制定法律，以塑造国家客观法秩序，促使人们基本权利的最大限度地实现。❶

（一）宪法保护

基本权利的立法保障主要有两个层次。第一是宪法保障；第二是部门法

---

❶ 陈新民. 宪法基本权利之基本理论［M］. 台北：元照出版社，2002：13.

的保障。要对人体基因权利进行法律层面的有效保护，仅靠一部单行专门性自然资源保护法是不够的，应包括宪法、自然资源基本法、单行自然资源保护法以及地方性法规及规章，再加上刑法、民法、知识产权相关法、国际条约等的支撑，方可构成一个相对完整的法律保护体系。从宪法的角度规定基因权利，只是为基因权利提供了一种合法的基础，而它的真正实现需要国家制定具体的法律并能加以实施，由此，完善部门法中的权利条款也是实现基因权利不可缺少的工作。这样才能形成一个体系化的基因权利保障体系，以确保基因权利的真正实现。

（二）制定《基因法》

如前所述，在基因立法方面，我国目前还没有真正意义上的法律，这既不利于对基因技术发展的规范，也不利于执法机关执法，更不利于基因权利的保障。因而，我国应当制定一部《基因法》，作为该领域的基本法，对其他有关基因立法起到指引作用。该法可由全国人大常委会依照相关的国际条约，借鉴国外基因技术立法的经验，结合我国基因技术发展的实际制定；在该法中应确立基因技术管理与基因基本法律制定的基本原则，该法律应该包括基因检测、基因资讯、基因治疗、基因专利保护、基因信息保护、基因权利保护、禁止基因数据滥用、基因资源保护等方面的内容。

（三）其他部门法的相应调整

基因科技的发展带来了诸如基因隐私权等民事法律问题，需要民事法律的规范与调整。我国对隐私权的保护主要体现在：我国《宪法》第 38 条规定："中华人民共和国公民的人格尊严不受侵犯，禁止用任何方法对公民进行侮辱、诽谤和诬告陷害。"《民法通则》第 100 条规定："公民享有肖像权，未经本人同意，不得以获利为目的使用公民的肖像。"第 101 条规定："公民、法人享有名誉权，公民的人格尊严受法律保护，禁止用侮辱、诽谤等方式损害公民法人的名誉。"最高人民法院《关于贯彻执行〈中华人民共和国民法通则〉若干问题的意见（试行）》第 140 条将隐私权纳入人格权之名誉权中予以保护。最高人民法院 1993 年公布的《关于审理名誉权案件若干问题的解答》第 7 条第 3 款指出："对未经他人同意，擅自公布他人的隐私……致他人名誉受到损害的，应按照侵害他人名誉权处理。"至此，我国司法实践在逐渐接受隐私权制度，法学界也逐渐形成了共识。在这种状况下，民法隐私权制度应该将个人基因隐私权纳入保护范围。具体而言，民法可从以下几个方面保护个人基因隐私权：第一，应明确基因隐私权的内容；第二，将基因信息明确列入民法保护的隐私范畴；第三，明确基因隐私侵权责任的构成要件及侵权的法律责任。❶ 因此，民法中应增加关于基因隐私权、基因专利权的规定。

在基因隐私权的民法保护架构方面，应考虑两个方面的问题：第一，基因隐私权保护的自动实施架构。此即基因隐私权本身的权利配置问题，通过权利配置，建立起由权利人行使所享有的权利和义务人履行所承担的义务来实现的基因隐私权保护架构，在该阶段主要依靠的是行为人的行动来自动实施基因隐私权保护立法，无须公权力的介入。第二，基因隐私权保护的公共监督框架。这是指由独立的、多元化的和透明的专司个人信息保护的公共机关进行教育宣传和培训，负责投诉的受理与调查及行政处理，向法院起诉，起草基因隐私权保护指南，提出完善立法的动议等活动；设置独立、多学科、多元化的伦理委员会，专门就制定有关采集、处理、使用和保存基因信息的标准和指导原则以及在将有关的标准和指导原则应用于具体的研究项目时提出意见。

立法应当努力确保个人隐私和与可识别的个人、家庭或群体有关联的基因信息的保密性。具体而言有三点：一是禁止披露义务，即与可识别之个人有关联的基因信息，不应向第三者特别是雇主、保险公司、教育机构和家庭披露，也不应让他们查询，除由于重大公共利益原因或法律另有限制性规定，或当事人事先在自愿并知情的情况下明确表示同意，且该同意符合国内法律和国际人权法的规定。二是不关联义务，即为医学和科学研究目的采集的基因信息不应保持与可识别之个人的关联。即使上述数据已经切断与可识别之个人的关联，也应采取必要的预防措施保障有关数据的安全，防止非法获取。只有在必须进行研究且个人隐私和有关数据的保密性依法受到保护时，为医学和科学研究目的采集的基因信息才能保持与可识别个人的关联。三是非永久保存义务，即基因信息的保存方式上，不应使其与可识别个人的关联超过为达到对其采集和处理目的所需的必要时间。

在刑法中增加基因犯罪的规定，基因犯罪的主体主要是单位，因为单位更具物质技术和人员方面的优势，因此在立法上要注意这一点。例如，在刑法中打击各种破坏基因技术合法研究、开发与应用，阻碍我国基因技术发展的行为；禁止利用基因技术制造怪物或怪兽；明确禁止研究和制造基因武器；限制人类遗传资源和基因技术的不当转让和非法获取等。❷ 由此来发挥刑法的作用：防范和打击严重危害基因技术健康发展和侵犯人权、具有严重社会危害的行为；防范和打击基因犯罪，维护基因技术的健康发展，保障人类的基因权利。此外，应在环境法强化环境权的同时，将基因问题加入其中。

---

❶ 刘长秋，刘迎霜. 基因技术法研究［M］. 北京：法律法制出版社，2005：88 – 91.
❷ 张爱燕，李燕. 生命科技的法律问题研究［M］. 济南：山东大学出版社，2007：77 – 78.

　　利用法律对基因科技进行规范是很重要的，当然我们也不能因噎废食，阻碍基因科技的发展。法律必须努力在保障科技发展自由和保护基因权利之间寻找结合点与平衡点。

# 第六章　基因权利的宪法保障

公民的权利在性质上若已具有固有性、普遍性甚至超越国界而成为每个人的权利，亦即具备基本人权之品质，则应由宪法予以保障。若宪法对该权利未明文列举保障，国家是否有义务保障该权利或自由，从国民主权之观点而言，答案是肯定的。❶ 权利保障属于每项基本权利必然包含的内容，是完整的基本权利的应有之义。缺少保障的基本权利，根本就不能称为基本权利。基因权利作为公民享有的基本权利，宪法应该给予保障。

## 第一节　基本权利保障的必要性

基本权是公民生活所不可或缺的权利，基本权的存在，要求国家各种权力，包括立法、行政与司法乃至公民的社会行为皆须对基本权作最大的尊重。❷ "从基本权的发展史观之，基本权的享有与实现是透过不断的争取与奋斗而来的。"❸ 在现代法治理念中，法治是抑制专权擅断、维护人权的基本保障，法治被认为是 "人权保障的核心"❹。法制的前提是体现人权保障理念的法律的存在，正如有学者所言："法律逐渐不再被当作君王驭民的桎梏，而开始被奉为保障自由、增进人权的保护神。"❺

### 一、有权利必有救济之法理

权利作为人类的创造和法律的核心，之所以在几千年的人类社会历史发展过程中为人类所珍爱，并不是由于各种权利规范的美丽字眼，而是由于权利在人类生活中起到的实实在在的保护人身、自由和财产等人的一切物质和精神生活的功能。所以，真正的权利是一个由三个部分完整地结合在一起的、内涵极其丰富的概念，即权利是权利观念、权利规范和保护机制的统一，三

---

❶ 李振山. 人性尊严与人权保障［M］. 台北：元照出版有限公司，2001：167–168.
❷ 李惠宗. 宪法要义［M］. 台北：元照出版社，2008：91.
❸ 李惠宗. 宪法要义［M］. 台北：元照出版社，2008：86.
❹ 孙哲. 新人权论［M］. 郑州：河南人民出版社，1992：160.
❺ 杜钢建. 中国近百年人权思想［M］. 汕头：汕头大学出版社，2007：5.

者的完美结合才能称为人类实际享有的权利。权利观念是一定时期人们对权利的总体看法。迄今为止关于权利最根本的观念是自然权利或法定权利的观念。自然权利的观念是"应然"的权利观念，反映了人们对理想权利和未能完全实现的权利的价值追求，一般等同于道德权利，因为自然权利的设定是基于道德的理由和人们道德要求的法律反映；法定权利的观念是"实然"的权利观念，它既可以是自然权利与一定社会政治、经济和文化相结合的反映，也可以是占统治地位的阶级意志的反映。只承认"实然"的权利观念，是专制统治和阶级统治为维护统治秩序的需要而倡导的权利观念，这种观念主导下的权利规范便是统治阶级意志和实际社会管理需要的权利规范，它带来的后果是法律就是法律，无所谓好坏之分，法律本身就是正义，不存在法律之外的评价正义的标准，更不允许一般正义理念染指法律，由此带来的权利救济在范围上局限于依已有的法律规定实施，一旦侵权行为于法无据，则救济便不可能。自然的权利观念是法律好坏应接受法律之外的正义标准的检验，实在法的规定不能违反正义，实在法只能是正义部分地法律化，对于实在法所规定的范围之外的侵权行为，可依人类理性、正义等标准加以认定和救济。无论哪种权利观念，都反映了观念、规范与救济之间不可分的关系。如果只有权利观念而无权利规范和保护机制，权利不过是美丽的幻想；如果只有权利规范而无权利观念和保护机制，权利规范也形同虚设，因为"如果无人维护权利，在法律中确立权利将是毫无意义的"❶。无权利观念和保护机制，权利规范如同废纸。而在我们今天所能见到的权利概念中，几乎都欠缺救济之含义。❷ 如果这些权利概念还能称为权利，也只不过是权利观念和救济已具备的前提下的狭义权利的表述。因此，完整意义的权利是包含救济的权利。在这种意义上，"有救济才有权利"的命题才显示出其真实的意蕴。如果没有相应的救济，仅靠正义的呼唤或法律的一纸规定，权利规范所作用的对象和追求的价值及权利行使导致的秩序状态永远不可能实现。因为权利规范对人们关系的调整是静止的，在变成指导人们日常生活的动态的行为规范时，它在事实上或在复杂的社会生活中遭到否定。要遏止这种否定，就必须有权利规范被破坏后的救济（矫正）规范和机制，以此维持权利规范对人们生活的有效调整，这样社会秩序才能得以维持。❸

古典自然法论者认为，人是生而自由的、平等的和独立的。但是，如果人在自然状态下真如他们所假设的那样自由、平等而不受任何人的支配，那

---

❶ ［美］C.H. 麦基文. 宪政古今［M］. 翟小波译. 贵阳：贵州人民出版社，2004：62.
❷ 张文显. 法哲学范畴研究［M］. 北京：中国政法大学出版社，2001：281－324.
❸ 陈焱光. 公民权利救济论［M］. 北京：中国社会科学出版社，2008：108－109.

么为什么他愿意放弃这种自由呢？为什么他要让自己受制于国家或政府的统辖和控制呢？其实，虽然人在自然状态下享有绝对的自由，但这种自由是缺乏保障的自由，是很不稳定并不断受到别人侵犯和威胁的自由。人们联合成立国家和置于政府之下的主要目的在于保护他们的自由与财产。因为自然状态有很多缺陷：第一，自然状态下，缺少一种确定的、已规定的众所周知的法律作为共同接受或许可的是非标准和裁判纠纷的共同尺度。因为虽然"自然法在一切有理性的动物看来既明显又可以理解，但是有些人因为利害关系而存在偏见，也由于对自然法缺乏研究而茫然无知，不容易承认它是对他们有拘束力的法律，可以应用于他们各自的情况"。第二，在自然状态下，缺少一个有权依照既定的法律来裁判一切争执的知名的和公正的裁判者。第三，在自然状态下，往往缺少权力来支持正确的裁判，以使它得到应有的执行。❶因此，人类尽管在自然状态中享有种种权利，但是由于这种权利缺乏必要的保障，实际上等于没有权利。进入社会状态的人类也是如此，倘若对这种权利没有设置适当的救济途径与程序，政府对人民承诺了再多的权利都将成为空头支票。

## 二、侵权行为的存在决定必须保障人权

关于"有权利必有侵权"最常见的解释，是建立在现代资本主义宪政基础上的"人性恶"论以及弥补"人性恶"论的冲突理论。二者都是站在宏观角度来审视侵权存在这一事实，用人性的不完满和冲突的普遍存在来加以阐释。其实应该从权利本身来寻求原因，正是因为权利本身的局限性决定了侵权存在的必然性。首先，权利对象的特定性决定了权利有可能被侵犯。任何权利的对象必须是人们可控制或者影响的事物，因此，无论是绝对性的权利还是相对性的权利，只要该权利义务人不履行义务，权利人的权利必受到侵害。因此，只要不能排除义务人不履行义务的情形，就无法否认侵权的必然存在。事实上，义务人不履行义务的情形是不可避免的。其次，权利的冲突必然导致侵权事实的发生。无论是权利的积极冲突（义务人在履行义务时会导致义务人自己的权利或其他人的权利得不到实现）还是消极冲突（义务人承担了两个以上的义务），都可能导致义务人只履行了部分义务。因此，怎样实现权利不在于如何去防止或者消灭侵权的存在，而在于如何保障和救济权利，这就是"无救济即无权利"的道理，保障和救济权利成为权利本身不可

---

❶ ［英］洛克. 政府论［M］. 北京：商务印书馆，1996：78.

或缺的一部分。❶

随着国家功能的日益扩张以及国家行为方式的多样化，国家对于人民基本权利的影响较以往更加广泛及普遍，因此国家行为在任何情况下将被视为对人民基本权利的侵害，在任何情况下是人民作为社会一份子所必须忍受的不方便，这是讨论基本权利救济的前提。若言基本人权所受的侵害，首先应举者当然是由国家积极性违宪行为所带来的侵害。宪法所保障的人权条款，其大部分是对国家要求一定的不作为的自由权性质的规范，所以由国家的积极性行为引起的人权侵害，实际上占了人权侵害的大半。❷ 所有国家权力既然必须受到基本权利的拘束，因此均有可能侵害基本权利，法秩序就不同国家权利的侵害配备有不同的救济制度。

（一）国家权力侵害基本权利的类型

1. 立法行为侵害基本权利

立法行为是其他国家机关侵害基本权利的基础，立法行为具有一般的抽象特征，适用于不特定多数案件与不特定多数人身上，因此，虽然其已经生效而具有规范力，但原则上并不会立即发生侵害基本权利的情形，必须等待其他机关以之为依据作成个别行为的时候才具有侵害的性质。但是立法行为不待作成个别行为，已直接侵害基本权利，也就是在法律中已明文直接规定构成要件与违反的法律效果，而不再依赖行政机关的处分或司法机关的裁判来使法律效果产生时，这就不能称作不是对人民权利的侵害。因此，立法行为侵害基本权利的类型可分为两类：第一类是提供其他国家机关侵害基本权利的基础，第二类是直接侵害基本权利。

2. 行政行为侵害基本权利

行政行为对于基本权利的侵害是近代宪政发展中侵害基本权利的主要类型，行政行为侵害基本权利的方式主要有两种：第一种称为衍生的侵害，指行政行为适用违宪的法令，以致侵害基本权利。基于依法行政的要求，行政行为，尤其是限制人民自由权利的侵害行为，必须有法律依据，因此，衍生性的侵害指行政行为并未违反法令，而是其所适用的法令违宪或违法，以致在结果上使得行政行为违宪或违法而侵害基本权。第二种称为原生性的侵害，指行政行为本身违宪或违法，而行政行为所依据的法令并未违宪或违法。例如，行政机关对于法律的解释错误或行政机关在行使裁量权时有裁量滥用的情形，以致侵害人民基本权利。不论是原生性还是衍生性的侵害，都属于对

---

❶ 袁钢. 国家人权机构导论［G］//徐显明. 人权研究. 第7卷. 济南：山东人民出版社，2008：258－259.

❷ ［日］大须贺明. 生存权论［M］. 北京：法律出版社，2001：69.

基本权利的侵害，但因为侵害的最终原因不同，因而有不同的救济体系。

### 3. 司法行为侵害基本权利

司法机关是基本权利的守护者，其设立的目的在于提供公民对抗行政机关的不法侵害的途径，避免有侵害基本权利的情形发生。但是司法行为也属于适用法律的一环，因此在具体适用法律过程中也可能侵害基本权利。司法行为侵害基本权利的方式可分为两种。其一称为衍生性的侵害，指司法行为适用违法或违宪的法律或命令，以致侵害基本权利。基于依法审判的要求，司法行为必须适用法律，因此，衍生性的侵害是指司法行为并未违背法律或命令，而是其所适用的法律或命令违宪或违法，以致在结果上使得司法行为违宪或违法而侵害公民的基本权利。其二称为原生性的侵害，指司法行为本身违宪或违法，而其所依据的法律或命令并不违宪或违法，尤其在法律或法令内容规定不明确时，司法行为在适用法律、解释法律或补充法律内容时，违背法律目的或未能注意基本权利客观的法规效力，在这种情况下所谓的司法行为将侵害基本权利。不论原生性还是衍生性的侵害，都属于对基本权利的侵害，但因其侵害原因不同而存在不同的救济方式。❶

基本权利既然拘束所有国家权力，基本权利侵害的救济体系必须能够全面蕴含所有国家权力所导致的侵害行为。基本权利的救济依侵害发动者不同和侵害行为所采取的方式以及所造成的结果不同而有不同的体系，因而基本权利的救济制度的体系呈现出多样化与复杂化，并非仅由单一组织通过单一救济程序来完成此项任务。

### （二）基本权利侵害的救济体系

### 1. 行政行为侵害基本权利的救济

所有国家权力的行使都不能恣意为之，而是要合乎宪法的基本权利保障的精神而为之。也就是国家限制基本权利的权力行使如与宪法保障该基本权利不相符合时，则是为其权限行使的界限所在。针对基本权利的侵害行为最主要来源于行政机关，行政机关或多或少都持续与公民接触，跟立法行为与司法行为相比较而言，行政机关每天要作大量的及多样化的行政决定，这使得行政机关侵害公民基本权利的可能性特别大。行政行为侵害基本权利可以采用两种方法加以救济：一种为内部救济制度，另一种为外部救济制度。

内部救济制度：行政权在历史发展过程中是侵害基本权利的主要来源，因此，基本权利保障的发展过程可以说是对抗行政机关的奋斗史，而立法机关则是抑制行政机关的组织。由于行政权特别容易侵害基本权利，因此，在

---

❶ 李建良，简资修. 宪法解释之理论与实务［M］. 第2辑. 台北："中央研究院"中山人文社会科学研究所，2000：477－478.

其功能领域内也有特别的预防措施来避免或减少侵害基本权利的情形发生，例如，基于法治国原则所构建的行政程序扮演着重要的角色。依法行政的要求，使得行政行为在消极面上不得抵触法律规定，积极面上需要法律的授权。随着不同行政领域内大量法律的制定，尚未严格要求行政行为必须适用全面保留原则，但大多数行政行为的作成已必须依据法律规定，基本权利对行政行为的拘束大都通过依法行政原则来完成。行政权内部虽然存在不同的组织机关，但机关之间的相互隶属非毫无章法，组织法及组织原则将其归纳为一个完整的体系，这个体系则通过权限、上下隶属关系以及监督加以运作，这个体系的意义不仅在于引进分工制度以及减少在决定过程中不必要的耗费，也在于通过行政内部的监督来保障行政行为的合法性即达到正确的行政目的。行政权应通过自我监督体系来阻止违法行为的发生，甚至在发生侵害公民基本权利的行为时，更应主动负有义务来排除自己的违法行为，针对侵害行为，首先在产生侵害行为的体系内加以救济最能符合效率的要求。另外，采取行政行为的机关基于基本事物的本质，最能了解行政行为作成的始末，因此，赋予行政行为者承担救济基本权利侵害的工作最容易发现侵害的事情，也可立即排除违法的侵害行为。内部救济制度可分为两种：其一是通过行政机关内部的监督机制来救济基本权利的侵害；其二是通过诉愿制度来排除行政机关对公民基本权利的侵害。

外部救济制度是在依法行政的要求下赋予司法权外部审查的权限，以他律的方式来实现依法行政。外部救济制度可分为两种：其一是行政诉讼制度，它是以保障公民利益、确保国家行政权之合法行使、增进司法功能为宗旨。其二是国家赔偿制度，救济制度应基于不同权利之特质提供多样化的恢复原状或填补损失的救济方式，国家赔偿制度是在补充行政诉讼制度对公民权利保障之不足，同时在有些基本权利受到侵害而无法恢复时，提供经济上的作为另一种替代的救济方式。

**2. 司法行为侵害基本权利之救济**

司法是保障基本权利的最重要机制，但司法行为可能基于适用违宪法律而侵害公民的基本权利，也可能基于本身对于法律错误的违宪解释而侵犯公民的权利。法院基于上述两项原因所作的判决都是违宪判决，因此必须提供公民救济的机会。就前者而言，违宪判决的原因是法院使用的法律本身违宪，这种属于衍生性的侵害类型，不但必须撤销法院判决，还需宣告法律无效，才能达到救济的目的。就后者而言，法律本身合宪，但因司法机关本身的行为造成了违法侵害公民基本权利的结果，此属于原生性的侵害类型，只要通过撤销法院判决就可达成救济的目的，而撤销法院判决通常通过审级制度就可完成。

司法行为是国家权力的一环，也有可能在审判过程中侵害公民的权利，因此对于司法行为侵害基本权利也应给予救济的可能性。因司法权在整个法秩序内被赋予作为法律争议的最终裁决者，因此有关裁判行为侵害基本权利之救济无法以外部机制来运作，仅能通过内部机制来排除违法状态，法官在行使其诉讼程序权限及实质决定权的时候，不得侵害当事人的基本权利。司法行为侵害基本权利可分为原生性的与衍生性的侵害。原生性的侵害是指裁判者本身在审判过程中作出侵害基本权利的行为。衍生性的侵害是指裁判过程并无不当，但因其所依据的法律违宪所致。审级制度、再审制度是裁判行为侵害基本权利的内部救济机制。基于有效保障基本权利的原则，至少必须存在两个审级来提供公民救济的机会，使法院在内部体系内即可通过重新审查方式，预先排除或减少仅经过单一审级所可能导致侵害基本权利之可能性，如此也符合救济制度的全面性。

### 3. 立法行为侵害基本权利之救济

立法者是保障基本权利最原始也是最直接的国家机关，传统上立法者是公民的代表，因此通过立法行为来侵害公民权利的情形与通过立法行为保障公民基本权利的情形相比较为少见。但是随着法治国家的落实，依法行政与依法审判原则的贯彻，以及立法行为是制定一般抽象法规范，立法行为侵犯基本权利的情形不再是少数，其影响也是最广泛深远的。立法行为侵害基本权利可通过不作为方式产生，例如违反了宪法上的保护义务或未能落实宪法上的具体委托；也可以通过积极作为的方式，例如制定违反宪法规定限制公民自由权利的法律。如违反比例原则或不具公益理由，在立法行为以积极方式侵害基本权利的情形下，因有法律存在，救济上比较困难，但在不作为的情况下如何认定有基本权利侵害的存在则有相当的困难。因为公民除了必须证明立法者不作为明确违反了宪法上的具体委托，且该项委托赋予立法者作为义务外，还必须证明其基本权利因立法者不作为而遭到损害。除此之外，即使立法者具有作为义务，宪法上一般而言还是赋予立法者如何履行该项义务的裁量空间，因此，想要通过诉讼方式使立法者负有特定内容的作为义务，原则上并不可能。立法行为侵害基本权利的救济之另一问题在于，是否可以直接提起救济，以便在具体的侵害行为作成之前厘清法律的基础。一般而言，法律是抽象一般性的规定，因此对于具体的个案并无直接效力，即使其在适用涉及公民的基本权利之前早就生效，法律侵害基本权利的情形通常是提供一项违宪的基础以作为其他国家权力侵害公民基本权利的依据，因此，原则上公民可以期待在法律适用于特定个案而作出具体决定时，对该项决定及法律加以非难，否则提起宪法诉讼时将因公民的基本权利尚未受到侵害而无法获得救济。对于侵害基本权利形式意义上的法律而言，公民并未享有直接提起诉讼的权限，法秩序也未给予公民直接对法律提出诉讼之权。就此而言，宪法诉讼是公民寻求救济的唯一也是最后的机会，因此，公民仍可直接提起宪法诉讼，但是考虑到法律的稳定性，在规定法律公布实施一段期间内公民必须提出宪法诉讼，以避免法秩序陷入长期不稳定状态。

除此之外，国家权力对于基本权利的侵害可能造成各式各样不同的结果，因此，对于基本权利侵害的救济不得仅存在单一的救济方式，也就是排除违法状态，还需要考虑其他恢复原状或填补损害的方式。究竟采取何种方式则必须取决于个别基本权利的性质，有些基本权利受到侵害的时候，只要提供排除违法状态的救济管道就可以达到目的，例如违法逮捕侵害人身自由的排除；但由于有些基本权利的特质，即使除去违法状态，尚需一定的给付才能获得填补，例如对于财产权的侵害。因此，在设计基本权利救济体系时，必须能够使所有基本权利在受到侵害时都可获得充分的回报或填补。

## 第二节　基本权利与宪法

在保障人权的诸多方式之中，法律保障是最为有效、最为根本的方式。法律保障人权的方式有多种，既可以通过宪法的方式予以保护，也可以通过普通法律单行立法的形式予以保护。鉴于宪法的最高法和根本法地位，很多国家都选择了通过宪法保护人权。对此，日本学者大沼保昭有精辟的见解："把人权纳入宪法规定的想法，最初产生于为了保护受国家权力滥用之威胁的个人，由于公民对国家权力造成的迫害有着活生生的记忆，也就期待着宪法中的人权规定能对国家权力构成一种制约。这种期待也就成为创造出现代国家宪法中的人权规定以及其实现机制的一大重要原因。"●

### 一、基本权利须以宪法明文加以保障

若想提供对公民基本权利完整的法律保护，没有或者缺乏宪法保护是无法完成的。但是，仅仅将基本权利写进宪法就可以实现和完成了对宪法的保护吗？要实现对基本权利的保护，还需建立权利分层机制，建立更高一级的中立机构或者强有力的制衡机关来否决议会的法律、行政机关的行政行为及法院的审判行为，否则，基本权利的宪法保护就有可能成为一句空话。第二次世界大战以后西欧国家和日本建立的宪法法院主要用以开展对自由权的保护，以对抗国家立法机关、行政机关乃至司法机关的专横。这些机构的运行在公民基本权利的司法保护方面取得了可喜的成绩。20世纪的后20多年，对

---

● ［日］大沼保昭. 人权、国家与文明［M］. 王志安译. 北京：三联书店，2003：60－61.

自由权的司法审查保护机制的趋势正在进一步增强，突出表现在所谓"第三波"民主浪潮之后。前苏联解体和东欧剧变加快了这些国家在提供公民基本权利的司法保护方面的步伐，新成立的国家在制定和批准新宪法时也相继建立了宪法法院，如俄罗斯、乌克兰、匈牙利、罗马尼亚、南斯拉夫、捷克、立陶宛等国都建立了宪法法院。并且，对自由权的司法审查还在很大程度上影响了亚洲国家和地区，日本早在第二次世界大战以后就在美国的压力之下进行了宪政改革，由普通法院进行违宪审查，保障国民的基本权利；韩国、泰国、蒙古等国也于 20 世纪 80～90 年代建立了宪法法院。非洲一些国家如马里等也成立了宪法法院。这有效地改善了这些国家公民基本权利的实现状况。❶

从人权与宪法的关系上看，人权可以看作宪法的良心，是保证宪法成为"法上之法"的根本依据。宪法最基本的精神是自由和人权，这种自由是不从属于任何国家、政府和社会共同体的个人绝对的财富。❷ "现代的基本权强调，基本权应可直接拘束立法、司法与行政各种国家权力作用，故基本权必须以宪法明文加以保障，立法纵可对之加以限制，但须合乎宪法之意旨，否则仍属违宪而无效。宪法直接保障之制度，可以强化基本权之功能。"❸

一部近代宪法史就是一部将公民基本权利纳入宪法并日臻完善的历史。以美国为例，1787 年美国宪法借鉴了洛克的"有限政府"观念和孟德斯鸠的"三权分立"理论，以制约和平衡政府权力为根本点，并没有包括公民基本权利的内容，甚至还把蓄奴制度合法化。这也成为敌人批评该宪法的原因之一。联邦党人在捍卫 1787 年宪法的时候指出，没有必要在宪法中列明权利细则，因为这可能成为专制政府侵犯那些没有被包括在内的权利的借口。1791 年，在法国大革命的影响以及美国广大人民的强烈要求下，美国宪法以十条修正案的形式列举了人民的权利和自由，这就是著名的《权利法案》。在其后的两个世纪中，《权利法案》不断增加新的条款以更全面地保护公民个人权利。自此，美国宪法成为自由资本主义的宪法标本。第二次世界大战后，各国宪法都在加强公民基本权利的规定及其保障制度方面取得了进步。❹

---

❶ 郑贤君. 基本权利研究［M］. 北京：中国民主法制出版社，2007：126.

❷ Charles Fried, Saying What the Law Is: The Constitution In The Court, Harvard University Press, 2005：171.

❸ 李惠宗. 宪法要义［M］. 台北：元照出版社，2008：88.

❹ 杨春福等. 自由·权利与法治——法治进程中公民权利保障机制研究［M］. 北京：法律出版社，2007：11.

## 二、宪法是基本权利保障的逻辑起点

我们的权利根植于宪法之中，而且，由于客观存在或相信它们存在，这些权利受到高度重视。宪法也是实体法，不过是更高级的实体法，是"领土范围内最高法律"。宪法是个人权利的保护人，也是个人权利的渊源。❶ 宪法是人权保障的逻辑起点，"争人权的人，先争法治；争法治的人，先争宪法"。要保障人权，防止和抵抗来自政府对人权的侵害，就必须对政府加以规范和限制，这种规范和限制的职能是由宪法来完成的，可以说，是人权理论的形成和人权保障制度的要求催生了宪法。❷

宪法是以保障和实现最广泛的人权为根本目的，人权保障条款乃是宪法的灵魂，具有最高效力。宪法是公民给政府制定的契约，它是公民用来规范约束政府的权力、防止政府滥用权力、保障公民权利的根本法。❸ 宪法规定公民基本权利条款的根本目的在于以基本法的形式确认公民的基本权利。在现代国家，无论从理论上来讲还是在实践中，对公民基本权利的侵犯可能来自国家公权力行为，也可能来自国家运用司法手段而为的"非权力行为"，还有可能来自纯粹的平等主体的私行为。因而，宪法对公民基本权利的捍卫应当体现为能有效抵御来自各方面的侵害。❹ 一项基本人权一旦纳入宪法保障体系，就必然要求宪法保障的精神渗透该项人权的基本价值内涵，并力求使宪法规范的设计以该项权利之价值实现为归依。❺ 因此，在构建基因权利的宪法保障体系时，我们应当紧紧围绕"权利保障"这一内核，从基因权利本质内容着眼，透析其应有的基本价值内涵，从而始终以该价值目标为指引来设置相应的宪法保障规范。

我国《宪法》第二章"公民的基本权利和义务"中并未列举基因权利，《宪法》第二章以外的规范中也未提及基因权利。随着科技发展而产生的基因权利是否值得宪法保障，若由宪法保障，须以列举的方式或以概括的方式保障之，皆有待说明。

---

❶ ［美］路易斯·亨金. 权利的时代［M］. 信春鹰，吴玉章，李林译. 北京：知识出版社，1997：106.

❷ 徐显明. 人权研究［M］. 第 2 卷. 济南：山东人民出版社，2002：142.

❸ 蔡定剑. 关于什么是宪法［J］. 中外法学，2002（1）：7.

❹ 黄学贤. 论宪法基本权利的私法效力［G］//杨海坤. 宪法基本权利新论. 北京：北京大学出版社，2004：363.

❺ 郑全新，李嘉娜. 论私有财产权宪法保障体系的构建［J］. 政法论坛，2004（1）：69.

# 第三节　基因权利入宪的考量因素

## 一、基本权利入宪的理由

如前所述，权利入宪并不等于权利在现实中真正得以实现，然而即使权利还只存在于书面宪法中，但是只要宪法作出权利宣告，那么公民就有宪法上的理由"为权利而斗争"，同时又会以宪法上的权利批评实际享有权利的不足。❶ 权利入宪的另一个重要理由就是可以通过权利入宪控制国家权力。"权利告示的法治原理在于：法律每宣告公民的一项权利，就等于同时宣告了国家权力的禁区，个人权利的最大威胁始终是国家权力，所以说权利宣言与其说是法律告知公众有多少权利，不如说是法律在告知权利有多大限度。"❷ 人权是法的终极价值，关于人权的保障，世界各国都经历了人权法制化的过程。有的国家如英国、新西兰等颁布了全国性的人权法律对人权进行专门保护；有的国家如美国颁布了具有宪法效力的权利法案来保护人权的实现；有的国家如加拿大、南非、斐济等国则直接在宪法中规定了人权保护的条款。❸ 我国2004年把"尊重和保障人权"写入宪法，虽然没有上述国家那么具体，只是一条关于人权保护的概括性条款，但这使人权保护的理念和精神得到发扬贯彻，是中国人权保障进程中的重要进步。纵观世界各国的法治历史进程则不难发现，人权始终是贯穿其中的关键词，各国对于人权的保护彰显了对人权的尊重与敬畏。

## 二、值得宪法保障的公民权利的标准

一项权利是否应该获得宪法上的保护在于这项权利的性质。如果这项权利对使人之为人足够重要，对维护人的人性尊严充分必要，能对避免使人成为工具提供有效的支持，我们为何不对其进行保护呢？否则，在普通法理念中存续已久的隐私权如何才能为宪法和法律保障呢？❹ 如果一项基础的和必要

---

❶ 马得华. 通过法院实施经济、社会权利——为什们美国宪法没有规定经济、社会权利[G]//徐显明. 人权研究. 第10卷. 济南：山东人民出版社，2011：288.

❷ 徐显明. 试论"法治构成要件——兼及法治的某些原则及观念"[J]. 法学研究，1996（3）：69.

❸ 加拿大在人权保护方面的特殊之处在于：1960年颁布《人权法案》来保护人权的实现，《权利法案》则形成了1982年加拿大宪法的第一章"权利和自由"，人权保护理念在宪法中得到进一步强化；其在1982年又专门制定了《权利和自由宪章》来保障人权和自由。

❹ Yates, J., in Millar v. Taylor, 4 Burr. 2303, 2379 (1769)；Samuel D. Warren Louis D. Brandeis The Right to Privacy. Harvard Law Review, Vol. 5, No. 193 (1890).

的权利被忽视和贬损，被既有宪法规范不予承认，说这样的宪法是良法将受到质疑。

在多元开放的社会体系中，公民的权利都应该受到法律的保障，但同时，并不是每一项公民权利的保障都必须提升到宪法保障的层次。换言之，我们需要视该项权利的主张与保护的普遍性、不可侵害性的程度以及法意保护的重要性等诸多方面来衡量该权利是否值得以宪法保障。值得宪法保障的公民权利至少应该符合以下标准：第一，从权利的保障需求而言，除为保障少数所设者外，应具有普遍性。第二，从宪政角度而言，若不予保障，就有违自由民主秩序与价值观。第三，从权利本质而言，要与人民主权、人性尊严或一般人格权的保障息息相关者。参照此标准，笔者认为基因权利应该入宪。首先，一般直观即可得出，基因权利所保护的是极为重要的生活利益。基因是我们的生命的基础，我们不能离开它而生存。每个人对其基因拥有不受他人干预的权利。在基因科技大力发展的今天，公民都有保护自己基因资讯或基因隐私的需求以及获得基因平等对待的需求，而这种愿望的落实与否与人性尊严及一般人格权之保障密切相关。其次，如前所述，基因权利主体具有普遍性。该项权利主体为每个公民，甚至已超越国界，只要不妨碍社会秩序、公共利益，它具有人权或基本权利的品质，值得宪法加以保障。最后，基因权利在保障范围上虽与其他基本权利产生关联性，包括彼此具有的特别关系、吸收关系或想象竞合关系，却无法论证出直接完整的保障基因权利的依据，充其量只间接地与平等权、生存权、财产权有关。换言之，该各项权利的保障范围无法充分或完全包含基因权利。因此，应将基因权利列为宪法保护之权利。从宪法学上看，基因权利涉及"个人怎样对国家坚持该项权利，并且因此怎样能满意地将其作为一项人权而进行归类"❶。只有将基因权利赋予公民并赋予国家相关义务，确保日后能解释、适用并因此强制实施，才能使之成为真正宪法意义上的权利。

## 三、基因权利对宪法人权的发展

人的理性是有限的，不可能穷尽其所能想象到的事关公民基本权利的事项与范围，更不可能穷尽随着时代的发展而出现的新型权利。因而，世界上不存在一部将所有人权都罗列殆尽的宪法，而"只有把人权概念放在动态的历史过程中来辨析，才能正确把握其外延扩张史的过去；也只有把人权概念

---

❶ 维德 B. 乌卡索维克. 人权与环境问题 [M] //C. G 威拉曼特里. 人权与科学技术发展. 北京：知识出版社，1997：231.

置于开放的认知世界系统中，才能欣然接受其未来的膨胀变迁"❶。人权是传统的，也是现实的，但如果总是在传统的人权领地内坐井观天，便无助于宪法的价值升华和人类文明程度的进化。❷ 正是基于这些规律性的理论见识，本书认为，从宪法法理学的高度来探讨关系到公民的基因权利这一人权形态，将基因权利提升为宪法基本权利，是一个事关法治社会构建和人权发展的重大课题；而且，基因权利的确立对宪法人权有重大影响。基因权利对宪法人权原则与宪法人权内容两方面都具有深刻的影响：首先，基因权利发展了传统宪法的人权原则。传统人权原则孤立地、单个地对待个人的权利，尽管社会法学派强调把单独的个体置入由个体连接而成的"社会连带关系"中来对待，但其都是以自由主义理念为导向、以个人主义原则为基础的。基因权利并不否认个人主义法律价值观的合理一面，同时也强调"人"这一社会集合体的普遍存在的价值，将单个人看作社会关系链条中不可拆分的统一体，内含集体主义的法律价值观。基因权利的基点既在公民个人，又不仅仅为个人的存在，还包括按特定方式结合而成的家族、族群和国家等集体。从个人主义法律价值准则向集体主义法律价值准则的发展，是宪法人权原则的一个新动向。其次，基因权利推动了宪法人权内容的拓展。对基因权利的确认必将使宪法的触角从个人主体伸向集体主体，进一步推动宪法人权从权利形式的单一性、片面性转向综合性，对诸如平等权、财产权等各种具体人权的价值融合与价值冲突进行协调与整合，从而促进宪法对人权的规范与保障效能最大限度地得到强化。

## 四、基本权利的实现

在我国，基本权利是理论与实践冲突最大的一个范畴。基本权利是"宪法规定的根本权利"，是公民"最基本、最重要的不可或缺的权利"，但是在现实生活中基本权利的根本性难以得到体现，在一些场合甚至连法律权利都不如，发生在北京的王春立案❸就能充分说明这一点。在我国法治现状中，基本权利不能直接适用，只能作为立法的依据，这使得基本权利更多的是一种

---

❶ 王家福，刘海年，李林. 人权与21世纪［M］. 北京：中国法制出版社，2000：42.

❷ 汪习根. 法治社会的基本人权——发展权法律制度研究［M］. 北京：中国人民公安大学出版社，2002：2－13.

❸ 王春立等16人原系北京民族饭店员工。在1998年北京市西城区人民代表大会换届中，他们由于与北京民族饭店的劳动合同届满，与饭店解除了劳动关系而离开了北京民族饭店，未能参加选举，为此，王春立等16人向北京市西城区法院递交了诉状，状告北京民族饭店侵犯其选举权，要求被告依法承担法律责任，并赔偿经济损失200万元。西城区人民法院以不属法院受案范围为由裁定不予受理。参见王春立等诉北京民族饭店公布选民名单确定其选民资格后选举时未通知其参加选举侵犯选举［EB/OL］. 北京律师网.

文本权利，在生活中没有根本权利的地位，如此状况导致基本权利的地位被日益虚置，基本权利成为一种难以体现社会作用的名义权利。走出中国基本权利困境的最简单方法是实现基本权利，而基本权利的实现就在于基本权利的适用。如果不能适用，具有最高法律效力的基本权利就不能成为法院审判的依据，这会使宪法的至尊性与规范性之间存在巨大的反差，导致宪法权威淡化，滋生宪法无用论，出现有宪法而无宪法之治的社会。这是非常危险的。❶ 多数学者认为，要切实可行地保障人权，首先需要以法律条文的形式把人权确定下来；其次，要使人权具有可诉性，这样人权才能在法律意义上与实践意义上确实得到法典的庇佑，进入法律保护的正常轨道与港湾之中。❷ "不能保障公民权利的法律，不是一部好的法律。"❸ 只有树立"保障公民权利是评价法治化的核心指标"这一观念，才能使人们不把法律看成是外在的异己力量，而把它看成是自身权利的维护者，只有这样法律才能获得人们的尊重和信仰，才能获得普遍的服从和遵守；才能使人们不把国家看成"利维坦"（霍布斯语），而看成自己管理自己、为自己服务的良好组织形式；才能使人们在涉法事件中尊重执法和司法人员的活动及其裁决；才能使人们在社会生活中相互尊重，相互关爱，成为一个真正的人。一句话，只有树立上述观念，才能培育和巩固人们的法治意识，才能真正有利于实现法治。❹

从世界范围来看，基本权利都是能够适用的，其适用的主要模式有两种，即英美法系的违宪审查模式与大陆法系的违宪审查模式。英国是不成文宪法国家，宪法权利本身就具有直接效力。英国 1215 年的《大宪章》、1628 年的《权利请愿书》、1676 年的《人身保护令》以及 1689 年的《权利法案》等都具有适用效力。另外，英国的宪法性判例本身就是宪法适用的产物。美国的司法审查模式是世界上最典型的形态，美国不仅创造了世界上第一部成文宪法，而且创造了具有美国特点的违宪审查制度。1790 年美国成立了最高法院，1792 年就直接适用了宪法的契约原则。美国社会生活的一些重大原则都与宪法适用有关，如由吉迪恩案引发的法律救助制度、由米兰达案引发的沉默权制度等。大陆法系国家的宪法适用以德国为典型代表。1949 年《德国基本法》第 1 条第 3 款明确规定："下列基本权利作为可直接实施的法律，使立

---

❶ 蒋德海. 以人为本和基本权利的保障［G］//中国法学会法理学研究会 2007 年年会论文集（下）. 2007：751 - 757.

❷ 金梦.《人权法案》是否是人权保护之必须？——以澳大利亚为对象［G］//徐显明. 人权研究. 第 10 卷. 济南：山东人民出版社，2011：114.

❸ 公丕祥. 法制现代化与建设法治国家［J］. 江海学刊，1998（1）56..

❹ 杨春福等. 自由·权利与法治——法治进程中公民权利保障机制研究［M］. 北京：法律出版社，2007：11.

法、行政、司法机构承担义务。"在学术界，认为基本权利可拘束行政机关的一切行为成为通说。法国现行宪法（《第五共和国宪法》）第62条规定宪法委员会对法律的合宪性进行审查。意大利1947年宪法设"宪法保障"专章，其中第1节规定了宪法法院制度。西班牙1978年宪法第24条、第53条规定了宪法诉讼制度。奥地利宪法第6章第2节规定了宪法法院制度，第139条、第140条规定了宪法法院可对法律、法令的合宪性作出裁决。希腊宪法第87条规定了宪法作为法官执行职务的依据之一。葡萄牙1982年宪法第18条规定："关于权利、自由与保障的宪法规定，得直接适用……。"❶

我国宪法之所以长期不能被适用，主要在于公民对于宪法的理解。首先，从功能上看，中国宪法的性质是确权性的而非控权性的。斯大林在其《论苏联宪法草案》中指出："宪法是把事实上已达到、已争得的成功登记起来，用立法手续固定起来。"❷毛泽东的章程也沿袭了这种观点，确权性原则仍是现行中国宪法的基础。其次，中国宪法是纲领性的而非规范性的。我国宪法的实质是以国家意志建构的全国人民的行动纲领，其不少内容不是出于规范公民的行为，而是出于纲领性的要求。我国宪法整体上不具备规范性有两种情况：其一是宪法条款本身不具备规范性，例如我国《宪法》第24条的规定。❸第二种情况是宪法条款具有规范性，但是人们受到纲领性的影响，还是不能适用。因而，我国基本权利的适用，首要的是要转变宪法观念，使宪法变为控权性和规范性的法。第二要建立基本权利实现机制，当务之急是建立违宪审查制度。第三是在基本权利适用问题上确立宪法救济的三原则：其一是基本权利的救济同国家有关，但并不意味着私法关系不能进入基本权利救济范围；其二是凡法律有规定的，须适用普通救济；其三是没有法律规定且涉及基本权利的，适用宪法救济。如前文提到的王春立案就涉及基本权利。公民的基本权利受到侵害，人民法院不能因为没有法律规定而不予受理，否则会使得基本权利变为非权利的地步。我国《宪法》第5条第4款规定："一切法律、行政法规和地方性法规都不得同宪法相抵触，一切国家机关和武装力量、各政党和各社会团体、各企业事业组织都必须遵守宪法和法律。一切违反宪

---

❶ 周永坤. 论宪法基本权利的直接效力 [J]. 中国法学, 1997 (1)：20－21.

❷ 斯大林. 列宁主义问题 [M]. 北京：人民出版社, 1972：608.

❸ 我国《宪法》第24条规定："国家通过普及理想教育、道德教育、文化教育、纪律和法制教育，通过在城乡不同范围的群众中制定和执行各种守则、公约，加强社会主义精神文明建设。国家提倡爱祖国、爱人民、爱劳动、爱科学、爱社会主义公德，在人民中进行爱国主义、集体主义和国际主义、共产主义教育，进行辩证唯物主义和历史唯物主义的教育，反对资本主义和封建主义的和其他的腐朽思想。"根据此条规定，国家通过"四教育一行为"加强精神文明建设，通过提倡"五爱四教育"反对资本主义和封建主义思想。但是究竟什么是精神文明，什么是资本主义和封建主义思想，并不具有规范性，在实践中难以适用。

法和法律的行为，必须予以追究。"如果对于违反宪法的行为人民法院都不予以追究，人民法院何以忠于宪法和法律？概而言之，必须严格坚持上述三大原则，才能使基本权利得到保障。

## 第四节　宪法保障基因权利的理论构建与具体框架

各国宪法关于公民自由及权利，有采取单纯列举的，也有采取列举与概括混合的方式。我国采取混合方式，《宪法》第33～50条列举了公民自由权利，并于第33条概括规定："凡具有中华人民共和国国籍的人都是中华人民共和国公民。中华人民共和国公民在法律面前一律平等。国家尊重和保障人权。任何公民享有宪法和法律规定的权利，同时必须履行宪法和法律规定的义务。"国家要实践公民所拥有的基本权利，可以在宪法层次和一般法律层次分别加以讨论。主张基本权利应该在宪法层次来完成的理由是基于：既然基本权利是在直接宪法条文内可援引而来的权利，就应该在宪法层次内完成。况且，该权利又称为基本权利，就应该比照其他宪法基本权利（如自由权与平等权）的效力，以使之作为直接拘束国家次于宪法一层次的其他权力——法律——之措施，也就是希望高位阶的宪法基本权利条框能产生位阶效力。❶

### 一、在宪法层次实践基本权利的几种方式

根据我国台湾地区学者陈新民先生的观点，在宪法层次实践基本权利，可由以下几种方式达成。

第一，视为"方针条款"。方针条款是指宪法的规定，给予国家公权力（尤其是给予立法者）一种日后行为的方针指示。这些方针指示的作用，政治及道德意义大过法律意义，将基本权利视为宪法的方针条款是将达成条款的希望完全委由立法者达成。因此，这些条款虽然树立了国家的"价值观"，但是鉴于其并无拘束力，对于一个与之相违背的立法并不能发生矫正效用，其不能达成基本权利理念及制度的要求就非常明显。另外，由于方针条款只指引立法方向，在内容方面则委托立法者形成，所以也会使法律欠缺安定性与明确性。因此，将基本权利视同"方针条款"虽然是德国以前魏玛宪法时代学界流行的见解，现今欧洲仍有许多国家的宪法采取这种方式，但它并不是一种适当的制度。

第二，视为"宪法委托"。将基本权利视同一个宪法委托条款，是指立法者由宪法获得一个立法的委托。因为宪法无法对许多基本权利的内容及范围

---

❶　陈新民．宪法基本权利之基本理论（上）[M]．台北：元照出版公司，2002：111．

加以明确规定，必须委托日后的立法者来完成。但是，与上述方针条款不同，这里的宪法委托具有法律效力。立法者在形成该委托也就是在决定基本权利的内容方面虽然拥有相当大的裁量权，但是若立法者订立的法律有违背该基本权利的条款，就会产生违宪的后果。因此，宪法委托可以避免上述方针条款制度欠缺规范力的弊端。所以，有不少学者认为本制度是实践基本权利的妥善制度。

第三，视为"制度保障"。将基本权利视为宪法的一个"制度保障"，是指宪法明确规定保障某些基本权利，如同宪法所特别保障的政党、公民私有财产制度、宗教自由制度等。这个起源于魏玛宪法时代的制度保障理念，也是赋予立法者相当广泛的形成权力来将该"制度"予以构建。由于宪法保障制度是宪法特别要保障的制度，对于社会已有的制度如私有财产制度以及宪法已明确提及的制度，可以导入宪法保障制度来讨论，但是针对将来要成立（即有国家以后才实践）的基本权利是否可以比照则是存在问题的。不过当由宪法的明确条文得知宪法中已有某些基本权利理念的具体架构出现时，则认为可以以制度保障的理念来实践基本权利。

第四，视为公民的公法权利。这是最引起争议的一种方式。❶ 基因权利应该同其他宪法自由权利一样，具有直接的、强行的效力，亦即赋予公民可以主张实践的一种公法权利，并且可以请求法院予以救济。

承认公民应该拥有合乎社会正义及人类尊严的基因权利并且能从宪法层次来肯定这种权利，将是人类精神文明极高的表现。国家宪法肯定这种对公民权利的保障，除了规定行政机关必须有立法机关通过法律而不得以命令限制公民的权利或增加公民的义务外，也就是事前保障制度，还有事后的救济，赋予公民救济之权。

就宪法的基本性质而言，其所制约的对象是国家，亦即在实际运作上代表其行为的各级政府，而不及于私人。而宪法的产生也是人民不堪专制集权的苛刻与压榨，反对甚至推翻政府后所取得的"战利品"，以求从此一劳永逸，确保其千辛万苦所争取的权利。故就历史渊源而言，宪法的种种规定是针对限制政府而设，而无规范私人关系的含义。宪法固然以限制"国家不得为非"为目的，但是在今天"福利国家""给付行政"的时代思潮的冲击之下，这种根深蒂固的传统理论有修正的必要，现代国家的职能已大幅度地扩张，新兴的受益权也使公民得以振振有词地向国家要求积极提供各项服务。

---

❶ 陈新民. 宪法基本权利之基本理论（上）［M］. 台北：元照出版公司，2002：113－115.

## 二、基因权利承认方式之探讨

就宪法法理而言，我国宪法权利的承认方式主要有修改宪法与解释宪法两种。前者由全国人大通过修改宪法的方式得以实现，后者则由全国人大常委会以解释宪法的方式加以完成。与修改宪法相比，"宪法解释是正常的、优先的解决方式"，"宪法解释的极限才是宪法修改的开始"❶。"'宪法解释'、'宪法变迁'与'宪法修改'成为一成文宪法秩序下不变更其正当性与永续性，将宪法内容精确与具体化以及解决宪法现实适应力不足之作用强弱层次分明的'宪法上之措施'。在此三层作用首先使用的方法应是宪法解释，亦即宪法变迁应开始于宪法解释可能性结束之时，而修宪问题应始于宪法变迁之作用不可能时。❷ 可以说，宪法解释作为一种稳妥渐进的宪法成长方式，在保障人权、维护宪法稳定和权威上拥有更为广阔的发展空间。

从我国现行的宪法规定来看，1978 年宪法首次确认了宪法解释机关为全国人大常委会，从而基本上确立了我国宪法解释体制，这一规定被 1982 年宪法即现行宪法加以继承。与美国、日本、我国台湾地区的宪法解释是由司法机关通过个案方式启动的司法解释不同，我国大陆地区的宪法解释是一种由全国人大常委会以抽象的形式启动的立法性解释。在宪法解释权的归属上，学理上有不同见解。一种观点认为，由全国人大常委会解释宪法，这种权力的设计是符合人民代表大会制度基本原则的，具有统一性与权威性的特点。因此，要强化全国人大常委会的宪法解释功能。❸ 另一种观点认为，人民法院具有宪法解释的权力，即是一种宪法司法化的主张。❹ 而从我国现行宪法文本的规定来看，全国人大常委会是宪法解释的主体。从启动方式看，我国由全国人大常委会作出的宪法解释"不是具体的个案性的解释"，而是一种和宪法的具体适用相分离的抽象性解释。❺ 从宪法解释的性质来看，我国宪法解释是由立法机关作出的立法解释。从宪法解释的时效性来看，我国宪法解释一直处于"缺位""休眠""闲（搁）置""不作为"的状态。❻ "无论是在法制建设薄弱的年代还是在加强法制建设的今天，负有解释宪法和法律职责的国家

❶ 徐秀义，韩大元. 现代宪法学基本原理 [M]. 北京：中国人民大学出版社，2001：287 - 299.

❷ 陈慈阳. 人权保障与权力制衡 [M]. 台北：翰芦图书出版公司，2007：166.

❸ 韩大元. "十六大"后须强化宪法解释制度的功能 [J]. 法学，2003（1）：19.

❹ 王磊. 宪法实施的新探索：齐玉苓案的几个宪法问题 [J]. 中国社会科学，2003（2）：29 - 33.

❺ 苗连云. 中国宪法解释体制反思 [J]. 中国法学，2002（6）：18.

❻ 张薇薇. 宪法未列举权利研究 [D]. 武汉大学，2008：118.

权力机关却从未有过解释宪法这回事"❶，至今"没有真正启动过宪法解释程序"❷，"尚未使用宪法解释手段来补救宪法条文的'老化或缺失'"❸。

　　我国现行宪法中的"国家尊重和保障人权"条款以其弹性、开放的特性为基因权利的保障提供了文本依据和实现前提。同时，该人权条款的增设"进一步加剧了现行宪法中抽象性的人权规范与个别性的人权保障之间已存在着的巨大张力"❹。为缓和抽象的概括权利条款与现实权利诉求之间的紧张，有学者主张，应将"宪法人权保护原则、价值体系甚至是价值目标"直接或间接地予以"司法适用"，还有学者主张必须"建立具有实效性的违宪审查制度"。然而就基因权利而言，我们将如何借助人权条款对其进行宪法保障？很显然，在理论上我们面临的首要问题是基因权利的保障由谁来启动以及怎样启动，亦即我国目前以全国人大常委会为主体的宪法解释模式可否依据人权条款实现对于基因权利的保障。回答这一问题颇有些困难，主要原因有以下四个。首先，来自我国宪法文本对之规定的无依据；其次，来自我国宪法解释机制的制约；再次，从各国宪法规定及宪政实践来看，宪法解释制度往往牵涉诸如"违宪审查""宪法审查""司法审查""合宪性审查"问题，这无疑加大了对于通过宪法解释实现基因权利保障这一问题探讨的难度；最后，从学者们的学理探讨来看，尽管国内有学者以"默示权利""剩余权利"的称谓肯定了新生权利的存在，还有学者肯认了人权条款对宪法未列举的权利保障的文本意义，但是国内学者对于我国宪法未列举的权利保障的启动主体以及启动方式的讨论尚属空白。这些无疑增加了我们讨论基因权利的宪法承认方式的难度。尽管如此，我们仍然对此问题展开了尝试性的探讨。基于比较法的视角，"不管英美法系或是大陆法系，不管宪法解释权与司法终审权是否分离，各国的宪法解释体制都有一些共同点：其一，释宪机关从性质上看应该是司法机关或准司法机关，不应该是立法机关；其二，释宪的程序应该是司法程序，而不应该是立法程序，更不应该是修宪程序，而且整个释宪程序必须公开，要有必要的听证或辩论；其三，释宪主要是为了司法，为了解决具体问题或案件"❺。在我国的宪法实践中，真正意义上的宪法解释尚未展开，宪法解释的实效性有待加强。"影响我国宪法解释制度发挥功能作用的原

---

❶　袁吉亮. 论立法解释制度之非［J］. 中国法学, 1994 (4): 24.

❷　韩大元. "十六大"后须强化宪法解释制度的功能［J］. 法学, 2003 (1): 20.

❸　郭道晖. 宪法的演变与修改［G］//宪法比较研究文集 (2). 北京: 中国民主法制出版社, 1993: 82.

❹　林来梵, 季彦敏. 人权保障: 作为原则的意义［J］. 法商研究, 2005 (4): 68.

❺　王振民. 中国违宪审查制度［M］. 北京: 中国政法大学出版社, 2004: 310.

因，最重要的问题是：宪法未能得到真正适用，这是制约宪法解释的严重问题。"❶ "人权保障条款对于人权保障功能的实现有赖于建立完善的宪政体制，而其关键在于建立有效的宪法监督制度。"❷ 因而，从一定程度上说，我国宪法解释制度的完善取决于我国宪法监督制度的完善。基于我国现行宪法的规定以及现有的政治体制框架，应在全国人大之下设立宪法委员会作为监督宪法实施的专门机构，只对宪法和全国人大负责。在此基础上，逐步扩大宪法委员会的权限和司法性，待条件成熟后再设立具有司法性质的宪法法院，这应作为我国宪法监督制度设计的远期目标。❸ "宪法该由谁来解释，这样的体制性问题，在宪法得以真正适用之后，宪法解释才成为必要和可能，也才会伴随着先发的适用自然而然地得以启动。"❹

### 三、宪法保障体系的基本构建框架与具体内容

从法理上讲，有关权利的立法不可能穷尽一切潜在的权利。在法律认可的明示外，还存在法律的"默示权利"、为法律所"漏列的权利"、为预测到的"新生权利"、为保留的"剩余权利"和"空白权利"以及种种"习惯权利"，它们可以通过"权利推定"明示出来并取得法律效力。❺ 这些权利大致可以通过立法确认或司法推定的方式加以承认，即"立法过程中的权利推定"或"司法适应中的权利推定"❻。在此理论前提下，学者们提出了应有权利的推定原则以及新权利确认的司法途径。例如，郭道晖教授把确认应有权利归为如下五种推定方式：即由权利推定权利；由义务推定权利；根据宪法和法律的基本原则、精神与宗旨推定权利；依"法不禁止即自由"的原则推定权利；对习惯权利合法性的推定。❼ 孙笑侠教授则将"确认新权利的司法途径"归纳为六条原则："根据义务推定""根据权利推定""根据法律原则推定""根据权力推定""根据法律程序推定""根据当事人之约定推定"。❽

我国宪法应当贯彻人权保障的立宪精神，在上述价值目标的指引下，相应地构建一套囊括保护条款、限制条款在内的系统化规范体系，实现内在的统一性。因此，须从以下几个方面着手。

---

❶ 苗连云. 中国宪法解释体制反思 [J]. 中国法学，2002（6）：17–18.
❷ 焦洪昌. 国家尊重和保障人权的宪法分析 [J]. 中国法学，2004（6）：42.
❸ 张薇薇. 宪法未列举权利研究 [D]. 武汉大学，2008：120–121.
❹ 苗连云. 中国宪法解释体制反思 [J]. 中国法学，2002（6）：18.
❺ 郭道晖. 论权利推定 [J]. 中国社会科学，1991（4）：183–184.
❻ 孙笑侠. 法的现象与观念 [M]. 济南：山东人民出版社，2001：125.
❼ 郭道晖. 论权利推定 [J]. 中国社会科学，1991（4）：186.
❽ 孙笑侠，黄镭. 新权利是怎样诞生的 [J]. 法令月刊，2002（2）.

（一）完善保护条款

应当看到，基因权利乃是人们生存与发展中的一项独立的基本权利，是公民享有和行使其他一切权利的起点和支点，是人权的屏障、宪政的基础。为此，宪法必须完善现有的保护条款，使基因权利获得确切完整的保障，以实现保障人权的基本价值目标；赋予基因权利应有的宪法地位，基因权利应该获得宪法的尊重与保护，给予基因权利应有的性质与位置。我国宪法应当对基因权利的基本性质进行定位。作为一项独立的、基本的人权，清晰界定基因权利。在界定基因权利的范围时，宪法应避免采用列举式，应当作出明文规定；同时，宪法应当适时地对基因权利的内容予以完整确认。基因权利应当包含基因平等权、基因知情权、基因财产权、基因隐私权。

（二）确立限制条款

基因权利的行使并非没有任何制约。（从 1919 年德国《魏玛宪法》之后，对基本权利的限制逐渐增多，但均须因"公共需要"。）如果存在合法的理由，基因权利可以而且应当受到限制。这里必然涉及政府权力与公民权利的关系问题：一方面，既要满足公共利益的需要，以保障政府权力的行使；另一方面，又要防止政府滥用权力侵犯公民利益，以保障基因权利。因此，基于对基因权利的保障，我国宪法应当确立限制条款，着力于对政府权力的规范界限，将公权力的行使纳入法治轨道。各国对基本权利的限制一般包括两种情形：确因公共利益的需要，国家对基本权利作出限制；或为了维护其他主体的合法权益，法院通过判决的方式对基本权利依法作出限制。因此，宪法应明确规定：基因权利根据公共利益或者根据法院的判决得依法受限制，由法律具体规定。

宪法保障体系的构建与确立，不再限于对基因权利局部的、表面的及有限的保护，而是将基因权利的保障问题提升到宪法结构的突出位置，使之成为宪法的中心内容，以此带动宪法的完善与宪政的实现。这对于彰显基因权利之内含价值、维护人权以及推进中国的民主宪政建设，具有重要的作用。

当然，基因权利入宪不意味着涉及其保障的所有问题都迎刃而解，公民就能够享有这项权利。事实上，公民的基因权利的保障与落实是一个系统工程，涉及司法体制、制度等多方面的问题。

# 第七章　基因权利之司法保障

众所周知，人权有三种形态：应有人权、法定人权、实有人权。人权就其本身意义看，是一种人应当享有的权利，即应有权利。法律规定的权利不过是人们运用法律这一工具使人的"应有权利"法律化、制度化，从而使其实现能得到最有效的保障。因此，法定权利是法制化了的人权。人的应有权利被法律确认而成为法定权利之后，这种权利就会变得十分明确而具体，就被上升为国家意志，对一个国家的全体公民具有普遍拘束力，国家将运用强制力来保障其实现。我们可以说，哪里没有法律，哪里就没有人权；哪里的法律遭到践踏，哪里的人权就会化为乌有。诚然，在一个国家里，法律对人的应有权利作出完备的规定，并不等于说这个国家的人权状况就很好了。在法定权利与实有人权之间，往往存在一个很大的差距。尽管启蒙学者与近代欧美资产阶级革命者在主张权利的时候均诉诸"自然权利"或者"天赋权利"，基本权利的实现在宪政实践中却不能简单地诉诸内生于社会的自发保护机制，人们在探讨这一问题时通常将其归结为"司法审查"，基本权利需要司法保护。

## 第一节　基本权利司法保障之概述

### 一、人权司法保障之必要性与重要性

基本权利是公民最重要的权利，一般均由一个国家的宪法作出规定。因此，基本权利应当比一般权利得到更大的关注和保护，对于基本权利的侵犯也应当得到比一般权利更为充分、及时的救济。然而在我国目前的法制现实中，却存在基本权利的救济反而不如一般权利的救济的情况。这主要体现为，在我国目前的法律制度下存在公民基本权利司法救济上的严重不足。因为我国传统宪法理论认为：宪法规范比较原则，缺乏制裁的规定，宪法还需要经过普通的立法将其细化才能贯彻实施，宪法的适用是通过普通法律的适用达

成的，因此是一种间接适用，从而否认宪法的直接适用性。❶ 然而正如有学者指出的，"在宪法上规定某种权利，不如在实际上保障这种权利来得更加重要。宪法权利的有效性，取决于对其实际的保障"❷。

（一）必要性

公民的基本权利如果得不到充分、及时的司法救济，不仅违背"没有救济就没有权利"的根本原则，也会使宪法的权威大打折扣。现在已有不少学者对于在我国建立完善公民基本权利司法救济制度的必要性进行了论证。其主要理由是：第一，普通法律尚不能完全将宪法上的公民基本权利体现于其中，特别是在法制尚不健全的中国。据学者统计，我国宪法规定的公民基本权利有 18 项之多，但时至今日，只有其中 9 项基本权利制定了具体的法律加以保障，另外 9 项则长期停留在宪法"字面"上，缺少成为实践中的权利的必要渠道。❸ 而如果不为这些基本权利提供司法救济，这些权利就失去了最有效的保障渠道。第二，普通法律在将宪法上的公民基本权利具体化的过程中，存在异化和冲突的可能。如，普通法律规定的内容可能与公民基本权利条款相抵触；又如，两个效力相等的普通法律就公民权利的规定可能会发生冲突。在这种情况下，只允许对普通法律的司法适用显然无法有效保障公民基本权利。第三，宪法虽然与普通法律相比具有政治性、纲领性较强的特点，但是它的主要特点仍然是法律性，而法律的功能就在于直接调整一定的社会关系，解决社会冲突，促进和保障社会的有序发展。因此，宪法并不因其不同于普通法律的特点而绝对排斥司法适用性。❹ 第四，在现实生活中，由于缺乏司法救济，一些公民基本权利受到侵害后无法得到救济。例如，在大学招生、就业等环节普遍存在的身高、地域、性别等方面的差别待遇甚至歧视的政策，就明显违反了宪法关于公民平等权的原则，但权利受到侵犯的人无法运用法律来维护自己的"基本权利"。❺ 第五，承认宪法上的公民基本权利的直接法律效力是一项世界性的宪政惯例。在英美法系国家，法院可以直接适用宪法性法律，宪法规定的公民基本权利具有直接法律效力。大陆法系国家自 20 世纪 50 年代以来也逐步确立了宪法基本权利的直接法律效力，使权利、自由的宪法规定具有了直接的司法效力。因此，笔者认为，无论从理论上还是实践上看，也无论是从国内的现实需要出发还是从国际的发展趋势考虑，建立并

❶ 徐秀义. 宪法学与政权建设理论综述 ［M］. 北京：北京理工大学出版社，1990：47.
❷ 林来梵. 从宪法规范导规范宪法 ［M］. 北京：法律出版社，2001：94.
❸ 齐玉苓案 ［N］. 法制日报，2001－09－16.
❹ 刘淑君. 公民基本权利的司法救济探析 ［J］. 法制与社会发展，2003（2）：48.
❺ 殷啸虎. 公民基本权利司法保障的宪法学分析 ［J］. 法学论坛，2003（2）：28.

健全我国的公民基本权利司法救济制度实有必要，这同样是法治社会的一个重要标志，也是保障公民权利的有效手段。

（二）重要性

任何权利都只有在一定的法律制度的保护下才能实现。要对宪法权利提供完整的法律保障，没有或者缺乏宪法保护是无法完成的。当然，宪法保护不是仅仅将宪法权利写进宪法、制定相关法律法规就可以实现的。如果没有权利层级制，没有更高一级的中立机构或者强有力的制衡机关来否决议会的法律、行政机关的行政行为以及法院的审判行为，基本权利的宪法保护就有可能成为一句空话。❶ 正如范进学教授所言："通常讲的权利保障，有两个层面的含义，第一是指权利实现出现障碍时的司法救济保障；二是指权利实现时的无阻却性保障。"❷ 世界上很多国家加强了对公民基本权利的保护，这主要是通过实施司法保护实现的。

基本权利的保障是现代民主法治国家最重要的任务，因此大多数国家除在宪法上明文确认保障基本权利外，即使为保护公益、保护其他公民的基本权利或使所有人的基本权利皆可获得最大的实现而有必要限制公民的权利时，宪法也详细规定了限制基本权利的前提条件，以避免国家权力任意不法侵害公民的基本权利。如果在法秩序内不存在有效保障基本权利的制度，则即使在宪法中明文详细规定的基本权利也仅仅是白纸一张。也就是说，如果想对基本权利提供完全且毫无漏洞的保障，就必须提供基本权利受侵害时充分的救济制度，否则，公民只好信赖国家权力不会侵害公民基本权利的善意，或者基本权利保障将成为空中楼阁。❸

凡在法律上宣称人应当具有某些与生俱来的、不可剥夺的权利的地方，我们就说那里的公民享有名义上的人权。凡在法律为公民实现其人权设置了有效的救济机制的地方，公民就在一定意义上享有实质上的人权。这里的救济机制是指公力救济机制，其中首要的就是司法救济机制。❹ 人权的法律化意义并不在于是否将人权写进法律文书之中，而在于通过法律化使人权获得法律的现实保障；而这种保障的根本途径就在于设置了有效的公力救济程序。没有公力救济程序的人权宣示，并不比依靠"上帝"救济的天赋人权的承诺好多少。❺ 人权宣示只能给人民带来精神上的满足，权利救济才能给人民带来

---

❶ 郑贤君．基本权利研究［M］．北京：中国民主法制出版社，2007：126．

❷ 范进学．论权利的制度保障论［J］．法学杂志，1996（6）：18．

❸ 李建良，简资修．宪法解释之理论与实务（第2辑）［M］．台北："中央研究院"中山人文社会科学研究所，2000：472．

❹ 江国华．无诉讼即无宪政［J］．法律科学，2002（1）：28．

❺ 江国华．无诉讼即无宪政［J］．法律科学，2002（1）：23．

实实在在的利益。如果对这项权利没有设置适当的救济途径和救济程序，政府对公民承诺的权利都将成为空头支票。正如马歇尔所言："公民权利的精髓在于公民受到侵害的时候，每个公民都有权请求法律保护。政府的第一职责也就在于给予这种保护。人们强调美国是法治政府，而不是人治政府，如果法律不对侵犯权利的行为给予救济，它就不再享受这一美称了。"❶

几乎所有的立宪主义都承认，权利保障是宪法的基本原则和内容，而宪法保障权利的最根本、最有力的方式莫过于为每一个可能受到侵害的权利主体设置便捷可行的申诉机制，其中最为重要的是宪法诉讼机制。倘若一部宪法没有相应的诸如宪法诉讼之类的申诉机制，那么就意味着在这种宪法之下的公民遭受侵害的权利没有宪法救济的途径，也意味着这里的权利没有保障。

在现今及将来很长一段时间里，国家将是最主要的人权保障义务主体。因此，能否促进和保障人权与基本自由的实现，最根本的还是取决于国家一级的人权保障机制是否完善与有效。又因为司法保障是人权保护的最后一道屏障，所以司法保护相比于立法与行政措施更为关键，也更为困难。

## 二、司法是权利保障最根本的方式

一部制定良好的法律是实现法治的首要前提，但是制定良好的法律的存在未必意味着良好法治的实现。如何使法律中的公民权利得到更好的行使和保障，或许是我们更加需要重视的问题。"从来政府以一纸公文形式宣布人身自由应有权利的存在，并非难事，最难之处是在于如何能见诸实行。倘若不能实行，此类宣布所得无几。"❷ 汉密尔顿说，公民基本权利的保护实质上不在于字面的规定，而应该铭刻在公民的心中和脑海里，不能救济的权利怎能进入人人的心灵和脑海？宪法权利需要特别机制予以保护。如果缺乏一种机制以确定基本权利何时受到侵犯，那么宪法权利就形同虚设。

对于一个民主法治国家来说，基本权利的保障可以说根本就是宪法制定的最终目的，它不仅是宪法秩序不可或缺的最重要组成部分，而且被公认为实现公平正义的重要指标。❸ 但是徒法不足以自行，白纸黑字的宪法基本权利的规定，没有以保障公民权利为己任的法院的帮助与推动，根本就发挥不了作用。权利保障最基本与最重要的方式是司法保障，也就是通过司法诉讼保障权利。能否通过司法诉讼的方式保障人权是衡量一个国家法制化程度的基

---

❶ 详见马伯里诉麦迪逊案卷宗．Marbary V. Madison，I Cranch 137，LL. Ed. 60 （1803）．

❷ ［英］戴雪．英宪精义［M］．北京：中国法制出版社，2001：262.

❸ 许宗力．宪法与法治国行政［M］．台北：元照出版公司，1999：155.

本标志之一，司法诉讼是人权保障不可替代的最后救济手段与保护屏障。[1] 正如有学者所言："以诉讼的方式保障人权是人类文明的标志。"倘若没有司法救济，无论权利法则规定得多么完美，最终必将流于形式，沦为空谈。司法的本质是救济，司法救济是国际公认的、最具权威性的、各国法定的最后救济手段。作为司法最终救济原则的宪法体现的是宪法的司法化。公民的权利遭到侵犯后是否能够获得司法救济，是衡量一个国家公民权利保障的有效性和充分性的重要标准。

## 第二节　基因权利具有可司法性

人权是法的终极价值，现代法治起源于对国家权力的限制，而其最终的目的在于对公民权利的保护。当国家权力超越法律限制时，只有通过司法程序予以纠正，才能真正地使分立与制衡得以实现，也才能使得法律独立于政治等领域而存在；同样，当公民权利遭到侵害时，也只有通过司法程序予以救济，才能保证权利的最终实现。古今中外都不乏这样的例证：在宪法上冠冕堂皇地规定公民享有这样或那样的自由和权利，但在现实生活中，由于缺乏相应的特别是有效的司法保护机制，公民的自由和权利并没有在现实生活中得到实现。权利本位在法治中的体现，不仅仅在于宪法和法律对个人自由和权利的承认和规定，更在于对个人自由和权利提供司法保护。从世界各国法治和宪政经验来看，这是最为基本的保护手段，也是最为有效的保护手段。没有保护手段的权利几乎没有实现的可能。[2] 人权对于人类的价值不仅在于它是一项记载在法律文本中的法定人权，更在于它是能够被实践并最后总能够得以实现的实有人权。尽管人权的法定化并不等于人权的实在化，但一般来说，人权的实在化是以人权的法定化为基础的，而人权的法定化与现实化最终必然依存于人权的可司法性。只有建立起具有可操作性的正当法律程序，构架起系统的基因权利法律救济机制，使之摆脱纯粹抽象的原则性确认法律状态而进入法律诉讼领域，才能切实地赋予基因权利强制实施的效力。

### 一、人权的可诉性已经在国际法的层次得到确认

《世界人权宣言》第 8 条规定："任何人当宪法或法律所赋予他的基本权

[1]　金亮新．人权保障的公益诉讼分析 [G] //肖金明．人权保障与权力制约．济南：山东大学出版社，2007：126.

[2]　杨春福等．自由·权利与法治——法治进程中公民权利保障机制研究 [M]．北京：法律出版社，2007：210.

利受到侵害时，有权由合格的法庭对这种行为作有效的补救。"该规定在十几年后被《公民权利和政治权利国际公约》第 2 条的规定进一步确认，后者在第 3 款中规定："本公约每一缔约国承担：（甲）保证任何一个被侵犯了本公约所承认的权利或自由的人，能得到有效的补救，尽管此种侵犯是以官方资格行事的人所为；（乙）保证任何要求此种补救的人能有合格的司法、行政或立法当局或由国家法律制度规定的任何其他合格当局断定其在这方面的权利，并发展司法补救的可能性……""从这一规定的表述和准备工作材料来看，完全由政治机关或下属的行政机关（特别是政府）作出的决定不构成第 3 款（乙）项意义上的有效补救。根据这一规定还可以推断缔约国有义务优先考虑司法补救。"❶

## 二、基因权利可司法性的客观必然性

基因权利作为一项基本权利，其可司法性的依据可以从宏观与微观上得到证实。

（一）无可诉性的基本权利不是真正的基本权利

司法机关必须承担保护人权的义务，人权的发展与公益诉讼的产生有密切的关系，人权保障的突出发展与公益诉讼制度的发达具有对应关系。古罗马公益诉讼的产生是因为当时公立机构不完善，以致救济公益损害的力量不足，公益损害的结果最终威胁到罗马公民的基本权利，因而允许公民提起公益诉讼。从一定意义上说，古罗马的公益诉讼是为救济罗马公民的权利的损害而设的，救济这些损害甚至关系到公民的生存与发展。❷ 不具有可诉性的基本权利是无法变成实在权利的，从一定意义上说，没有可诉性的基本权利不可能是一项真正的权利。基本权利对于公民的价值不仅仅在于它是记载在法律文本中的法定权利，更在于它是能够得以实现的实有权利。基本权利的法定化和现实化的最终实现依存于基本权利的可司法性。唯有建立其具有实际可操作性的法律程序，建构起体系完整的基本权利救济体制，使基本权利能够进入法律诉讼领域，才能真正地赋予基本权利强制的实施效力。❸ 基因权利法律效力和法律地位的固化，不仅取决于基因权利规范的法律性质，更取决于基因权利法律规范的可操作性以及在司法实践中的可操作性。基因权利作

❶ ［奥］曼弗雷德·诺瓦克. 民权公约评注（上）［M］. 毕小青等译. 上海：三联书店，2003：60.

❷ 金亮新. 人权保障的公益诉讼分析［G］//肖金明. 人权保障与权力制约. 济南：山东大学出版社，2007：129.

❸ 汪习根. 法治社会的基本人权——发展权法律制度研究［M］. 北京：中国人民公安大学出版社，2002：280.

为基本权利，是应该具有可诉性的。

（二）基因权利的可诉性取决于人权的绝对性与相对性的统一

从人权的本质来说，只要能够实现人应有的价值与尊严、满足人自身基本需要与愿望的不可或缺的东西，即使代价高昂，也不能阻碍其成为人权的指向。人权是无条件地存在的，是人作为人、具有人格的最起码条件，一旦丧失这种资格与条件，人也就不能称为人了，从这个意义上说，人权具有绝对性。但是从人权的实现程度与存在状况来说，人权又具有相对性，每一项人权都会受到现实的、外界的制约而显现出其相对性。"任何一项人权所受的制约因素越多、受制约的力量越大，这种人权的保护性便越强，被保障的力度就更大……对它的司法保障就显得紧迫与必要。"❶ 既然基因权利所受到的制约、限制与依赖因素相对而言比较多，那么司法保障对它而言就显得非常必要了。

（三）基因权利的可司法性是由司法的基本功能决定的

司法手段与其他社会调控手段相比具有其独特的价值与作用。通常只有当其他调控手段失灵的时候，司法手段才会进入人们的视野。司法手段具有其他调控手段所没有的硬度与力度，司法是社会正义的最后一道防线，司法的最高价值是正义、公平与人权。对基因权利而言，仅靠伦理道德和人们的内心信念的约束是软弱无力的，在实践中也已被无情地否定；如果只从国际公约或政策和一些非硬性制度设置，也无法起到最终的保障作用。对基因权利的侵犯造成的后果不但会使某个公民个人利益受损，甚至会危及由个人组成的集体权利（如带有同样基因的族群）。被剥夺了基因权利的个人的其他基本权利诸如生命权、人格尊严权、平等权等都会受到侵犯直至丧失殆尽，所以，对于基因权利的侵权行为的结果是相当严重的。可见，基因权利应该成为司法保护的优先对象，基因权利进入司法过程而具有可司法性是基因权利基本权利价值的根本要求。

司法救济是指法院进行审判活动，对基本权利所受的损害予以补救和恢复。司法救济义务是国家最主要和最古老的义务之一，国家履行这项义务的方式是对基本权利案件进行审判。德国著名思想家洪堡指出："国家最优先的义务之一就是调查和裁决公民权利的争端。在社会里，公民安全主要赖以为基础的东西，就是把整个个人随意谋求权利的事务转让给国家。但对于国家来说，从这种转让中产生了义务……因此，如果公民之间有争端，国家就有

---

❶ 汪习根. 法治社会的基本人权——发展权法律制度研究［M］. 北京：中国人民公安大学出版社，2002：280.

义务进行裁决，并且在占有权利上要保护拥有权利的一方。"❶ 我国有学者认为：提起诉讼以请求国家救济是公民的基本权利，而相应地，国家的裁判就是一种义务，而不是国家赐予公民的恩惠。❷

"司法部门既无强制，又无意志，而只有判断。"❸ 司法机关的唯一职责就是在分清原委的基础上对纠纷作出一个公正的、不偏不倚的裁判。自近代宪政革命以来，司法机关运作的基本原则通常是司法裁判必须公正，相应地，宪法设立了一系列制度来保障司法公正的实现，例如，法国和英国分别作为大陆法与英美法的代表，均从法律家中选任法官。❹ 正是这些关于司法公正性的制度设计决定了司法机关能够在最终意义上解决关于权利的纠纷，事实上，多数国家都承认司法机关是权利纠纷的最终调处者。也正是司法机关作为权利纠纷的最终调处者的身份，使它成为最终意义上的权利保护者。

### 三、基因权利侵权法律的界限

（一）基因权利侵权行为的法律设定

基因权利的可司法性并不是仅仅建立在纯粹理性证明的观念功能基础上的，创设具有可诉性的权利法律制度是法定人权实施的直接载体和外在形式。侵权行为及其法律确认是权利可司法性的必要条件，侵权是司法救济的存在前提，没有无侵权的权利救济，只有存在侵害法律规范所设定的权利和权利司法救济程序时，才能证明该权利具有可司法性。基因权利司法制度的创设首先应设立较为明确的权利边界，以树立关于权利保障与侵害、尊重与妨碍、冒犯与抗辩之间的法律标准。

对基因权利的侵害是存在的，主要体现在：其一，对基因隐私权与基因平等权的侵害。基因信息是与生俱来的信息，同时也是一种潜在的、非运用技术手段不能获取的、承载着生命秘密的私人数据，可以从毛发、唾液、血液、牙齿等组织分析出人体基因的信息，个人的基因资讯在目前的生物技术条件下几乎唾手可得。其也正因为具有易取性，经常在未经所有者同意下遭到不当使用。个人的基因信息不可避免地携有家族基因信息，其研究成果可能会揭露家族成员的隐私信息，具有群体相关性，可能造成污名化、种族

---

❶ ［德］威廉·冯·洪堡. 论国家的作用 ［M］. 林荣远译. 北京：中国社会科学出版社，1998：137.

❷ 左卫民，朱桐辉. 公民诉讼权——宪法与司法保障研究 ［J］. 法学，2001（4）：6.

❸ ［美］汉密尔顿，杰伊，麦迪孙. 联邦党人文集 ［M］. 程逢如等译. 北京：商务印书馆，1980：391.

❹ ［法］勒内·达维尔. 英国法与法国法——一种实质性比较 ［M］. 潘华仿等译. 北京：清华大学出版社，2002：61－62.

歧视等问题。在职场中，德国每年约进行 10 万次基因检验，许多是在雇主为确保员工或求职者没有严重健康风险的坚持下进行的。❶ 这就可能使工作者的健康隐私暴露于可能被雇主基因歧视的风险中。美国在 20 世纪 70 年代初期，为对抗"镰状细胞贫血症"，全美 20 几个州都通过了强制性的测试法律，规定新生婴儿、学龄儿童、申请结婚登记证书者以及监狱犯人等都必须接受检测。此规定在当时引起极大的争议，因为不但检测结果无法保密，事前也未对受检者提供充分的咨询服务，帮助他们了解检验结果所代表的意义，这导致他们事后在就业、保险上饱受歧视。在强大的舆论压力下，20 世纪 70 年代中期，许多州将这种检测改为自愿性质或完全加以禁止。❷ 在现实生活中，不仅存在对基因缺陷携带者的歧视，还有可能存在有钱人花钱优化自己的基因，从而出现对穷人的歧视现象。"基因歧视现象是对人权的反动，它以基因筛选为手段，以基因的优劣为根据，剥夺了基因劣势人群的平等生命权、发展权等基本人权，从而彻底否定了现代民主宪政制度所确定的人人平等的原则。"❸基因歧视直接影响到平等权甚至生存权。其二，对基因知情权与基因财产权的侵害。近年来，一些外国机构与公司利用我国相关法规不完善与管理上存在的漏洞，将国外严令禁止的人体医学临床试验转移到我国进行，在我国搜集样品以及在老百姓完全不知情的情况下抽取血样开展研究，使我国公民的基因知情权屡遭侵犯：1997 年 1 月《科学》杂志报道，一家美国公司从中国某山村获取了哮喘家族的致病基因，我国至今都没有搞清楚这个公司是怎样从这个山村盗走基因的。1998 年在我国浙江某山区，一群外国人打着联合国教科文组织的幌子，以每份血清 10 元的价格偷走了我国隔离人群的基因样本。2003 年 3 月 30 日，《华盛顿邮报》刊载了一篇题为"哈佛在中国的研究有过失，试验的安全与伦理问题备受关注"的报道。报道说，哈佛大学副教授徐希平在中国安徽从事哮喘病研究，用于该研究对象的同意表没有事先告知中国家庭他们是自愿参加的，研究人员擅自对该表作了一些改动，包括从病人体内抽取的血液量由 10 毫升增加到 30 毫升，并且没有列出与 X 光辐射和肺功能有关的危险与不适。该报道称，哈佛大学公共卫生学院对有关人体医学实验的监督有待改进，并应对徐希平以及另外一位研究人员的研究采取"纠正行动"。❹ 基因知识的缺乏、权利意识淡薄与国家保护措施的缺位是这些普通基因提供者的利益受到损害的重要原因。阻碍基因权利实现的外在人

---

❶ 陈姵先. 立法防制职场基因歧视之必要性与合宪性研究［D］. "国立"台湾大学法律学院法律学研究所，2009：24.

❷ 曾淑瑜. 论基因歧视［J］. 华网法粹，2007（39）：204.

❸ 胡瓷红. 法律与基因的对话——生命法学的现实问题研究［J］. 公法研究，2002：348.

❹ 邱格屏. 人类基因的权利研究［M］. 北京：法律出版社，2009：64.

为因素是客观存在的，必须寻找一条法律的界限，在众多的事实中确立哪些是阻碍基因权利的客观因素，将客观事实经过筛选后提升为法律事实，将道德义务转化为法定义务，以树立其合法与非法的辨认标志和验证标准，为基因权利进入法律诉讼领域奠定基础。对侵权的构成可以从两方面加以设定：一是从反面看，规定促进基因权利实现的法定义务，对这些义务的违反必然构成侵权；二是直接在正面规定侵犯基因权利的法律行为，凡不在列举范围之内的行为便可排除在侵权范围之外。

（二）基因权利侵权行为的构成要素

基因权利的侵权行为可以从形式和内容上予以揭示。在内容上，基因权利侵权行为所指向的内容是基因权利内含的所有权利要素。国内法中的歧视待遇、无视知情权等，具有侵权主体的集体性和侵害对象的整体性特征，危害后果不仅仅及于一人或某些人，往往会造成大规模的广泛存在的利益侵害。此外还有对单个国家或单个族群作出的侵害。如某些发达国家对发展中国家基因的掠夺。从内容上看，应包括基因检测、基因资讯、基因治疗、基因专利保护、基因信息保护、基因权利保护、禁止基因数据滥用、基因资源保护；明确基因隐私权的内容，将基因信息明确列入民法保护的隐私范畴等方面的内容。对此，应赋予这些内容严格的法律意义，以构建性法律规范来为违反义务的侵权行为提供认证标准。

在形式上，基因权利的侵权行为表现为作为与不作为两种法律形式。所谓"不作为"，"并不是'什么也不做'，而是'没做什么'，亦即没有事实所期待之行为"❶。一旦法律设定了基因权利的受保护领域及具体权利项目，对这些法定条款的侵犯便可以是直接正面地以积极行动去践踏权利人的法律权利，使其既有利益受到妨碍或者遭到破坏。如同其他权利形式一样，对法律尤其是"宪法上保障的基本权利，其大部分是对国家要求一定的不作为的自由权性质的规范，所以由国家的积极行为引起的人权侵害，实际上已经成了人权侵害的大半。宪法上所谓的'作为论'，实际上成了人权论的主流"❷。这就是说，对以自由权为核心的公民权利和政治权利的侵害，往往只能来自外界的积极作为，而不可能来自消极不作为。因为这类权利被认为是不需要政府或他人积极作为而只要坐以静观、不加妨碍即可自动实现的人权，所以对于它们的侵害行为方式便只会是"作为"，故可将之称为"只能为作为所侵害的人权"。另一方面，现代人权法治理论较之近代人权法的最根本的突破，

---

❶ 汪习根. 法治社会的基本人权——发展权法律制度研究［M］. 北京：中国人民公安大学出版社，2002：293.

❷ ［日］大须贺明. 生存权论［M］. 北京：法律出版社，2001：69.

就在于开发出"可受不作为侵害的人权"制度，这里的"不作为"主要是指义务承担者——国家公权力违背法的义务，拒绝作出一定的行为，从而引起对基本人权的侵害，不作为行为所侵害的往往只能是与传统的自由权人权体系相对应的另一类人权，即经济、社会、文化权利，主要表现为生存权等社会权利。此类权利侵权行为肯定不是国家积极作为的结果，而是由于国家不实施一定的作为或者作为不充分才导致的。

基因权利既非单纯地表现为自由权所构成的公民政治权利，也非简单地等同于以生存权为核心的经济、社会、文化权利。相反，它被称作一种充分体现人权完整性、体现社会良性互动的权利。因而，它既要有国家主体的消极不妨碍以尊重并实现之。同时，国家违抗消极不妨碍之法律义务，便构成对它的积极侵权，即以作为去侵害基因权利。

## 第三节　完善基本权利司法救济之建议

公民的基本权利一旦受到不法侵害，不论该侵害来自公民或政府机关，应赋予受害人工具性的权利，也就是司法上的受益权与行政上的受益权，使公民的权利通过行政上和司法上的救济制度得以保障，以符合有权利必救济的法理。权利救济请求权是宪法所保护的程序性基本权利，用以确保基本权利的实现。正如有学者指出的，"从各国法治和宪政的经验来看，个人自由和权利的司法保护是防卫性保护的基本手段，也是最便利、最经常、最有效的保护手段和力量，其优越性是其他手段和力量所不可比拟和不可替代的"，而"只有建立切实的司法保护机制，使公民自由和权利一旦受到侵犯，就能及时地得到公正的司法救济，这样才能切实地保护公民的自由和权利所带来的好处或效益，也只有这样，我们才真正能够说公民的自由和权利具有实际意义"❶。为此，我们可以从以下几个方面努力。

### 一、完善中国的违宪审查制度

违宪审查制度的理论基础在于为宪法所确立的有限政府原则和为了保护公民权利才建立政府的社会契约原则，这是分权制衡机制中的一个重要环节。它主要是针对普通法律的规定违背了宪法关于公民基本权利的规定而设置的一项救济制度。违宪审查制度最早在美国正式得到确立，其起点便是著名的

---

❶ 杨春福等. 自由·权利与法治——法治进程中公民权利保障机制研究［M］. 北京：法律出版社，2007：306 - 307.

1803 年马伯里诉麦迪逊案（MarburyV. Madison）。❶ 可以说，美国宪法的生命力不在于其确立了联邦制或代议制，而在于其创设了违宪审查制度。目前世界上许多国家都建立了违宪审查制度，据不完全统计，在目前 180 多个国家和地区的宪法（或基本法）文本中，已有 160 多个文本规定了某种形式的司法性质的宪法审查制度，而除了美国（1803 年）、印度尼西亚（2003 年）、阿富汗（2004 年）、伊拉克（2005 年）等极少数国家之外，绝大多数国家或地区的司法审查制度都是在 20 世纪建立的。违宪审查模式归纳起来主要有司法审查模式、宪法法院审查模式以及宪法委员会审查模式等三种。第一种就是以美国为代表，由普通法院行使违宪审查权；第二种是以德国为代表，在普通法院以外专门设立宪法法院行使违宪审查权；第三种是以法国为代表，在司法体系以外设立一个宪法委员会行使违宪审查权。三种模式各有千秋，一国的法律制度和法律传统决定了采取何种模式。

我国现行宪法虽确立了违宪审查制度，但长期以来，我国具体的违宪审查程序迟迟没有建立起来。尽管 2000 年全国人大通过的《中华人民共和国立法法》明确了全国人大常委会违宪审查的基本程序，但其仍存在一些问题，如对法律之下的规范性文件的审查程序上存在受理公民提请审查建议裁量过宽，专门委员会的审查有代替全国人大常委会审查之嫌疑，没有明确审查后的规范性文件的效力，以及审查程序不透明、不公开等问题。我国违宪审查制度存在的问题可以归纳为两点：一是我国缺乏专门的违宪审查主体，二是我国有关违宪审查制度的程序法缺失。我国违宪审查制度不完善，使得宪法保护处于一个尴尬的境地，国民对违宪审查意识淡漠，法律对违宪审查主体

---

❶　此案是马伯里及其他三人控告国务卿麦迪逊，要求发布职务执行令状（writ of mandmus），以命令国务卿麦迪逊交付治安法官委任证书而向联邦最高法院提起的诉讼。联邦最高法院全体成员一致通过驳回原告的起诉。首席法官马歇尔陈述其理由如下：（1）马伯里等人的被任命行为业已完成，所以原告享有要求发给委任证书的法律权利；（2）关于委任证书的发给，行政部没有裁量的自由，因而原告可以请求法院发布交付委任证书的职务执行令状；但是（3）此诉讼直接向联邦最高法院提起是错误的，本法院无发布职务执行令状的权力。于是，以（3）的结论为前提，法院认为 1789 年颁布的建立美国法院体系的司法条例第 13 条中"联邦最高法院有权对合众国公职人员发布职务执行令状"的规定违反联邦宪法，因而无效，遂作出了联邦法律违宪的判定。其理由在于：联邦的权限全都是限制性列示的。即是说，联邦宪法在第 3 条第（2）项中限制性列示了联邦最高法院具有第一审管辖权的事项，对此外——涉及联邦法院裁判权——的案件，规定了联邦法院有上诉裁判权，但是 1789 年司法条例的上述规定把对合众国公职人员发布职务执行令状这种第一审管辖权赋予了联邦最高法院，所以是违宪的。况且，解释什么是法律本来就属于司法部门的责任，是司法部门的业务。在对待定案件选择适用的法规方面，宪法所规定的条款与法律所规定的条款发生抵触时，法院必须决定其中一方面对该案件适用，这种场合法院必须适用宪法，与宪法相抵触的法律无效，必须拒绝适用与宪法相抵触的法律。这为法院享有违宪审查权找到了根据。此案判决以后，联邦最高法院又相继作出了一些类似的判决，使得联邦最高法院的违宪审查权最终确立起来。程燎原，王人博. 赢得神圣——权利及其救济通论［M］. 济南：山东人民出版社，1993：364－365.

模糊不清，未明确专门的违宪审查部门，缺乏完善的违宪审查启动程序及相关规定，现行违宪审查机制可操作性太差。

为了维护宪法和法律的权威与安定，维护法律秩序的统一、连续、实效和政令统一，维护人大制度的权威，保障公民的宪法权利，必须建立一套适合我国国情的违宪审查制度。美国经验值得关注，但并非他国可以简单移植，必须基于本国基本情况完善我国的宪法监督制度。我国违宪审查制度面临的最大国情是现有的政治体制和政治传统，其基本特征是以"议政合一"为原则、以民主集中制为基础的人民代表大会制度。人民代表大会是国家最高权力机关，其他国家机关由人民代表大会产生并对其负责，人民代表大会具有绝对权威，对各国家机关进行监督，而其他国家机关无法对人民代表大会进行制约。根据我国国情，可对我国的违宪审查制度作双重负责制的大胆设计，即在"全国人大下设专门的违宪审查部门——宪法监督委员会，在最高人民法院内设立宪法争议审判庭"，这种模式相对简单，可以在现行政治体制下构建而无须对宪法进行大幅度变革，且在现行法律中可以找到直接依据。该模式将违宪抽象审查和具体审查有效结合，将有利于我国违宪审查制度的日臻完善。另外，完善我国宪法监督制度重在组织和机构建设，对此可以在宪法和法律规定的体制下发挥人民法院在我国违宪审查制度中的作用，促进我国现行违宪审查制度的运作。

从美国违宪审查的经验来看，宪法司法是其重要的基础之一。宪法司法的前提是存在宪法诉讼。从一定意义上讲，诉讼是法律的生命所在，任何法律只有在诉讼中也就是在运动中才有生命力。我国已开始有比较初级的司法审查制度，但离宪政和法治的要求还有不小的距离。我国现有的司法审查制度只允许法院审查行政部门的具体行政行为的合法性，但不允许法院审查行政部门的抽象行政行为（如行政部门制定的规章）的合法性，也不允许法院审查人民代表大会通过的法律的合宪性。对法律和行政法规进行违宪审查的权力主要掌握在人民代表大会的手中。而人大的这种权力有没有得到充分有效的行使。因为缺乏具体案件的借鉴与实践经验的结合，人大对于宪法和法律的判断只能停留在理论阶段而无法进一步深入，法律或行政法规是否违宪往往无法在产生巨大危害之前被评定。现在大部分学者都认为，学习和借鉴西方国家宪法和宪政的历史经验，引人宪法司法制度是必不可少的一个环节。这对于对公民自由和权利实行最大化的司法保护、对我国宪法的完善和宪政的实现具有重要的启示和借鉴意义。要建立和健全我国宪法司法制度，可以从如下几个方面着手：第一，逐步完善宪法规范，增强宪法的可诉性。宪法作为法律的一种渊源，自然具有可诉性。虽然宪法中有较多的宣言性内容，但是其主体部分还是关于公民权利义务的享有和承担及国家权力的划分和行使的规定，这些都是实体内容，都具有可诉性。但是，和其他法治国家相比，我国宪法中实体规范的比例还比较低，规定也比较笼统含糊，有进一步改进和完善的必要。第二，制定独立的宪法诉讼制度，为宪法司法提供程序保障。任何权利的司法保障都需要通过诉讼来实现，宪法所规定的公民基本权利也不例外。宪法及宪法权利由于具有特殊性，不可能适用既存的刑事诉讼、行政诉讼、民事诉讼中的任何一种程序，所以独立的宪法诉讼程序成为一种必要。第三，宪法司法模式的确立。❶

违宪审查制度在现代社会已经不仅仅意味着根据宪法对立法机关的立法行为和行政机关的行政行为予以审查，在更深层的意义上是对危害公民权利的任何行为的一种救济。一般地，宪法的主要内容是保护个人权利的原则性规定。在立宪之初，其往往可以适应社会需要而得到良好的执行。但是，随着社会的变迁，以及权利范围的扩大化、权利内容的丰富化和权力层次的复杂化，一方面必然要求立法机关在宪法原则下通过具体立法作出更清晰的界定，另一方面也必然要求法官在具体案件中对宪法和其他保护个人权利的法律进行运用和解释。后者甚至是更为重要的一种实现权利、保护权利的手段。基因权利是一种具体性的法的权利，而且以司法权为直接的承担对象。既然如此，我们必然要从审判上谋求对侵害基因权利的救济，为了使对基因权利的侵害在实际上得到救济，必须要有赋予此种可能性的宪法诉讼制度的存在。在现行的宪法诉讼制度上，违宪审查权的行使一定要以具体的案件为要件，故其适用仅仅局限于发生具体的法律争议的场合。因此，某项立法未能充分地将基因权利加以具体化时，尽管不能马上对该项法律的违宪性进行审查，但是如果是就该法律而发生的围绕权利义务的具体争议，且该案件又在法院提起诉讼，那么作为使其获得解决的前提，就要对该项法律是否存在违宪性进行审查。而且，在判决作出的是违宪判断的场合，如果对宪法判断采用的是个别性效力理论，则就是在事实上，如果采用的是普遍性效力理论，则是在法的效果上课予了这样的义务，即命令立法权修改法律，以使基本权条款的规范内容得以充实。此外，假如该项法律具有给国民的权利关系带来直接变动的处分性质，那么对违宪的不作为行为所造成的经济损失，就可以提起请求国家赔偿的诉讼。❷

## 二、司法独立并赋予司法机关特别权力

《世界人权宣言》第 10 条明确指出："人人完全平等地有权由一个独立而

　　❶ 杨春福等. 自由·权利与法治——法治进程中公民权利保障机制研究 [M]. 北京：法律出版社，2007：211－216.
　　❷ ［日］大须贺明. 生存权论 [M]. 北京：法律出版社，2001：114.

无偏倚的法庭进行公正的和公开的审讯，以确定他的权利和义务并判定对他提出的任何刑事指控。"从人权保障角度看，司法独立既是权利受损害者得到救济和被告人权利得到保障的一种有效的制度设计，又是人人应享有的一项人权。由于司法独立对于保障人权的重要性，国际社会曾多次制定有关文书予以确认并加以详细规范。例如，联合国《关于司法机关独立的基本原则》给司法独立下的定义是："司法机关应不偏不倚，以事实为根据并依据法律规定裁决其所受理的案件，而不应有任何约束，也不应为任何直接或间接不当影响、怂恿、压力、威胁或干涉所左右，不论其来自何方或出于任何理由。""各国应保证司法机关独立，并将此原则正式载入其本国的宪法或法律中，尊重并遵守司法机关的独立，是各国政府及其他机构的职责。"除此之外还有《司法独立最低标准》（于 1982 年在新德里举行的国际律师协会第 19 届年会上通过），《司法独立宣言》（于 1983 年在加拿大魁北克蒙特利尔举行的司法独立第 1 次世界会议上通过），以及《司法机关独立原则的声明》（于 1995 年在北京举行的第 6 届亚太地区首席大法官会议上通过）。

司法独立原则作为一项重要的法治原则，已为世界各国宪法所确立，但表述不一，或仅规定司法权属于法院而不作明确规定；或明确规定法院、法官独立；或在强调法院、法官独立的同时，也涉及其他司法主体的独立。司法独立是实现司法公正的首要保障，是树立司法权威的必要条件，也是法官职业化的题中之义。司法独立作为一条宪法性规范，在西方社会已经获得普遍认同。它伴随着西方法治秩序的产生而产生，是社会特定结构和法治传统的产物。市民社会的兴起和国家、社会的分离是西方法治秩序产生的重要基础，这种社会结构的变化造就了多元化的市民阶层和权利主张。具有独立价值追求的司法阶层就是其中十分特殊的一个群体，随之而来的还有不假外物的独立司法制度的产生。独立司法制度的确立和独立司法阶层的存在对法律的自主性有着决定性的作用。从制度运作上，法律将不再受政治、宗教、道德或其他体系的影响和压迫，而成为一个封闭的、自治的体系；从力量对比上，独立的司法阶层足以与其他社会团体抗衡，甚至足以向政治施加反影响，只有这样，司法裁决才更具权威和效力；法律本身也才更具自主性。同时，法律的自主和独立又进一步推动了司法制度和司法阶层的独立，从而形成一个良性循环。

对于中国的司法改革来讲，司法独立是一个首先需要解决的问题。要确保中国特色司法独立原则的有效实施，必须理顺司法机关与党的领导、司法机关与权力机关、司法机关与行政机关、上下级法院之间、法院内部合议庭与院长、庭长以及司法独立与法官职业稳定性等几个方面的关系。● 由于政治传统的影响，司法几乎受到来自各个方面的干预。其一是来自政府的干预。中国传统的行政权独大，使得行政力量对司法的干预成为一种必然。法院在财政和人事上都依赖政府，受到政府的限制，难以独立作出裁决。其二是来自人大的不当干预。人民代表大会作为国家权力的最高机构，对司法享有当然的监督权，这种监督权是必要的。但是，当这种监督超越法定的界限时就成为了一种不当的干预。目前，人大的个案监督权又有被滥用的趋势，这在一定程度上影响了司法系统的独立判断。其三是来自新闻的不当干预。作为社会舆论监督的一种形式，新闻监督可以防止司法腐败，树立司法权威。但是新闻报道如果没有掌握好尺度和分寸，则容易对法院产生压力，从而影响司法判决。要改善这种情况，就必须将促进司法独立和法官独立并举。首先，应当从制度上保证司法机构的独立。美国的开国者们就认识到了司法不受政府其他部门的控制对于保证司法活动的合法性，更确切地说，对于保证政府自身合法性是非常重要的。其在 200 多年的发展过程中逐渐确立了一套完善的法官制度以保证司法机构的独立。美国的联邦法官由总统提名，由参议院确认，确认以后终身任职（除非因不轨行为被弹劾后免职）。联邦法院的经费由议会专项拨出，而且宪法规定每位法官的薪酬在其任期内只能升不能降。这样，联邦法官一上任，就基本不再受其他政府部门（包括立法机关和行政机关）的控制，也不受多数派民众的短期偏好的影响（因为法官终身任职，不用担心讨好选民或拉拢某些利益集团）。虽然我国宪法也承认司法独立的重要性，但是缺乏更为细致的制度落实，因而无法付诸实践。其次，司法独立也意味着个人的独立，亦即法官的独立。在美国，联邦法院法官敢于对抗强大的议会或总统，宣布他们的某些立法或某些行政行为违宪，从而保护人权，维持正义；也敢于对抗某些不理性的公众意见，从而坚持正义。而我国在这两方面都有待加强。以舆论监督与司法独立两者的平衡为例，一方面，《大众传媒法》的出台成为必要，它可以更为明确清晰地限制舆论监督的范围，减少新闻媒体的不当干预，树立法院是确定权利与义务和解决纠纷的恰当场所的观念；另一方面，法官应当提高自身对公众舆论的免疫力，与公众舆论保持一定的距离，以免影响对案件的判断。当然，司法独立本身并不是目的，而是实现目的的手段。对于维护法治来说，这是一项至关重要的制度设计。有时候，为了维护法治，需要法官有很大的勇气来行事，以保证法律程序不被破坏。

　　赋予司法机关在普通法律对公民基本权利缺乏有效规定时直接适用宪法

---

● 陈光中 . 比较法视野下的中国司法独立原则 [J] . 比较法研究，2013（2）：1.

的权力，对此在理论上争论较多的是关于公民之间的争议能否适用宪法的问题。因为传统理论认为公民基本权利是属于公法领域的问题，其调整的是公民权利与国家权力之间的关系，而不是公民与公民或与社会组织之间这种私法领域的关系。因此，私法领域的冲突并不能直接适用宪法关于基本权利的规定，只有在处理公民权利与国家权力之间的冲突时才可能直接适用宪法关于基本权利的规定。"如果直接适用公民基本权利条款，那就意味着国家机关的义务直接转移到其他主体身上，这样就降低了公民基本权利的法律地位，忽略了国家的责任，加重了社会主体的责任。"❶ 而随着现代宪法的发展，宪法学者提出了宪法中公民基本权利在私人的法律关系中有直接效力的"第三者效力"理论，认为公民基本权利的宪法条款若不能在私人与私人间适用，则会沦为一种绝对的宣示性质。❷ 在实践中，如《德国基本法》第9条就明确规定，限制或企图损害公民合法权利的协定是无效的。日本法院也曾依宪法中的公民权利条款宣告三菱公司拒绝雇用曾参加过政治活动的人员的歧视行为因违宪而无效。笔者认为，正如前面所分析的，一方面，普通法律不能保证完全将宪法基本权利体现于其中；另一方面，即使有所体现，普通法律也不能保证将宪法基本权利后面所蕴含的价值准则和意义完完全全、准确无误地反映出来。在这种情况下，保障公民基本权利的最佳办法便是允许法院直接适用宪法关于公民基本权利的规定。当然，这并不是允许法院可以无限制地适用宪法，其前提必须是穷尽了普通法律的救济以后仍无法使基本权利得到有效保护，此时法院才有权适用宪法以实施救济。此外，在刑事诉讼中，基于罪刑法定原则，也不应直接适用宪法。

正如当年美国首席大法官马歇尔对上述马伯里诉麦迪逊案发表的意见所说："毋庸置疑，公民自由权的真正本质在于：每个人在其受到侵害时，都有权要求法律给予保护……但是，如果我们的法律不能给受到侵害的法定权利提供救济，那么我们当然不能认为它无愧于'法治政府'这一崇高称号。"❸ 同样，在一个社会中，如果无法给受到侵害的权利提供救济，那么我们当然也不能认为它是一个法治社会，更何况这种权利还是公民的基本权利。

❶ 邓世豹. 论公民基本权利的司法适用性［J］. 法学评论，2003（1）：17.
❷ 林来梵. 从宪法规范导规范宪法［M］. 北京：法律出版社，2001：102.
❸ 黎军. 马伯里诉麦迪孙［J］. 中外法学，2000（2）.

# 第八章　国家保护义务

正如古罗马西塞罗所言："生活的全部高尚寓于对义务的重视，生活的耻辱在于对义务的疏忽。"❶ 没有义务就没有权利，倘若权利是我们生活的重要组成部分，那么义务也同样是生活的的价值与现实。法国学者狄骥认为："我们承认同统治阶级仍然保有一定的权力，但是他们如今保有权力的根据不再是他们所享有的权力，而是他们所必须履行的义务。""那些统治者们只有出于实施他们的义务的目的，并且只有在实施其义务范围之内，才能拥有权力。"❷ "在现代公法中的国家义务与公民权利关系中，国家义务直接源于公民权利，公民权利直接决定国家义务，而国家权力只有通过国家义务的中介才能与公民权利发生关系。"❸

## 第一节　国家保护义务之概述

2004 年《中华人民共和国宪法修正案》（以下简称《宪法修正案》）第一次明确将"国家尊重和保障人权"写入宪法，从宪法的层次再次强调了保护公民的基本权利不受私人侵犯，同时也强调了尊重和保障公民基本权利是国家最基本的义务。"基本人权保护的国家义务的基本动因是，绝大多数的人和社会组织、人类不同群体（如少数民族、有色人种、某些土著居民）都生活在具有具体国籍的特定国家和地区之中，这些人权主体与国家关系密不可分，国家有责任为公民实现基本人权提供必要的条件和保障。因此，保护（基本）人权的义务绝大部分具有国内性，在当代尤其如此。❹

---

❶ ［古罗马］西塞罗. 论义务［M］. 王焕生译. 北京：中国政法大学出版社，1999：9.
❷ ［法］莱昂·狄骥. 公法的变迁·法律与国家［M］. 郑戈，冷静译. 沈阳：辽海出版社，春风文艺出版社，1999：13，444.
❸ 龚向和. 国家义务是公民权利的根本保障［G］//莫纪宏，刘春萍. 宪法研究. 第 11 卷. 哈尔滨：黑龙江大学出版社，2010：255.
❹ 关今华. 基本人权保护与法律实践［M］. 厦门：厦门大学出版社，2003：158.

### 一、国家义务的产生

国家存在的最终目标是保障人权，国家义务与人权互为条件。人权观念的起源可追溯到古希腊罗马时代，而国家义务概念的产生、形成是伴随人权的起源与演变、国家的起源与形成以及建制而确立并发展的。国家义务萌芽于古罗马、古希腊城邦国家，发展于罗马法复兴时期，形成于英国《大宪章》时期，确立于 17 世纪英国资产阶级革命时期。

（一）国家义务形成于英国《大宪章》时期

西罗马帝国覆亡后西欧进入封建社会，在当时"王权是进步的因素"，"王权在混乱中代表着秩序"，在封建主义表层下形成的一切革命因素都倾向王权，正像王权倾向它们一样。❶ 城市也为了自身利益而支持王权的强化和国家的统一。13 世纪在教会权力达到鼎盛的同时，法国、德国、英国、西班牙等一些与民族统一相适应的等级君主制的国家形成了。西方近代人权思想形成于欧洲文艺复兴时期。欧洲文艺复兴运动从性质上说"是一次人类从来没有经历过的最伟大的、进步的变革"❷。人文主义者强调人的自然本性、人的价值、人的自由意志、世俗生活和世俗教育，倡导人性、人权、自由、个性解放。在思想领域，一批早期的资产阶级思想家开始用人的理性、人的尊严、人的快乐观念来表达他们对个人权利的看法。但丁强调"帝国的基石是人权"，帝国"不能做任何违反人权的事"，任何握有帝国权柄的人都无权分割帝国，毁灭帝国也是一种违反人权的行为。马基雅维利强调财产权神圣不可侵犯，认为君主要维护自己的统治、避免被人憎恨，就不能侵害人民的财产；并告诫君主头一件事是，他务必不要碰他人的财产，因为人们忘记父亲之死比忘记遗产的丧失还来得快些。❸ 由上不难看出，在欧洲文艺复兴时期，早期的资产阶级思想家虽没有提出系统的人权理论，但反对君权、神权和特权，要求人的平等、自由、权利、和平和幸福，要求发展人的智力、维护人的尊严，倡导尊重人的财产，主张反抗暴君压迫等权利，表达了人权思想和人权要求。这充分表明，近代资产阶级的人权理论确已形成。他们关于人权方面的主张和论述，为以后人权理论的系统化创立了前提，奠定了理论基础。因此，个人自由、个人权利与个性解放即成为人文精神与人道主义发展的主轴，这可以说是现代人权思想的启蒙。与人权思想相伴而生的就是国家义务。

《大宪章》对国家义务的制度设计进行了初步的探索。1215 年 6 月 15 日

---

❶ 马克思恩格斯全集［M］. 北京：人民出版社，1965：453.
❷ 马克思恩格斯选集［M］. 第 3 卷. 北京：人民出版社，1972：445.
❸ ［意］马基雅维利. 君主论［M］. 潘汉典译. 北京：商务印书馆，1985：81.

的《大宪章》内容庞杂，虽其立论基础仍未跳脱欧洲中世纪封建制度的规范，乃是强调领主（国王）对附庸（贵族）不可任意予取予求，任何新的税赋或是劳役义务都必须取得附庸的同意，但是《大宪章》的承认使得人们得到更重大的启示：不仅贵族，一般人民也可以向国王与贵族争取权利。严格来说，自由大宪章不是真正的人权法案，但是，我们也应该充分肯定，自由大宪章是英国最早的宪法性法律，自由大宪章中有关未经"全国公意"不得征税，非经法律判决不得逮捕、拘禁、放逐、没收财产等内容，以及用法律限制国王权力的原则，在英国历史上具有一定的进步意义。在英国资产阶级革命成功夺取政权后，自由大宪章被确定为英国重要的宪法性文件之一。据此，大多学者认为国家义务形成于英国《大宪章》时期。

（二）国家义务确立于 17 世纪英国资产阶级革命时期

英国宪法是在英国资产阶级革命时期于 1640～1688 年历时近 50 年逐步产生的，先后通过了《权利请愿书》、《人身保护令》、《权利法案》、《王位继承法》等宪法性法律和宪法惯例。1776 年美国《独立宣言》宣布后，北美 13 个殖民地宣布脱离英国，各州依据《独立宣言》制定宪法、组织政府，因此成立了 13 个共和国。1779 年 11 月 15 日，大陆会议通过《邦联条例》。1787 年 5 月 25 日制宪会议召开，历经 3 个多月通过了宪法草案并于 1789 年 3 月 4 日生效。美国宪法由一个序言和 7 条正文构成，确立了分权制衡、联邦主义、代议制政府等原则，并于 1791 年通过《权利法案》规定了公民的基本权利。法国宪法是法国大革命的产物，在革命的每一阶段都有宪法文件和宪法的颁布，主要包括《人权与公民权利宣言》、1791 年宪法、1793 年宪法、1795 年宪法和 1799 年宪法。宪法置身于人权、民主、法治的思想氛围中，具有深厚的思想基础，确立了人民主权原则、保护公民权利和自由原则、三权分立原则和共和制原则。在 17 世纪的资产阶级革命中，财产权问题成为政治思想的出发点和归宿，建立立宪君主制度成为资产阶级政治主张的中心内容。霍布斯认为，"在国家成立以前，每个人有运用自己的权力以求保全自己的本性，即保全生命的自由"❶，此乃人的自然权利；并且得有一个公共权力来控制人们的欲望，此公共权力就是国家。他认为，国家是通过契约产生的，这个契约的精神即是：人们为了自身安全而转让或放弃自己的权利，即"权利的相互转让"，此乃立约之宗旨。所以，主权者最终得受契约宗旨的限制。他将按契约而"联合在一个人格里的人群"叫作国家，国家的本质就是主权者，主权者"是一个人格……为的是当他认为适当的时候，可以使用他们大家的力

---

❶ ［英］霍布斯. 利维坦［M］. 杨昌裕译. 北京：商务印书馆，1995：99.

量和手段来谋求他们的和平和公共的防卫"。于是，人们相互之间互订契约来更好地保护人身和财产安全，自愿放弃相互之间的惩罚权，按照社会全体成员或授权代表所定的程序来行使。如此，国家就成立了。"这就是立法和行政权力的原始权利和这两者之所以产生的缘由，政府和社会本身的起源也在于此。"❶ 卢梭设想的社会契约过程是：人们在缔结契约时，把自身的一切权利全部转让给整个集体的同时，可获得自己所让渡给别人的同样权利，并以更大的力量来保全自己。因而，不论国家起源于自然法、社会契约，还是起源于"原始契约""绝对精神"，国家履行保障人民安全、和平、自由之义务总是在国家产生时所必然产生的伴随物。

弥尔顿认为政府的目的"在和平和战争时都首先要保障人民的自由"❷。人民只有享有充分的自由，政治生活才是完善的。弥尔顿的自由包括财产自由、信仰自由、言论出版自由、婚姻家庭生活等种种自由。在霍布斯看来，主权是给予国家"整个机体以生命和运动的灵魂"，这一公共权力是人民和平和安全的保障，拥有主权的权力组织的国家是保护人民安全的工具，国家和法律是人民为了自身的安全和公共的和平而自己制造的。潘恩认为社会的目的在于积极增进公众的幸福，政府的目的在于消极地增进公众的幸福，即保证人民的安全和自由。由此他认为，社会在任何情况下都受人欢迎，而政府"即使在最好的情况下，也不过是一件免不了的祸害；在其最坏的情况下，就成为不可容忍的祸害"❸。费希特在《闭关商业国》中也强调国家是一个有机的整体，是人民公共权力的行使者和监督者，且能够给予这一整体中的所有人公平利益，给每个人其所应得的东西，以保障每个人的福利。

国家的终极目的乃保障人的自由、生命、财产等权利，国家义务与国家起源相伴而生、国家义务为国家目的实现之有效途径则显而易见。

## 二、国家义务的概念

### （一）国家义务

国家义务是指国家在调和冲突和调和潜在利益之领域中，通过共同政治形式之良性运作以满足于保护民众充分表达利益的机制，使民众能够得以安定有序共存，从而使民众过上"优良的生活""自由的生活"。国家义务是国

---

❶ [英] 洛克. 政府论（下篇）[M]. 叶启芳，瞿菊农译. 北京：商务印书馆，1982：36，55，78，83，86，92，95.
❷ [英] 弥尔顿. 为英国人民声辩 [M]. 何宁译. 北京：商务印书馆，1978：140.
❸ [美] 潘恩. 潘恩选集 [M]. 马清槐等译. 北京：商务印书馆，1981：3，140，142，143，246.

家对公民的义务，它是一个与国家权力相对应的概念。国家义务的设置是为了满足公民权利的实现。人权、国家义务、国家权力三者的关系是："权利的需要"决定国家义务并进一步决定国家权力；国家权力服务于国家义务并进一步服务于人权。❶ 国家作为一特殊主体，不能因任何单个有名字的个人或群体在现行的存在中扮演某种角色而与其相等同，因为没有任何一个个人或群体可以承担起整个国家的责任。所以，国家不能简单地等同于"政府"，也不能等同于"个人"，当然也就不能等同于任何一个它所服务的目的。❷ 霍布斯在《利维坦》中这样表明：国家不能够被理解为一种关系，或者一部宪法，或者是某一目的；国家是一个人，它是一个能够行动的人。朗西曼如此解释：国家是一种调和冲突和调和潜在的无法测量的利益的机制，其方式是通过一种共同的政治形式，使得这些利益能够得以表达，并能得以比较。这是一种交换的手段。"自由的国家，犹如金钱一样，也因此成为成长的载体。""国家理性将教导人们为了达到日常最佳的生存条件，国家必须做什么。"❸

（二）国家义务的性质

在众多学说中，有的学者主张国家义务属于"政治义务"，而大部分学者主张其应是"宪法义务"。不可否认的一个观点就是，国家义务在很大程度上属于"政治义务"。它主要包含两个层次的含义：（1）国家或者政府作为统治者对于人民的服从义务；（2）人民对于国家统治的服从义务。❹ 当然，这里所说的"政治义务"是第一层次的含义，即国家或政府的权力都来自人民。因为根据现代人民主权学说，国家权力的政治合法性根植于人民意志的认可、委托和授权。所以，作为统治者的国家，其意志的行使应基于人民的同意，履行国家作为统治者对人民的服从义务。另外，有些学者认为"政治义务"的实质只是一种道德义务，从国家伦理学的角度来讲，是否服从人民的利益是国家是否具有正当性的基本标准，所以国家的政治义务实际上只是从一种道德上、正当性上来对国家进行约束或限制。❺ 所以，"国家尊重和保障人权"这种国家义务的宣告具有一定的道德权利和道德义务的色彩，这种权利义务并不具有法律上的实效性。

而"宪法义务"则强调公民实现基本权利的各项活动中，不再仅仅是服

---

❶ 蒋银华. 论国家义务的基本内涵 [J]. 广州大学学报，2010（5）：39.

❷ 蒋银华. 论国家义务的基本内涵 [J]. 广州大学学报，2010（5）：39.

❸ 马丁·范·格尔德伦. 近代早期欧洲国家及其竞争对手 [G] //昆廷·斯金纳，博·斯特拉斯. 国家与公民. 彭利平译. 上海：华东师范大学出版社，2005.

❹ 陈文政. 政治义务论——政府的义务和人民的服从义务 [J]. 东海法学研究，1996（10）：3-4.

❺ 张翔. 基本权利的规范与构建 [M]. 北京：高等教育出版社，2008：20.

从国家各项政策，而应当受到宪法基本权利条款的约束，履行宪法课以的义务行为。如此便使基本权利在实践中更具法律上的实效性，也会促进国家保障基本权利的积极性。

（三）国家义务的基本分类

国家所负的保障义务应按怎样的标准进行分类存在不同的见解。目前大多数学者赞同的观点是从以下几个方面对国家义务进行分类。

1. 自由生活国原则的国家义务和社会法治国原则的国家义务

按照国家义务所体现的国家性质的不同，可以将国家义务划分为自由生活国原则的国家义务和社会法治国原则的国家义务。❶ 这种划分标准体现的是两种不同类型的法治国家的基本精神，与自由法治国提倡的自由权和社会法治国关注的社会权正好完全对应。在自由法治国里，为了保障个人充分的自由，严格限制国家或政府对自由生活的干预。自由权在其最基本、最狭窄的意义上就是个人排除国家介入私人领域，以确保个人自由决定与自由行动的权利。❷ 在这种理念之下，认为越少干预的政府越是好政府，并且政府只能发挥类似"夜警"的作用。所以，在自由法治国里，政府的职能应受到限制，要防止政府的独裁、专断，即国家的主要职能应在于尽量以不作为的方式来保障公民的义务和自由。但是在客观实际中，如果没有国家履行积极的义务，自由权可能完全不可能真正实现。比如，当自由权受到侵害的时候，自由权人得请求司法机关进行司法裁决以恢复正义。所以，此时司法机关是应自由权人的请求而进行积极裁判行为。如果国家不履行这种应请求的行为，自由权就无法实现。正如美国学者唐纳利所说："不受虐待的人身自由通常被看作典型的消极权利，只是要求国家不要侵犯个人的自由和身体。"所以，真正自由权的实现需要国家的积极作用，而不是一味地不予干预。社会法治国是在自由法治国的基础之上发展而来的。在自由法治国里，国家不去干涉个人的自由，让人们通过自由竞争的方式谋求富裕的生活，因此在这种情形下，必然导致贫富差距的产生和扩大，甚至一部分人无法解决温饱问题，于是，为了保障每个人的基本权利和社会秩序，国家给予必要的调节和控制甚至一定程度的救助都是必要的。社会权是对国家的作为行为所享有的请求权，请求国家对生活进行关照，与此相对应，国家就负有对公民生存、教育、劳动进行关照的义务。这正是"在国家保障下之自由""对自由之前提的保障"，是

---

❶ 龚向和，刘耀辉. 基本权利的国家义务体系［J］. 云南师范大学学报，2010（1）：77.

❷ 张翔. 基本权利的规范与构建［M］. 北京：高等教育出版社，2008：48.

对国家规定了积极的保护、关照义务。❶

2. 消极义务与积极义务

一般认为，公民权利和政治权利可分为"积极的权利"和"消极的权利"。同样，基本权利所对应的国家义务也可分为"积极的义务"和"消极的义务"。越来越多的学者认为："实际上，所有权利既有'积极'的相关义务，也有'消极'的相关义务。我们姑且假定，在许多典型环境下，许多权利主要是具有积极的相关义务，或主要具有消极的相关义务。"❷ 所以，人权的保护，不管是经济、政治、文化等方面，都既需要国家的积极作为，又离不开国家的消极不作为，两者的地位是同等重要的。

消极义务指国家不得干预、妨碍个人自由的不作为义务，是国家尊重和维护自由权的基本手段。积极义务是指国家以作为的方式，为保障个人自由和满足个人利益提供条件、资源的义务，是国家促进和实现社会权的主要手段。❸ 日本有位学者这样写道：'"在传统的理解上，社会权是国家负有积极的义务。这种理解只是强调满足的义务，而忽视了尊重、保护和促进的义务等其他方面。而且，将自由权理解为国家的消极义务的传统认识，也只强调了国家对自由权尊重的义务，而忽视了自由权的其他方面。任何一种认识都忽视了国家为人权综合性的实现所负义务的复合性特征。"❹ 从中可以看出，对于一项具体的权利来说，国家的积极义务和消极义务是地位平等的。公民权利和政治权利并不只意味着国家的消极义务，它同时要求采取积极的立法和政策措施。❺ 这种认识在人权中已经比较普遍。在1979年的马克斯案件（Marcks Case）中，法院认定《欧洲人权公约》第8条规定的尊重私生活和家庭生活权利的基本目的在于排除公共权力的干涉，同时判定，对家庭生活的有效尊重包含积极义务。❻ 积极义务和消极义务的区分，本身不足以作为权利区分的严格标准，但对权利的区分具有重要意义。"自由权利与社会权之分不在于国家的义务是积极还是消极，而在于两种义务在两种情形下的地位和作用。社会权以国家的积极义务作为主要手段以达到期待利益的保护、促成和提供，以国家的消极义务作为次要手段以实现对现有利益的尊重；自由权以

❶ 人权理论在当代之发展及保护义务论 [R]. 早稻田大学户波江二教授做客西南法学论坛上的讲话.

❷ [美] 杰克·唐纳利. 普遍人权的理论与实践 [M]. 王浦劬译. 北京：中国社会科学出版社，2001：32 - 33.

❸ 龚向和, 刘耀辉. 基本权利的国家义务体系 [J]. 云南师范大学学报，2010 (1)：77.

❹ [日] 大沼保昭. 人权、国家与文明：从普遍主义的人权观到文明相容的人权观 [M]. 王志安译. 北京：生活·读书·新知三联书社，2007：221.

❺ 蒋银华. 论国家义务的基本内涵 [J]. 广州大学学报，2010 (5)：42.

❻ Eur Court H. R. Marcks Case [J]. Judgment of 13 June 1979, Series A no 31, para, 31 (p.15).

国家消极义务为主要手段、国家积极义务为次要手段以实现对现有利益的尊重。"❶ 随着宪法理论对权利结构谱系及其属性的进一步研究，宪法权利理论越来越认识到，所有的基本权利都会产生多种类型的义务，亦即会产生一种义务谱系。越来越多的学者认为："实际上，所有权利既有'积极'的相关义务，也有'消极'的相关义务。我们姑且假定，在许多典型环境下，许多权利主要是具有积极的相关义务，或主要具有消极的相关义务。"❷ 因此，人权的充分保护不论是公民的、政治的，还是社会的、经济的和文化的，都可能要求包括积极的和消极的两个方面不同的义务的履行，这些义务是彼此相互关联的。❸

3. 尊重义务、保护义务、实现义务

随着人权的进一步发展，人权法学者越来越意识到不管是将国家义务划分为自由法治国原则的国家义务和社会法治国原则的国家义务，还是将其二分为"积极的义务"和"消极的义务"，都未能深入全面地反映国家义务的结构和类型。在此基础上，美国国际法学家从国家对国际人权宪章的义务角度，把国家对人权宪章的义务分为承认（recongnize）的义务、尊重（respect）的义务和保证（ensure）的义务。❹ 荷兰著名人权法学者艾德结合国际人权公约的权利分类，提出了国家对不同的人权类型有三个层次的一般性国家义务，即"尊重的义务""保护的义务""实现的义务"。荷兰人权法学家范·霍夫则进一步认为：无论是就公民权利和政治权利，还是就经济、社会、文化权利，国家负有四个层次的义务，即尊重的义务、保护的义务、确保的义务和促进的义务。❺ 日本学者大沼保昭教授则进一步作了解释：尊重的义务是指国家避免和自我控制对个人自由的侵害；保护的义务是指国家防止或者阻止他人对个人权利侵害的义务；满足的义务是指国家满足个人通过努力也不能实现的个人所需、希求和愿望的义务；促进的义务是指国家在整体上促进上述人权而采取一定的措施的义务。❻ 这种四层次的义务分类更清晰地展示了国家义务的性质类型以及对应的权利类型之间的关系。

---

❶ 龚向和. 作为人权的社会权——社会权法律问题研究［M］. 北京：人民出版社，2007：18.

❷ ［美］杰克·唐纳利. 普遍人权的理论与实践［M］. 王浦劬等译. 北京：中国社会科学出版社，2001：32 - 33.

❸ 杜承铭. 论基本权利之国家义务：理论基础、结构形式与中国实践［J］. 法学评论，2011（2）：30.

❹ See Louis Henkin, Apost-Cold War Human Rights Agenda, 19 Yale J. Int'I L. 249, at 250（1994）Food 97, 1993：106 - 107.

❺ See G·J·Van Hoot, The Legal Nature of Economic, Social and Culture Rights：A Rebuttal of Some Traditional Views, In Philip Alston and Katarina Tomasvski, eds The Right to Food 97, 1993：106 - 107.

❻ ［日］大沼保昭. 人权：国家与文明［M］. 北京：生活·读书·新知三联书店，2003：21.

## 第二节　保障公民权利是国家义务的唯一目的

### 一、权利需要决定了国家义务

从法哲学的权利理论来说，是权利产生了对国家义务的需要，为满足这一需要才进一步产生国家权力。简言之，权利的存在创设了国家义务，基本权利国家义务的存在正是权利需要被满足的必然逻辑。❶ 无论是古典自然法学派思想家，还是现代新自然法学派思想家，都坚守这样的理论前提与假设：权利不是政治国家的产物，相反，权利与自由是政治国家存在的前提、基础与目的。古典的自然权利思想家洛克较为系统地分析了公民权利与国家义务的关系。在他看来，自然状态下，自然法赋予了人们各种权利，但自然状态的缺陷在于缺乏一个公正权威的裁判者和用以公正裁判的共同标准与尺度，以致自然权利得不到保障。为了安全和保障自然权利，人们相互订立契约，组成国家，并把一部分权利让渡给这个契约组织（国家），这就是国家权力的来源。因此，人们对权利保障的需要是组成国家的原因，国家的义务当然是满足权利的需要，洛克当然地提出了"政治社会和政府的目的是保护财产"❷的命题（他将生命、特权和地产均称为财产）。

分析法学的权利哲学理论则以另一种逻辑证明了权利需要决定国家义务的观点，分析法学的权利哲学理论中最著名的是美国分析法学家霍利菲尔德的理论。他把权利划分为要求权、自由权、权力权和豁免权四种类型。❸ 这四种权利类型可以转换成个人和国家的权利与权力关系。在个人和国家关系中个人放弃了对他人强制的权利（原初意义上的政治权力权），并把它交给国家，同时就不再享有豁免权。因此，个人没有权力权和豁免权，但个人对国家有要求权和自由权。也就是说，当个人向国家提出权力要求时，国家有义务满足；他行使自由权时，国家无权干涉并应给予保证。国家拥有权力权和豁免权，没有这两项权力，国家就不能对个人实施强制。但这两项权力来源于个人的要求权和自由权，目的是保证要求权和自由权的实现。在这里基于个人与国家的逻辑是清晰的：个人把权力权和豁免权让给国家，享有自由权，当自由权受到侵害时，个人行使要求权诉诸国家；对于个人要求权的行使，

---

❶ 杜承铭. 论基本权利之国家义务：理论基础、结构形式与中国实践 [J]. 法学评论，2011，（2）：30.

❷ [英] 洛克. 政府论 [M]. 北京：商务印书馆，1985：5.

❸ 张文显. 二十世纪西方法哲学思潮研究 [M]. 北京：法律出版社，1996：492-493.

国家负有义务；为了履行义务，国家又需要权力权与豁免权。可见，个人自由权利是国家义务存在的前提、基础与目的，个人要求权引发国家义务，是国家存在的基本理由，也是基本权利国家义务法哲学的基础与依据。❶ 由此可知，权利需要决定了国家义务，亦即因为有权利需要，权利的国家义务必然存在。

## 二、国家义务在于对公民权利的保障

现代国家与公民之间的关系可归纳为公民权利—国家义务关系。公民权利直接产生了国家义务，国家义务来源于公民权利。公民权利是国家义务的根本出发点和落脚点；国家义务是公民权利的根本保障和实现手段。权利与义务之间是辩证统一的关系，即"没有无义务的权利，也没有无权利的义务"。从一般的法律上来讲，这里的权利—义务关系只是表明公民的权利义务关系，如我国《宪法》第二章即为"公民的基本权利和义务"。正是由于这一章的单独列明，导致我国不管是理论还是实践，一般只关注公民的权利义务，而对国家义务的关注甚少。我国宪法学者张友渔先生将国家义务纳入宪法学理论体系，还将其发展成为通说的与公民权利义务不可分离的理论❷，形成对西方"权利本位"宪法学传统理论的创新。但是，我们需要明确的是，由于宪法的特殊地位以及其所调节的公民和国家关系在内容上的特殊性，宪法学上的权利义务不仅包括公民间的权利义务关系，更为重要的是宪法确认的与公民基本权利相对应的国家义务。从国家义务视角看公民权利的保障，能凸显和强化国家的任务、目的和理念，淡化国家权力，突出公民权利，有助于改变公民关于国家的惯性思维，变革过去对国家权力保障公民权利的陈旧观念，从而使公民权利成为法律的真正目的和追求，更新为以国家义务保障公民权利的新观念。❸

林来梵教授认为，宪法学上的义务应包括两种不同的类型。第一种是一般人在宪法上所应承担的义务，即通常我国宪法文件以及宪法理论中所言的"公民基本义务"；第二种类型是特定的主体，主要是国家机关或公共权利主体以及实际上的权力持有者（如国家公务人员）在宪法上所应承担的义务，

❶ 杜承铭. 论基本权利之国家义务：理论基础、结构形式与中国实践 [J]. 法学评论, 2011, (2): 30.

❷ 张友渔. 论公民的权利和义务不可分离 [G] //张友渔. 宪政论丛（下册）. 北京：群众出版社, 1986: 212.

❸ 龚向和. 论民生保障的国家义务 [J]. 法学论坛, 2013 (3): 81-82.

如我国《宪法》第5条第4款的规定。❶ 这两种类型都旨在反映权利义务之间的关系，第一种类型反映的是公民享有的权利与国家规定的公民义务之间的关系；第二种类型反映的是公民享有的义务与国家机关应承担的义务之间的关系。由此可见，公民的权利与履行的义务之间并不是对等的关系。为进一步保障公民权利的实现，确保同一法律关系中权利与义务的对立统一性，在宪法关系中，公民权利对应的应当是国家义务。

国家义务的存在在于对公民权利的保障，而且是根本保障，亦即国家义务的唯一目的是维护公民权利。这主要是基于以下几个原因：其一，国家义务直接渊源于并以公民权利为唯一目的，而国家权力需要通过国家义务的中介才能服务于公民权利。其二，从法技术角度看，法律作为控制、规范社会的手段，要想达到法律的权利保障目的，主要通过义务性规范，而非权力性规范。"工业社会个人的生活无法专恃个人独立解决。个人的生存都仰赖国家的给付。基本权在今日的意义，除了消极的请求不受侵害外，尚涉及何种程度内，可请求国家财物上的给付，或请求其他公共设施的提供准备之分享权问题。"❷ 保障人民基本权的实现是国家的基本义务。

从某种意义上说，人权是对社会的要求。这些要求产生于调整人与人之间关系的道德原则，而社会应承担实现这些要求的义务。当然，社会的官方代表须尊重个人自由和个人豁免权；政治社会亦须尽责保护个人权利不受私人侵犯。至于经济、社会利益的要求，社会须在个人不能为自己提供经济、社会利益时充当保证人的角色，将这些东西提供给他们。因而政府须保护我免受我的邻居或阴险凶残小人的威胁，须保护我有面包吃或得到医疗保证；用人权的术语来说，我的权利是防范国家的，而不是防范邻居、阴险凶残小人、面包师或医院的。国家可设法通过维护赋予我权利的国内法律和制度满足我的要求。例如，通过侵权法中的权利与赔偿以防范我的邻居，或者对官僚的腐败、错误指导或低效率予以行政救济。❸

政府对个人权利的责任的基础是指导个人与政治权力的关系的政治原则，在这些政治原则之下表现出来的是处理个人之间关系的道德原则。如果政府反映被统治者的意志，通过政府保证尊重和保障个人权利，包括为每个被统治者所承认的那些权利，即使在与其他利益包括公共利益发生冲突的情况下，政府亦能对个人权利承担责任。个人——既作为单个的人，也作为主权之人

---

❶ 林来梵. 从宪法规范到规范宪法——规范宪法学的一种前言［M］. 北京：法律出版社，2000：238－239.

❷ 李惠宗. 宪法要义［M］. 台北：元照出版社，2008：92.

❸ ［美］路易斯·亨金. 权利的时代［M］. 信春鹰，吴玉章，李林译. 北京：知识出版社，1997：4.

民（绝大多数）的一分子——必须承认、尊重和保障这些权利，以及支持法律、制度和须为赞同保障权利付出代价的义务。❶ 正如《维也纳宣言和行动纲领》所宣布的那样："人权和基本自由是全人类与生俱来的权利，保护促进人权和基本自由是各国政府的首要责任。"❷ 国家必须履行其承诺实现人权的法律义务，传统上，由立法、司法和行政机关来承担国家保障人权的义务。"为保护这些权利，遂在人民中间建立政府。"很明显，政府有义务保护个人权利。保护个人权利是政府的唯一目的，人民授权给政府的强制力仅仅在保护个人权利的意义上才是必要的。如此说来，政府也就是保护每个人的权利，使之免受他人侵犯的看护人或警察。它将维护每个人的生命和自由，并且不干预人民自由地追求他或她的幸福。当然，政府也应当具有安全、健康和道德。❸

## 第三节　保障基因权利的国家义务

一项权利之成立，先要有对作为权利内容的资格、利益、力量或主张所作出的肯定评价，即确定它们是"应有的""应得的"，于是才有要求别人承担和履行相应义务的理由。一旦有了这样的理由，某种资格、利益、力量或主张就有了道德上的根据，并因此成为道德权利❹，从道德权利进一步发展而成为一项基本人权。

### 一、基因权利国家义务的一般内容

在国际人权公约中，国家是首要的义务承担者。在国际方面，国家需承担向联合国相关机构汇报条约实行情况等相关义务；在国内方面，国家需承担尊重、保护和实现公民基因权利的义务。国家若未能履行其中的任何一项义务，即构成对此种权利的侵犯。作为基本人权，其权利主体当然是公民，而义务主体则指向国家。就基因权而言，无论是其积极权利属性还是消极权利属性，国家都需要承担相应的义务。就积极权利属性来看，国家应主动采

---

❶　［美］路易斯·亨金. 权利的时代［M］. 信春鹰，吴玉章，李林译. 北京：知识出版社，1997：10－11.

❷　国际人权法项目编写组. 国际人权法教程（第二卷·文件集）［M］. 北京：中国政法大学出版社，2002：91.

❸　［美］路易斯·亨金. 权利的时代［M］. 信春鹰，吴玉章，李林译. 北京：知识出版社，1997：111，128.

❹　夏勇. 走向权利的时代——中国公民权利发展研究［M］. 北京：社会科学文献出版社，2007（2）.

取各种措施，确保公民基因权利的真正实现；就消极权利而言，国家应避免过度干预基因权利的自由发展，也不得制定法律法规限制其发展。联合国教科文组织认为："从生物学、遗传学及医学的有关人类基因组研究进展中所获益处，应在个人尊严与人权得到保障的条件下让人人受益。"即基因权益不仅不应给当事人等造成伤害，而且不应该给利益相关者如家人、亲属等造成伤害。那么国家在确保基因权利的过程中应承担怎样的义务呢？

（一）尊重的义务

"尊重的义务"禁止国家违反公认的权利和自由，不得干涉或限制这些权利与自由的行使。"基本权赋予公民一种法的地位，于国家侵犯其受基本权所保护的法益时，得直接根据基本权规定，请示国家停止其侵害，借以达到防卫受基本权利所保护的法益，使免于遭受国家恣意干预的目的。"❶ 它赋予了公民一定的不受国家任意干预的空间，这是宪法基本权利的首要的、基本的功能。因此，基本权利的国家尊重义务是基本权利国家义务中的首要义务。国家对基本权利的尊重义务对不同的国家权力主体的要求因其国家权力性质的不同而不同。基本权利的尊重义务首先通过立法权对基本权利的尊重表现出来，甚至有学者把立法机关视为尊重义务的第一承担者。❷ 各个国家的宪法在表述基本权利的国家尊重时采用不同的方式，有些国家并未明确写明尊重义务，但以某些条款表述了国家对基本权利的尊重，如美国宪法中"国会不得制定……法律"和"正当法律程序"这些条款都表述了国家尊重基本权利的态度。爱尔兰宪法第 40 条规定："国家在法律中尊重并尽可能通过法律捍卫和维护公民的个人权利。"《日本宪法》第 13 条规定："一切国民作为个人都受到尊重。对于国民的生命、自由和追求幸福的权利，只要不违反社会福祉，在立法上和其他国政上必须给予最大的尊重。"这直接规定了国家的尊重义务。我国在 2004 年的《宪法修正案》中也明确地规定了"国家尊重和保障人权"。

国家尊重基因权利的义务主要表现为：国家尊重公民平等地获得基因权利，不得对基因权利的享有进行任何干预或阻止。国家尊重义务是履行其他国家义务的前提，要求国家对其不加干涉或不予侵犯，国家应以"不作为"的方式来实现对基因权利的保障。《世界人类基因组与人权宣言》第 1 条规定：人类基因意味着人类家庭所有成员在根本上是统一的，也意味着对其所有的尊严和多样性的承认。第 2 条规定：（A）每个人都有权使其尊严和权利

---

❶ 许宗力. 基本权利的功能与司法审查［G］//许宗力. 宪法与法治国行政. 台北：元照出版有限公司，1999：156.

❷ 上官丕亮. 论国家对基本权利的双重义务［J］. 江海学刊，2008（2）：151.

受到尊重，不管其具有什么样的遗传特性。（B）这种尊严要求不能把个人简单地归结为其遗传特征，并要求尊重其独一无二的特点和多样性。从这两个条文中可以看出，国际社会已经明确提出对人类基因权利的保护和尊重，具体到各个国家，都不应当制定一些有害于或限制基因权利自由发展的法律条文。基因权利的主体涵盖了社会中的所有人，具有无限的、绝对的、普遍的特征。当然基因权的普遍性特征并不否认其特殊性的存在，不同国家、不同时代、不同社会对基因权的要求不同甚至相差甚远，人们也无法或不应该在全体人群中划出一道界线，断言哪一部分人应该享有基因权，哪一部分人不应该享有基因权。正是在这个意义上，任何人不得因种族、民族、性别、肤色、年龄等因素的差异而受到区别对待，都应共同享有基因权利。

（二）保护的义务

"保护的义务"要求国家采取措施，包括通过立法或提供有效的救济来防止或阻止他人对个人权利与自由的侵害。在西方国家，宪法中的基本权利首要的是限制国家权力。在德国，基本权利首先具有保障个体自由不受国家权力侵犯的功能（即防御权）。但到 20 世纪 70 年代，基本权利的功能不再仅仅局限于防御功能，而扩大到国家保护功能。依照国家保护理论，既然宪法规定基本权利的最根本的目的就是真正实现公民的自由和平等，那么当公民基本权利遭到私法主体（私人）的侵害时，国家有义务采取积极有效的措施。❶其实，无论是国家的尊重义务还是实现义务，如果得不到充分的履行，都需要国家保护义务来弥补或者说会引起国家的保护义务。

正如我国台湾地区学者李建良在他的《宪法理论与实践》中所言：基本权利的国家保护义务"旨在要求国家机关必须尽到保护人民基本权利之义务，使人民之权利免于遭受公权力或者第三人之侵害"，"旨在强调国家不仅应'尊重'人民之自由，不妄加干预，尚应采取各种不同的防范措施，以创设并确保人民行使自由之'客观条件'，达到'保护'人民之目的"❷。也就是说，国家保护义务的实现，在尊重公民自由的基础上，更应采取各种手段方法来确保自由的行使。其实，保护义务约束的是国家，也就是说义务方对外显示的是国家这个主体。但我们都知道，追究其内部义务的实际承担者无非是立法机关和司法机关等国家机关。

国家对基因权利的保护义务主要表现为：国家应当采取立法和其他措施以确保人人充分获得基因权利，对破坏基因权利享有的行为应该给予制止或惩罚；同时要积极发展司法和行政救济手段，使任何人在其基因权利受到侵

---

❶ 陈征. 基本权利的国家保护义务功能［J］. 法学研究，2008（1）：51.
❷ 李建良. 宪法理论与实践［M］. 台北：学林文化事业有限公司，1999：68 - 70.

害时都能获得有效的行政或司法救济。保护义务要求国家采取适当措施保护公民享受权利与自由免受第三方的侵害。这具体包括三个方面：一是防止脆弱群体的基因受到侵犯；二是尽可能预防个人在面临临时性困难时出售自己的基因，国家应采取一系列缓冲办法，以使处于贫困临界的人们能够克服危机并且靠自己的能力重新确保适当生活水准；三是其他额外的方面，国家应保证当公民基因权利遭受侵犯时能及时给予保护。在国家或者任何第三方采取任何干预基因权的行动之前，有关当局必须确保这些行动是法律所允许的。❶

（三）实现的义务

基本权利的实现义务是随着基本权利由自由权向社会权扩张、延伸的必然产物，对社会权性质的认识不同导致对国家实现义务的理解也大相径庭。一般来说，基本权利的国家实现义务至少包括两个层面：一是满足的义务，二是促进的义务。"满足义务"是指国家满足个人通过努力也不能实现的个人所需、希求和愿望的义务。这属于"最低限度的核心义务"也就是"联合国经济、社会和文化权利委员会就《经济、社会和文化权利国际公约》的实施提出的"第 3 号一般性意见"要求的每个缔约国都有责任承担最低限度的核心义务，以确保使每项权利的实现均达到一个最基本的水平。❷ 也有人权理论把这类归结为结果的义务即国家满足义务。"如果一个缔约国内有任一较大数目的人被剥夺了粮食、基本物质保障、基本住房或最基本的教育形式，该缔约国等于没有履行公约下的义务。"当然，对于不同的社会权利，国家满足的义务要求也不相同，国家所采取的方式手段也不同。而"促进义务"属于"即刻实现的义务"层次。促进义务是指国家为在整体上促进人权而应采取一定措施的义务。❸ 它的实现是一个渐进的、动态的过程，在表达方式上通常采用"努力""逐步实现""尽最大努力""改善"等词语。如南非宪法第 27 条第 2 款规定："国家必须在其可利用资源的范围内采取合理的立法和其他措施逐渐实现上述权利。"《日本宪法》第 25 条第 2 款规定："国家必须在一切生活方面努力提高和增进社会福利、社会保障以及公共卫生。"这些权力虽然被写进了宪法，"但在某种程度上只是将它们看作一个目标而非权力"，或者把

---

❶ A. 艾德·克罗斯，A. 罗萨斯. 经济、社会与文化的权利 [M]. 黄列译. 北京：中国社会科学出版社，2003：63.

❷ Committee On Economic, Social and Culture Rights, General Comment No 3 1990, In HRJ/GEN/I/Rev, 6. 12 May 2003：16.

❸ 杜承铭. 论基本权利之国家义务：理论基础、结构形式与中国实践 [J]. 法学评论，2011，(2)：33.

它作为"政府政策的指导原则"❶。联合国经济、社会和文化权利委员会指出："逐渐实现的概念等于承认，在短时期内一般无法充分实现所有的经济、社会和文化权利。"❷ 所以，有的学者将这类义务又称为"行动的义务"或"采取步骤的义务"。这表明国家为促进整体基本权利的发展而应采取一定的积极义务。

国家对基因权利的实现义务主要表现为：国家应当采取积极的立法、行政措施建立保障制度，支持其他有助于实现基因权利的个人和社会的活动。

促进义务要求各国在制定政策和法律制度中充分承认基因权利，最好是通过法律的实施，并通过国家的卫生政策，制定实现基因权的详细计划。只有将其真正写入法律规范或政策中，才能更有力地促进基因权利的实现。

## 二、基因权利国家义务的实现路径

如何完善公民基因权利的保护？作为国家义务承担者的各机关应负怎样的责任？公民基因权利的国家义务的落实途径到底如何？由于国家是一个抽象的实体，尽管说国家义务方对外显现的是国家这一整体，但义务是通过内部国家机构来实现的。国家机构可分为立法机关、司法机关和行政机关，所以在承担义务方面它们各自的职责范围和手段又是不一的。

### （一）从立法层面来看

立法机关的国家尊重义务主要表现为禁止国家对基本权利的直接立法上的侵害，即立法机关不得随意制定法律来限制基本权利。对立法机关、立法权的警惕或者说强调立法机关对基本权利的尊重义务是近代宪法最基本的传统，正如麦迪逊在讨论权利法案时提到的："权利法案的目的是为了'通过规定例外的情况下权力不应当行使或不应以某一特定的方式行使，对权力加以限制和限定'。其基本的意图是对立法机关加以防范。因为它最有权力，最有可能被滥用。"❸ 正因为如此，美国宪法第一修正案以"国会不得制定下列事项的法律：建立宗教或禁止信教自由；剥夺人民的言论自由或出版自由；剥夺人民和平集会以及向政府申冤请愿的权利"（第1款）和"未经正当法律手续亦不得剥夺任何人生命、自由和财产"（第5条）的方式表达了对基本权利的国家尊重义务。国家立法机关的保护义务主要表现为及时通过立法将宪法

---

❶ ［美］凯斯 R. 桑斯坦. 为什么美国宪法缺乏社会和经济权利保障？［OL］. http//www. calaw. cn/search/default asp.

❷ Committee On Economic, Social and Culture Rights, General Comment No 3 1990, In HRJ/GEN/I/Rev, 6. 12 May 2003：15.

❸ ［美］伯纳德·施瓦茨. 美国法律史［M］. 北京：中国政法大学出版社，1990：35.

基本权利具体化、法律化。将抽象的宪法权利具体化、法律化，才能真正使基本权利得到保护与实现。立法机关在"实现义务"上的责任则由于其只是对人民的基本权利作出一般性规定，并不直接对人民有所作为，主要通过使行政机关的给付行政行为受到法律约束的"法律保留"体现出来。虽然给付行政活动的主体是行政机关，但给付的内容涉及财产性物质利益的分配，没有立法权的参与即议会财政权的行使是无法实现的。因此，立法机关的财政立法与"法律保留"是立法机关履行"实现义务"的重要内容与方式。❶

　　就立法而言，立法是国家保障公民基本权利的最重要、最有效的方式。在客观条件成熟的情况下，立法机关要通过具体化努力使基本权利的价值得以实现，从而使行政部门和司法部门能够直接运用这些法律，做到有法可依。其中基本权利规范赋予了其两项义务，一是立法作为义务。钱宁峰先生在他的论文《八二宪法以来财产权保护的种类》中这样写道："在宪法观念日益深入人心的今天，对公民自由的最大威胁已不是立法者的正面侵犯，而是立法者的消极不作为。但立法者由于受诸多因素的影响（如立法价值的不同、利益的分散、立法者背景各异等）而无法形成统一的意见，进而出现立法上的不作为。那么此时应承担什么责任呢？这种责任是一种法律责任吗？如果是，那么由哪一个主体对其进行制裁？其制裁的形式又是什么？"❷大部分学者认为，立法机关所承担的立法义务只是一种道德上的义务，其违反该项义务所产生的责任也只是一种政治上、道德上的责任，而不是法律责任。但并不能因为立法作为义务的道德性质而忽视宪法中权利规范的意义。这是因为，由于宪法的人民主权原理，立法机关的权力最终来自人民，在权力的行使上，人民与立法机关之间是一种委托与被委托关系，立法机关应向人民负责，受人民监管，有义务按照人民的意愿行使权力。所以，立法机关必将面临来自人民、团体的压力。此外，宪法上的许多制裁方法，如弹劾、罢免、撤销、宣告无效等形式都无法对其适用，立法机关的自我限制就显得十分重要了，因为立法机关有义务制定完善的法律体系，以防止基本权利遭受非法侵害。立法机关的第二项义务是立法的不作为义务，即要求立法机关不得随意制定法律规范来限制基本权利。如果由于立法者的肆意任性侵犯了公民的基本权利，对少数人施加了超出整体社会平均水平的义务，此时国家应当从财政中拿出一部分资金用于赔偿该主体所承担的不利后果；同时，在有些情况下，由于法律谋求的公共利益的需要而必须对特定主体的利益造成侵害时，立法

---

❶ 杜承铭.论基本权利之国家义务：理论基础、结构形式与中国实践［J］.法学评论，2011(2)：36.

❷ 陈霞明.宪法财产权与国家义务［J］.云梦学刊，2006（3）：62.

者基于公共负担的原则，同样也应在法律规范中作出补偿规定，从而平衡已倾斜的利益。❶ 立法的不作为义务是为了防止基本权利被立法所侵害，这是基本权利的属性所要求的。基本权利的作用首先在于对抗公权力，防止国家立法对生命、财产和自由的侵犯，进而维护个人免遭国家的干涉。

另一方面，立法机关在履行义务时有较大的自由裁量空间。这主要表现在以下几个方面：第一，立法机关可以选择是在公法还是在私法领域进行保护。当危险更大时，立法者应当制定刑法规范。不过基于匹配性原则，采用刑法保护应当谨慎，只有当危害到人类社会的共同生活时才应该制定刑法规范。❷ 第二，立法机关既可以向被侵害方提供某种保护措施，又可直接对加害方进行干预，而不是仅仅规定一方的权利义务而忽视另一方，只有对双方给予平等对待，才真正有利于立法机关权能的实现。第三，立法机关可以选择将某种权利义务置入民法、刑法还是其他部门法中加以规定，应按各种权利义务的实施主体、性质、特征等因素进行分类划分。立法机关尽管在履行立法义务的过程中具有较大的自主权，但都要本着一个理念，即以保障公民的基本权利、平衡社会上的矛盾冲突为其价值目标，从理论和实践中真正做到。

国家立法保障基因权利应做到：第一，基因权利入宪。这个问题已在第四章中作了详细论述，在此不予赘述。第二，立法体现公民权利的国家义务。《宪法》中增加基因权利的国家保障势在必行，而与此相配套的立法工作是制定一部专门的保护公民基因权的法律法规，将抽象的基因权利具体化，使之成为实实在在的公民基本权利，同时应具体细化国家在促进公民基因权实现过程中的义务。对于这项具体的基本权利来说，只有将其入宪并明确国家为之的义务，才能从根本上保障基因权的实现并促进基因权的发展。为突出基因权法规的重要性和威慑力，最好是由人民代表大会进行立法，使各级政府及其各部门切实遵守基因权法规。同时，应考虑到基因问题会随着政治、经济、文化等的发展而不断发展，所以在立法的过程中应具有前沿性，给权利的后续发展留有足够的发展空间。

作为《世界人权宣言》的缔约国，我国理应在人权问题上具有一定的前瞻性，不仅必须明确地承认公民基因权的神圣和不可侵犯性，更应该宣布其为一项基础性的、不证自明的权利，而且确认各级政府等公权力的拥有者和行使者，尤其是国家的绝对不可推脱和不可免除的义务。只有通过这种事先的明文规定，才能真正体现为人民服务的国家宗旨，才能真正落实国家在保障基因权方面的义务，从根本上保障公民基因权的发展。

---

❶ 杨福忠. 立法责任引入我国宪政制度建设之思考 [J]. 法治与社会发展, 2005 (6): 76.

❷ Vgl. BVerfGE 88, 203 (253).

（二）从司法层面来看

国家保护义务的实现中至关重要的是救济制度特别是司法救济制度的确立与完善，甚至可以说，消极受益权实现的主要内涵在于国家给权利人受到国家侵害时提供何种救济，当其在受到第三人侵害时提供何种保护。因此，传统的国家义务观甚至把司法救济与程序制度看成人权保障的基本形式，甚至认为"司法机关＝人权的保护神"❶。美国学者本杰明·卡多佐曾经说过：制定法、先例、习惯或社会习俗的含糊不清，或者它们的某些部分或所有部分之间有冲突，这些会使法律不确定并要求法院承担一种责任，即运用一种在职能上显然是立法性的权力来溯及既往地宣告法律。这表明了以法院为代表的司法机关在运用法律的过程中，包括适用解释，都不得侵犯宪法上的机关规定，也不得作出有违宪法的解释。所以，司法机关也是基本权利尊重义务的主体。司法机关在处理纠纷和审判案件的过程中有义务尊重和保护公民的基本权利，并尽力使之得到公平正义的裁判。

但就我国目前的现状来看，司法保护应该比在西方国家发挥更为重要的作用，因为我国在宪法规范和社会现实方面都与西方国家不同。在宪法规范上，由于国家保障义务是我国宪法中基本权利的重要功能之一，因此当私人之间无法通过合同、契约等形式协调利益时，国家必须介入其中而设法进行保护。而在社会现实方面，我国与西方国家相比，立法体系尚不健全，如果只是单纯地运用目前已有的法律条文来进行诉讼活动，尚不能达到保障权利的目的，那么基本权利的保障体系在我国将会存在很大的漏洞。所以，司法机关这道最后的屏障不仅要积极配合立法机关，还应该最大限度地弥补立法机关保护的不足。

司法权的被动性使它不具备立法机关制定法律和行政机关作出行政行为的主动性，一般基本权利的防御性质不会涉及司法权的尊重义务要求。有的国家宪法只规定了立法权和行政权的国家尊重义务，如《日本宪法》第13条规定："一切国民作为个人都受到尊重。对于国民的生命、自由和追求幸福的权利，只要不违反公共福祉，在立法上和其他国政上必须给予最大尊重。"但是，司法机关在适用法律时对法律的解释难免会产生对基本权的尊重义务问题。因此，司法机关的尊重义务主要表现为在适用法律过程中，法律解释不能侵犯基本权利与自由。

司法机关的保护义务在涉及第三人效力的案件的审理中，法院应根据宪法基本权利的精神，正确运用法律，以达到基本权利保护之目的。

---

❶　［日］大沼保昭. 人权：国家与文明［M］. 北京：生活·读书·新知三联书店，2003：215.

在司法上保障公民基因权利应从以下几个方面着手。首先，公民基因权可诉性问题。"现实权利概念的存在已经产生现实权利与法定权利的对立说明，在法律上宣布主体享有什么权利、享有多少权利是比较容易的，而把这些权利规定转化为主体的实际权利和利益，则需要经主体的主观努力和国家提供保障。"❶ 所以，只有可得到救济的权利才是真正的权利，而可诉性是对公民基因权救济的有力保障。有的学者主张基因权可诉性的否定说，认为基因权利不是宪法上的一项已然权利。虽然很多学者已从民法的角度对基因权进行了理论研究，并且承认了其作为一项民事基本权利，但是许多仍停留在大的层面上，得不到作为宪法意义上的基本权利所应有的"待遇"。其次，基因权的实现需要国家政府的积极作为，与要求政府不作为的消极权利不同，仅仅依靠不作为方式不能充分实现基因权利的具体内容，并且这种权利的实现是一个循序渐进的过程。所以，这需要付出过高的代价，同时会加重财政的负担。这些原因导致许多学者对基因权的可诉性加以否定。否定权利的可诉性就等于否定了权利本身，宪法和法律规定的权利最终得不到保障，最后将会沦为政策性宣言，甚至是欺骗民众的谎言。随着社会的发展，类似公民基因权这类不被重视甚至不被承认的权利，正在被人们以类似基本权利的手段加以维护，可以对其行使人权诉讼，即保障基因权可以拿到司法机关进行审查，这也是国家的义务和责任。

其次，公民基因权的违宪审查问题。为了更好地救济基因权或者其他公民权利，在我国完善违宪审查制度是很有必要的。当然，这可能需要一定的时间，况且基因权的可诉性问题也存在许多争议。但随着人权制度的不断完善、国家财力的增强，越来越多的国家和地区承认了基因权的可诉性，也建立了专门的违宪审查机关，这更有力地保障了基因权利。目前，"合宪解释"可以成为基因权的宪法保护在我国得以实现的有效途径。但是我国宪法中并没有关于基因权保护的相关条款，所以只能根据人权保护的原则进行解释，人权保护的原则与宪法原则在实质上是一致的。运用"合宪解释"可以为公民基因权利的保障提供一定合理的依据。这些问题在第五章中已有详细阐述。

基因权的实施要求国家承担尊重、保护、满足和促进的义务，但是作为完整的人权保护，司法救济是必不可少的。具体到基因权问题上，国家若没有尽到其应尽的义务，如何进行司法救济便成为最重要的问题。在我国，公民基因权受保障的现状并不理想，许多用人单位在用人时存在严重的基因歧视现象，只因某种基因具有异样而拒绝录用，这不仅侵犯了劳动者的平等就业权，更侵犯了基因的隐私权，可以说是对人权的直接挑战；另一个较为严

---

❶ 张文显. 法哲学范畴研究 [M]. 北京：中国政法大学出版社，2001：316.

重侵犯公民基因权的现象是许多国外临床实验组织直接到中国提取公民基因信息，其中许多被提取了基因的公民自己并不知情；还有在投保基因歧视中，保险公司认为缺陷基因携带者未来患某种疾病的几率大、索赔可能性高，因而拒绝承保其健康险或提高其保费。在这些情况下，可以说国家都应当采取一定措施，承担一定的责任。

（三）从行政层面来看

行政机关是法律的执行机关，因此，行政权与行政机关对基本权利的尊重义务主要表现为行政机关不得在法律尚未作出规定的情况下直接作出规定或采取行为，侵犯基本权利与自由，依法行政是行政权尊重义务的最基本要求。行政机关也负有保护的义务，特别是当公民基本权利受危险时，行政机关应主动为权利人提供保护。行政机关应该是国家"实现义务"的主要承担者，因为无论是"最低限度的满足义务"还是"逐渐实现的促进义务"，都涉及国家向公民提供各种福利、帮助和服务，需要国家向公民提供物质性利益，而这主要由国家行政机关来承担。直接体现行政机关的"实现义务"的行政行为是给付行政行为，这种给付行政行为体现的是政府对公民的"生存照顾"，即"对于不得不从事现代集团生活的人，给付、提供其为维持日常生活所不可或缺的生活物质或者生活服务的活动"❶。

（1）基本权利行政保护的两个方面。

国家依照基本权的性质，依照社会生活的事实以及国家整体发展的状况，提供适当的制度保障，以促成基本权利的实现。根据民主政治的内在逻辑，保护社会成员的利益与权利是行政机关（国家政府）成立的目的，而真正的民主政府都必然将保护人民的权利当作行政的主要目标。权利的行政保护主要体现在以下两个方面：第一，政府将保障权利作为决策的决定性因素，将保障权利贯穿于整个政府的决策与实践中。第二，政府认真执行宪法的权利条款与权力机关的权利立法，将法定的权利转化为实有的权利。与司法救济相比，行政保护具有主动性，因为政府可以借助国家的强制力，及时、有效地对侵犯权利的行为予以制止，把对权利的侵害程度限制在最小的范围内，政府的行政保护是权利实现的重要措施。❷ 例如，当生命权、健康权与最低生活保障权等权利受到不可控的情况威胁时，行政机关可以迅速通过行政救助来实现对公民权利的救济；对于社会个人私主体侵犯公民权利的行为，行政机关可以通过行政命令、行政处罚、行政强制的方式直接对侵权行为受害者提供救济；对于受到行政机关行政行为侵害的行政相对人，可以通过行政

---

❶ 杨建顺. 日本行政法通论［M］. 北京：中国法制出版社，1998：327.

❷ 张文显. 法理学（第3版）［M］. 北京：高等教育出版社，北京大学出版社，2007：351.

赔偿、补偿或行政复议等方式提供救济。❶

（2）行政保障的内容。

行政救济包括两方面的内容：第一是公民个人的权利受到来自其他私人主体侵犯时所获得的救济；第二是公民个人的权利受到来自行政机关及其工作人员的侵犯时所获得的救济。行政救济的手段也有多种：行政处罚、行政复议、行政补偿、行政赔偿、行政救助等。行政机关作成行政行为应该事先遵守正当程序，保护行政相对人的权益并维持行政行为的正确性，贯彻依法行政的原则。

（3）政府对公民基因权的保障义务。

"获得政府救济的权利是一种具有程序性的权利，是权利为了自我保障而衍生出的一种权利，它的存在，为权利保障体系提供了其自足和自我完结的内在契机。"❷ 一直以来，我们都提倡为人民服务、以人为本的宗旨，这是政府关于公民人权保障和政府角色定位的根由。如今行政职能有扩张的趋势，使得政府承担了更多的权利救济功能，尤其是在经济、社会、文化权利保障中更是如此。此时，行政救济应当具有可提供性和可实现性。如果政府的政策理念不以保障人权为目的，甚至有损人权的发展，那么这个政府已经偏离了其既定的轨道。

政府应当转变自己在基因权保障中的角色定位，不仅应当把保障基因权、反对基因歧视挂在嘴边，作为用人单位之一的政府部门理应从自身做起，平等对待异种基因携带者，必要时出台一些反基因歧视的规章制度，以指导下级部门和企事业单位公平地对待每一位应聘工作人员。如果没有政府的责任托底，公民权利将无从谈起。政府未尽应尽之义务，公民可将政府告之法院，请求政府给予保障。在基因保障中，政府必须有所作为，特别是对于弱势群体，国家在满足公民基因保护方面具有不可推卸的责任。人的发展不仅仅要靠自己的努力，在很大程度上还依赖于一定的社会条件，包括受教育、就业、享受医疗服务、文化生活、和平以及美好的环境。这些正是经济、社会、文化权利和发展权利所要保障的内容。❸

公民基因权属于积极性权利，即要求政府必须为之作为。任何公民在基因权受到外来侵害时，都可以请求政府和各种力量提供帮助，其中最重要的途径是寻求立法、司法和行政机关给予救济。基因权人有权要求义务人为一

---

❶ 杨成铭. 人权法学 [M]. 北京：中国方正出版社，2004：370.

❷ 许崇德. 宪法 [M]. 北京：中国人民公安大学出版社，1999：182.

❸ 薛进文. 以人为本的发展战略与人权保障 [EB/OL]. 中国人权网，http：//www.humanrights.

定行为，只有义务人为一定的给付，其权利才能实现；没有义务人的给付，权利人的权利是无法充分满足的。同样，公民因自己的基因权受到侵害而提起的救济请求，政府如果拒绝提供或者消极对待，也是侵犯了公民的基因权。通过立法的途径可以让基因权的保障做到有法可依，但是行政性保障措施仍然是落实公民基因权国家义务的最直接的措施。政府应投入一定的人力、物力财力完善基因保障制度，认真监督各企事业单位的用工制度。只有真正具体化自己的义务和责任，公民基因保障才能落实，而不至于只是一纸空文。

基因权利是目前较为崭新的一项新型权利，尽管大部分国家、大部分法学学者或多或少地从各个方面对其进行过研究和阐释，但都只是片面单项地研究，至今为止仍未有一部系统而又科学的法律法规将所有有关基因权的内容概括其中，至于基因权的国家保护更是谈之更少。基于以上所述，在研究国家义务的大框架下审视基因权利的国家义务显得尤为重要。

"国家权力是人权义务的承担者……国家权力应保障人权不受侵犯，进而创设条件改善大众人权的状况。"❶ 行政权力是一把双刃剑，一方面，积极行使可能会导致权力的扩张；另一方面，消极行使则又可能会导致权力的萎缩。而这两者都有可能对公民权利造成侵害，怎样在这两者之间寻找一个契合点是作为基本权利的基因权利能否得到保障的关键。这就要求，一方面我们要促进政府权力积极正确的行使，以保证基因权利的实现；另一方面，行政机关必须遵循"以人为本"的价值理念，为基因权利的实现提供相应的行政保障；同时，需要对政府权力实施有效的控制，抑制行政权力的扩大和膨胀，以达到保障基因权利的最终目的。

---

❶ 郭道晖. 人权的本性与价值位阶 [J]. 政法论坛, 2004 (3): 7.

# 参考文献

## 一、参考书目

[1] 程燎原，王人博．权利及其救济［M］．济南：山东人民出版社，2004.

[2] 张文显．法哲学范畴研究［M］．北京：中国政法大学出版社，2001.

[3] 颜厥安．鼠肝虫臂的管制——法理学与生命伦理论文集［M］．台北：元照出版社，2004.

[4] 颜厥安．鼠肝与虫臂的管制——法理学与生命伦理探究［M］．北京：北京大学出版社，2006.

[5] 保罗·布莱斯特，桑福·列文森，杰克·巴尔金，阿基儿·阿玛曼．宪法决策的过程：案例与材料［M］．周青风，张千帆，沈根明译，北京：中国政法大学出版社，2002.

[6] 高桂云．生命伦理学教程［M］．兰州：兰州大学出版社，2005.

[7] 倪正茂，陆庆胜．生命法学引论［M］．武汉：武汉大学出版，2005.

[8] 邱格屏．人类基因的权利研究［M］．北京：法律出版社，2009.

[9] 杨立新．人格权法专论［M］．北京：高等教育出版社，2005.

[10] 张宝珠，刘鑫．医疗告知与维权指南——知情同意权理论与实践［M］．北京：人民军医出版社，2004.

[11] 王利明．人格权法新论［M］．吉林：吉林人民出版社，1994.

[12] 李振山．人性尊严与人权保障［M］．台北：元照出版社，2000.

[13] 杨春福．权利法哲学研究导论［M］．南京：南京大学出版社，2000.

[14] 李燕．医疗权利研究［M］．北京：中国人民公安大学出版社，2009.

[15] 马林诺夫斯基．科学的文化理论［M］．杨善华等译．北京：中央民族大学出版社，1999.

[16] 吴庚著．宪法的解释与适用［M］．台北：三民书局，2003.

[17] 韩大元．宪法学［M］．北京：高等教育出版社，2006.

[18] 韩大元．比较宪法学［M］．北京：高等教育出版社，2003.

[19] 林来梵．从宪法规范到规范宪法：规范宪法学的一种前言［M］．北京：法律出版社，2001.

[20] 夏正林．社会权规范研究［M］．济南：山东人民出版社，2007.

［21］杨仁寿．法学方法论［M］．北京：中国政法大学出版社，1999.

［22］拉伦茨．法学方法论［M］．陈爱娥译．北京：商务印书馆，2003.

［23］李震山．多元、宽容与人权保障——以宪法未列举权利之保障为中心［M］．台北：元照出版社，2005.

［24］周叶中．宪法［M］．北京：高等教育出版社，北京大学出版社，2005.

［25］许崇德．中国宪法［M］．北京：中国人民大学出版社，1996,

［26］焦宏昌．宪法学［M］．北京：中国政法大学出版社，1999.

［27］朱福惠．宪法学［M］．北京：法律出版社，1998.

［28］蔡定钦．宪法精解［M］．北京：法律出版社，2004.

［29］刘茂林．中国宪法导论［M］．北京：北京大学出版社，2005.

［30］李龙．宪法基础理论［M］．武汉：武汉大学出版社，1999.

［31］吴庚．宪法的解释与适用［M］．台北：三民书局，2004.

［32］徐显明．公民权利义务通论［M］．北京：群众出版社，1991.

［33］徐显明．人权研究［M］．济南：山东人民出版社，2002.

［34］罗纳德·德沃金．自由的法——对美国宪法的道德解读［M］．上海：上海人民出版社，2001.

［35］［美］路易斯·亨金，阿尔伯特·J.罗森塔尔．宪政与权利［M］．北京：三联书店，1996.

［36］［英］让·弗兰西斯·马蒂．伦理观解读人类基因组［M］．申宗侯，瞿涤主译．上海：复旦大学出版社，2004.

［37］郑贤君．基本权利研究［M］．北京：中国民主法制出版社，2007.

［38］杨海坤．宪法基本权利新论［M］．北京：北京大学出版社，2004.

［39］戴维·米勒，韦农·波格丹诺．布莱克尔政治学百科全书［M］．北京：中国政法大学出版社，1992.

［40］现代国家与宪法——李鸿禧教授六秩华诞祝贺论文集［M］．台北：月旦出版社，1997.

［41］张军．宪法隐私权研究［M］．北京：中国社会科学文献出版社，2007.

［42］莫纪宏．宪法学［M］．北京：社会科学文献出版社，2004.

［43］［英］沃克．牛津法律大辞典［M］．北京：光明日报出版社，1988.

［44］汪习根．法治社会的基本人权——发展权法律制度研究［M］．北京：中国人民公安大学出版社，2002.

［45］李雅萍．生技法律解码［M］．台北：书泉出版社，2005.

［46］刘长秋，刘迎霜．基因技术法研究［M］．北京：法律出版社，2005.

［47］张爱燕，李燕．生命科技的法律问题研究［M］．济南：山东大学出版社，2007.

［48］张翔．基本权利的规范与构建［M］．北京：高等教育出版社，2008.

［49］李建良．宪法理论与实践［M］．台北：学林文化事业有限公司，1999.

［50］李建良，简资修．宪法解释之理论与实务（第二辑）［M］．台北："中央研究院"中山人文社会科学研究所，2000.

[51] [日] 大沼保昭. 人权、国家与文明 [M]. 王志安译. 北京：三联书店，2003.

[52] 张文显. 法理学 [M]. 北京：法律出版社，1997.

[53] [日] 大须贺明. 生存权论 [M]. 北京：法律出版社，2001.

[54] 李惠宗. 宪法要义 [M]. 台北：元照出版社，2008.

[55] 杨春福等. 自由·权利与法治——法治进程中公民权利保障机制研究 [M]. 北京：法律出版社，2007.

[56] [美] 路易斯·亨金. 权利的时代 [M]. 信春鹰，吴玉章，李林译. 北京：知识出版社，1997.

[57] 朱福慧. 宪法学原理 [M]. 北京：中信出版社，2005.

[58] 周鲠生. 国际法（上册）[M]. 北京：商务印书馆，1976.

[59] 亚当·库博. 社会科学百科全书 [M]. 上海：上海译文出版社，1989.

[60] [日] 卢部信喜，高桥和之. 宪法 [M]. 林来梵等译. 北京：北京大学出版社，2006.

[61] 许志雄，陈铭祥，蔡茂寅等. 现代宪论 [M]. 台北：元照出版公司，2002.

[62] [法] 莱昂·狄骥. 公法的变迁·法律与国家 [M]. 郑戈，冷静译. 沈阳：辽海出版社，春风文艺出版社，1999.

[63] 孙哲. 新人权论 [M]. 郑州：河南人民出版社，1992.

[64] 杜钢建. 中国近百年人权思想 [M]. 汕头：汕头大学出版社，2007.

[65] [美] C. H. 麦基文. 宪政古今 [M]. 翟小波译. 贵阳：贵州人民出版社，2004.

[66] 王泽鉴. 侵权行为法（第一册）[M]. 北京：中国政法大学出版社，2000.

[67] 陈焱光. 公民权利救济论 [M]. 北京：中国社会科学出版社，2008.

[68] [英] 洛克. 政府论（下）[M]. 北京：商务印书馆，1983.

[69] 阿丽塔·L. 艾伦，理查德·C. 托克音顿. 美国隐私法：学说、判例与立法 [M]. 冯建妹等译. 北京：中国法制出版社，2004.

[70] 刘银良. 生物技术的法律问题研究 [M]. 北京：科学出版社，2007.

[71] 西塞罗. 论义务 [M]. 王焕生译. 北京：中国政法大学出版社，1999.

[72] 何建志. 基因歧视与法律对策之研究 [M]. 北京：北京大学出版社，2006.

[73] 罗玉中. 科技法学 [M]. 武汉：华中科技大学出版社，2005.

[74] 罗大华，刘邦惠. 犯罪心理学新编 [M]. 北京：群众出版社，2000.

[75] 王家福，刘海年，李林. 人权与21世纪 [M]. 北京：中国法制出版社，2000.

[76] 斯大林. 列宁主义问题 [M]. 北京：人民出版社，1972.

[77] 陈新民. 宪法基本权利之基本理论 [M]. 台北：元照出版公司，2002.

[78] 郑贤君. 基本权利研究 [M]. 北京：中国民主法制出版社，2007.

[79] 王振东. 自由主义法学 [M]. 北京：法律出版社，2005.

[80] 徐秀义. 宪法学与政权建设理论综述 [M]. 北京：北京理工大学出版社，1990.

[81] 徐秀义，韩大元. 现代宪法学基本原理 [M]. 北京：中国人民大学出版社，2001.

[82] 陈慈阳. 人权保障与权力制衡 [M]. 台北：翰芦图书出版公司，2007.

[83] 王振民. 中国违宪审查制度 [M]. 北京：中国政法大学出版社，2004.

[84] 孙笑侠．法的现象与观念［M］．济南：山东人民出版社，2001.

[85] 江国华．宪法哲学导论［M］．北京：商务印书馆，2007.

[86] 沈宗灵，黄枬森．西方人权学说［M］．成都：四川人民出版社，1994.

[87] 关今华．基本人权保护与法律实践［M］．厦门：厦门大学出版社，2003.

[88] 戴雪．英宪精义［M］．北京：中国法制出版社，2001.

[89] 曼弗雷德·诺瓦克．民权公约评注（上）［M］．毕小青等译．上海：三联书店，2003.

[90] 许宗力．宪法与法治国行政［M］．台北：元照出版公司，1999.

[91] ［德］威廉·冯·洪堡．论国家的作用［M］．林荣远译．北京：中国社会科学出版社，1998.

[92] ［美］汉密尔顿，杰伊，麦迪孙．联邦党人文集［M］．程逢如等译．北京：商务印书馆，1980.

[93] ［法］勒内·达维尔．英国法与法国法———一种实质性比较［M］．潘华仿等译．北京：清华大学出版社，2002.

[94] 程燎原，王人博．赢得神圣———权利及其救济通论［M］．济南：山东人民出版社，1993.

[95] 王泽鉴．民法总则（增订版）［M］．北京：中国政法大学出版社，2001.

[96] 吴庚．宪法的解释与适用［M］．台北：三民书局，2004.

[97] 法治斌，董保城．宪法新论［M］．台北：元照出版社，2004.

[98] 毛俊响．国际条约中的权利限制条款研究［M］．北京：法律出版社，2011.

[99] 夏勇．人权概念的起源———权利的历史哲学［M］．北京：中国政法大学出版社，2001.

[100] 亚里士多德．政治学［M］．吴寿彭译．北京：商务印书馆，1965.

[101] 张乃根．西方法哲学史纲［M］．北京：中国政法大学出版社，2002.

[102] 申建林．自然法理论的演进———西方主流人权观探源［M］．北京：社会科学文献出版社，2005.

[103] 夏勇．走向权利的时代———中国公民权利发展研究［M］．北京：社会科学文献出版社，2007.

[104] 亚里士多德．政治学［M］．吴寿彭译．北京：商务印书馆，1997.

[105] 张乃根．克隆人与人权［M］．上海：复旦大学出版社，2004.

[106] 鄂振辉．自然法学［M］．北京：法律出版社，2005.

[107] ［法］卢梭．社会契约论［M］．何兆武译．北京：商务印书馆，2003.

[108] ［美］博登海默．法理学：法律哲学与法律方法［M］．邓正来译．北京：中国政法大学出版社，1999.

[109] 陈慈阳．基本权核心理论之实证化及其难题［M］．台北：翰芦图书出版有限公司，1997.

[110] ［荷兰］亨克·范·马尔赛文，格尔·范·德·唐．成文宪法———通过计算机进行比较研究［M］．陈云生译．北京：北京大学出版社，2007.

[111] [美] 庞德. 根据法律的公平 [M]. 信春鹰, 吴玉章译. 北京: 商务印书馆, 1984.

[112] 陈慈阳. 宪法学 [M]. 台北: 元照出版社, 2004.

[113] 龚向和. 作为人权的社会权——社会权法律问题研究 [M]. 北京: 人民出版社, 2007.

[114] 马岭. 宪法权利解读 [M]. 北京: 中国人民公安大学出版社, 2010.

[115] 张千帆. 宪法学导论 [M]. 北京: 法律出版社, 2004.

[116] 李步云. 人权法学 [M]. 北京: 高等教育出版社, 2005.

[117] [美] 约翰·罗尔斯. 正义论 [M]. 何怀宏译. 北京: 中国社会科学出版社, 1988.

[118] 翁岳生. 行政法 [M]. 北京: 中国法制出版社, 2002.

[119] 蔡振荣. 行政法理论与基本人权之保障 [M]. 台北: 五南图书出版有限公司, 1999.

[120] [奥] 曼弗雷德·诺瓦克. 国际人权制度导论 [M]. 柳华文译. 北京: 北京大学出版社, 2010.

[121] [美] 罗纳德·德沃金. 认真对待权利 [M]. 信春鹰, 吴玉章译. 北京: 中国大百科全书出版社, 1988.

[122] A. 艾德·克罗斯, A. 罗萨斯. 经济、社会与文化的权利 [M]. 黄列译. 北京: 中国社会科学出版社, 2003.

[123] 马克思恩格斯全集 [M]. 北京: 人民出版社, 1965.

[124] [美] 潘恩. 潘恩选集 [M]. 马清槐等译. 北京: 商务印书馆, 1981.

[125] 许崇德. 宪法 [M]. 北京: 中国人民公安大学出版社, 1999.

[126] [美] 杰克·唐纳利. 普遍人权的理论与实践 [M]. 王浦劬译. 北京: 中国社会科学出版社, 2001.

[127] [日] 大沼保昭. 人权、国家与文明: 从普遍主义的人权观到文明相容的人权观 [M]. 王志安译. 北京: 生活·读书·新知三联书社, 2007.

[128] [意] 马基雅维利. 君主论 [M]. 潘汉典译. 北京: 商务印书馆, 1985.

[129] M. L. Steinberg & S. D. Cosloy. 生物及技术与遗传工程辞典 [M]. 严瑞鸿译. 台北: 台湾猫头鹰出版社, 1995.

[130] 国际人权法项目编写组. 国际人权法教程 (第二卷·文件集) [M]. 北京: 中国政法大学出版社, 2002.

[131] [英] 弥尔顿. 为英国人民声辩 [M]. 何宁译. 北京: 商务印书馆, 1978.

[132] [英] 霍布斯. 利维坦 [M]. 杨昌裕译. 北京: 商务印书馆, 1995.

[133] 爱德华·S. 考文. 美国宪法的 "高级法" 背景 [M]. 强世功译. 北京: 生活·读书·新知三联书店, 1997.

[134] C. G 威拉曼特里. 人权与科学技术发展 [M]. 北京: 知识出版社, 1997.

[135] 谈大正. 生命法学导论 [M]. 上海: 上海人民出版社, 2005.

[136] 孙勇如. 遗传学手册 [M]. 长沙: 湖南科学技术出版社, 1989.

[137] 杰里米·里夫金. 生物技术世纪——用基因重塑世界 [M]. 付立杰, 陈克勤等译. 上海: 上海科技教育出版社, 2001.

[138] 王镜岩. 生物化学 (第三版, 下册) [M]. 北京: 高等教育出版社, 2002.

[139] 叶俊荣. 天平上的基因——民为贵, Gene 为轻 [M]. 台北: 元照出版社, 2006.

[140] 张文显. 二十世纪西方法哲学思潮研究 [M]. 北京: 法律出版社, 2006.

[141] 浦忠成. 原住民的神话与文学 [M]. 台北: 台原出版社, 1999.

[142] 恩格斯. 反杜林论 [M]. 北京: 人民出版社, 1970.

[143] 皮朗. 中世纪欧洲社会经济史 [M]. 上海: 上海人民出版社, 1964.

[144] 沈铭贤. 科学哲学与生命伦理 [M]. 上海: 上海科学出版社, 2008.

[145] 李鸿禧. 宪法与人权 [M]. 元照出版社, 1999.

[146] 毛汉光. 中国人权史: 生存权篇 [M]. 桂林: 广西师范大学出版社, 2006.

[147] 柯普·阿波斯托尔. 当代资本主义 [M]. 北京: 北京大学出版, 1979.

[148] 谈大正. 生命法学导论 [M]. 上海: 上海人民出版社, 2005.

[149] 萨斯赛. 生态哲学 [M]. 上海: 东方出版社, 1991.

[150] 戴维·破普诺. 社会学 (第10版) [M]. 李强等译. 北京: 中国人民大学出版社, 1999.

[151] 陈昌曙. 技术哲学引论 [M]. 北京: 科学出版社, 1999.

[152] 米雷埃·德尔马斯·玛尔. 克隆人: 法律与社会 (第三卷) [M]. 张乃根译. 上海: 复旦大学出版社, 2006.

[153] 邱仁宗. 生死之间——道德难题与生命伦理 [M]. 香港: 中华书局香港分局, 1988.

[154] 卢梭. 论人类不平等的起源和基础 [M]. 北京: 商务印书馆, 1962.

[155] 黑格尔. 法哲学原理 [M]. 北京: 商务印书馆, 1982.

[156] 李振山. 人性尊严与人权保障 [M]. 台北: 元照出版社, 2000.

[157] 高宣扬. 德国哲学的发展 [M]. 北京: 天地图书出版公司, 1985.

[158] 徐宗良. 当代生命伦理与人权 [M]. 上海: 复旦大学出版社, 2004.

[159] 弗里德里希·包尔生. 伦理学体系 [M]. 何怀宏等译. 北京: 中国社会科学出版社, 1988.

[160] 罗科斯·庞德. 通过法律的社会控制·法律的任务 [M]. 沈宗灵, 董世忠译. 北京: 商务印书馆, 1984.

[161] 许志雄, 陈铭祥, 蔡茂寅等. 现代宪论 [M]. 台北: 元照出版公司, 2002.

[162] 国际人权法教材编写组. 国际人权法教程 (第一卷) [M]. 北京: 中国政法大学出版社, 2002.

## 二、论文与文章

[1] 李步云. 论人权的三种存在形态 [J]. 法学研究, 1991 (4).

[2] 李文, 王坤. 基因隐私及基因隐私权的法律保护 [J]. 武汉理工大学学报, 2002 (4).

［3］李振山．论宪法意义下之集体权［G］//公法学与政治理论——吴庚大法官荣退论文集．台北：元照出版社，2004.

［4］胡肖华，徐靖．论公民基本权利限制的正当性和限制的基本原则［J］．法学评论，2005（6）．

［5］李崇僖．基因隐私保护之法理规范［J］．台湾法学杂志，2002.

［6］李崇僖．原住民基因研究之伦理课题与规范初探［J］．"国立"台湾大学法学论丛，2007（3）．

［7］李崇僖．人体基因研究之伦理规范问题初探［J］．月旦法学杂志，2007（2）．

［8］林子仪．基因资讯与进隐私权——从保障隐私权的观点论基因资讯的利用与法的规制［G］//载翁岳生教授祝寿论文编辑委员会．当代公法新论（中）．台北：元照出版社，2002.

［9］王少杰．论基因权［J］．青岛科技大学学报（社会科学版），2008（3）．

［10］徐显明．对人权普遍性与人权文化之解析［J］．法学评论，1997（6）．

［11］张光杰，徐品飞．人权是什么——三种阐释与一个回答［G］//复旦人权研究中心．复旦人权研究．济南：复旦大学出版社，2004.

［12］邱格屏．人类基因的权利主体分析［G］//倪正茂，刘长秋．生命法学论要——2007年生命科技发展与法制建设国际研讨会论文集．黑龙江：黑龙江人民出版社，2008.

［13］吕建斌．基因、伦理及法律问题［J］．科技与法律，2002（1）．

［14］陈姵先．立法防制职场基因歧视之必要性与合宪性研究［D］．"国立"台湾大学法律学院法律学研究所，2009.

［15］张翔．宪法学为什么要以文本为中心［J］．浙江学刊，2006（3）．

［16］萧淑芬．基本权之概念［G］//萧淑芬．基本权基础理论之继受与展望——台日比较．台北：元照出版公司，2005.

［17］刘广登．论知情权［G］//杨海坤．宪法基本权利新论集．北京：北京大学出版社，2004.

［18］滕丽，王刚．我国隐私权隐私权立法探索［J］．沈阳师范学院学报（社科版），2002（5）．

［19］林瑞珠，梁宗宪．医学研究之发展对告知同意原则的冲击［G］//倪正茂，刘长秋．生命法学论要——2007年生命科技与法制建设国际研讨会论文集．黑龙江：黑龙江人民出版社，2008.

［20］赵振江，刘银良．人类基因组计划的法律问题研究［J］．中外法学，2001（4）．

［21］Lawernce O. Gostin：Public Health Law and Ethics – A Reader，2002：312 – 319.

［22］牛惠之．跨国人体实验相关伦理与法律问题［J］．月旦法学杂志，2007（2）．

［23］松进茂记．论自己决定权［J］．莫纪红译．外国法译评，1996（3）．

［24］刘宏恩．评日本基因资料库之相关伦理规范与制度设计——以其组织运作及告知同意问题之处理讨论核心［J］．月旦法学杂志，2007（2）．

［25］赵西巨．人体组织提供者法律保护模式之构建［J］．科技与法律，2008（3）．

［26］尚志红．论人类基因提供者利益的法律保护［J］．北方工业大学学报，2007（3）．

[27] 赵振江，刘银良．人类基因组计划的法律问题研究［J］．中外法学，2001（4）．

[28] 曾淑瑜．论基因歧视［J］．华网法粹，2007（39）．

[29] 胡瓷红．法律与基因的对话——生命法学的现实问题研究［J］．公法研究，2002．

[30] 姜萍，殷正坤．人体研究中的知情同意问题研究综述［J］．哲学动态，2002（12）．

[31] 黄玉烨．人类基因提供者利益分享的法律思考［J］．法商研究，2002（6）．

[32] 袁钢．国家人权机构导论［G］//徐显明．人权研究（第7卷）．济南：山东人民出版社，2008．

[33] 蔡定剑．关于什么是宪法［J］．中外法学，2002（1）．

[34] 黄学贤．论宪法基本权利的私法效力［G］//杨海坤．宪法基本权利新论．北京：北京大学出版社，2004．

[35] 郑全新，李嘉娜．论私有财产权宪法保障体系的构建［J］．政法论坛，2004（1）．

[36] 马得华．通过法院实施经济、社会权利——为什么美国宪法没有规定经济、社会权利［G］//徐显明．人权研究（第10卷）．济南：山东人民出版社，2011．

[37] 徐显明．试论"法治构成要件——兼及法治的某些原则及观念"［J］．法学研究，1996（3）．

[38] 蒋德海．以人为本和基本权利的保障［G］//中国法学会法理学研究会2007年年会论文集（下）．

[39] 金梦．《人权法案》是否是人权保护之必须？——以澳大利亚为对象［G］//徐显明．人权研究（第10卷）．济南：山东人民出版社，2011．

[40] 公丕祥．法制现代化与建设法治国家［J］．江海学刊，1998（1）．

[41] 周永坤．论宪法基本权利的直接效力［J］．中国法学，1997（1）．

[42] 韩大元．"十六大"后须强化宪法解释制度的功能［J］．法学，2003（1）．

[43] 王磊．宪法实施的新探索：齐玉芩案的几个宪法问题［J］．中国社会科学，2003（2）．

[44] 苗连云．中国宪法解释体制反思［J］．中国法学，2002（6）．

[45] 张薇薇．宪法未列举权利研究［D］．武汉大学，2008．

[46] 袁吉亮．论立法解释制度之非［J］．中国法学，1994（4）．

[47] 郭道晖．宪法的演变与修改［G］//宪法比较研究文集（2）．北京：中国民主法制出版社，1993．

[48] 林来梵，季彦敏．人权保障：作为原则的意义［J］．法商研究，2005（4）．

[49] 焦洪昌．国家尊重和保障人权的宪法分析［J］．中国法学，2004（6）．

[50] 孙笑侠，黄锴．新权利是怎样诞生的［J］．法令月刊，2002（2）．

[51] 范进学．论权利的制度保障论［J］．法学杂志，1996（6）．

[52] 刘淑君．公民基本权利的司法救济探析［J］．法制与社会发展，2003（2）．

[53] 殷啸虎．公民基本权利司法保障的宪法学分析［J］．法学论坛，2003（2）．

[54] 江国华．无诉讼即无宪政［J］．法律科学，2002（1）．

[55] 金亮新．人权保障的公益诉讼分析［G］//肖金明．人权保障与权力制约．济南：山

东大学出版社，2007.

[56] 左卫民，朱桐辉. 公民诉讼权——宪法与司法保障研究 [J]. 法学，2001（4）.

[57] 林来梵. 从宪法规范到规范宪法——规范宪法学的一种前言 [M]. 北京：法律出版社，2000.

[58] 陈光中. 比较法视野下的中国司法独立原则 [J]. 比较法研究，2013（2）.

[59] 邓世豹. 论公民基本权利的司法适用性 [J]. 法学评论，2003（1）.

[60] 胡弘弘. 我国公民基本权利之立宪发展 [J]. 政法论丛，2010.

[61] 黎军. 马伯里诉麦迪孙 [J]. 中外法学，2000（2）.

[62] 庞凌，缪岚. 住宅不受侵犯权研究 [G] //徐显明. 人权研究（第6卷）. 济南：山东人民出版社，2007.

[63] 秦前红. 论我国宪法关于公民基本权利的限制性规定 [J]. 河南政法管理干部学院学报，2005（5）.

[64] 汪进元，陈兵. 权利限制的立宪模式比较 [J]. 法学评论，2005（5）.

[65] 赵世义，刘连素，刘义. 现行宪法文本的缺失言说 [J]. 法制与社会发展，2003（3）.

[66] 吴家清，杜承铭. 论宪法权利价值理念的转型与基本权利的宪法变迁 [J]. 法学评论，2005（6）.

[67] 高慧铭. 基本权利限制之限制 [J]. 郑州大学学报（哲学社会科学版），2012（1）.

[68] 欧山. 表达自由初步研究住宅不受侵犯权研究 [G] //徐显明. 人权研究（第1卷）. 济南：山东人民出版社，2001.

[69] 胡肖华，徐婧. 论公民基本权利限制的正当性和限制的基本原则 [J]. 法学评论，2005（6）.

[70] 龚向和. 国家义务是公民权利的根本保障 [G] //莫纪宏，刘春萍. 宪法研究（第11卷）. 哈尔滨：黑龙江大学出版社，2010.

[71] 蒋银华. 论国家义务的基本内涵 [J]. 广州大学学报，2010（5）.

[72] 马丁·范·格尔德伦. 近代早期欧洲国家及其竞争对手 [G] //昆廷·斯金纳，博·斯特拉斯. 国家与公民. 彭利平译. 上海：华东师范大学出版社，2005.

[73] 陈文政. 政治义务论——政府的义务和人民的服从义务 [J]. 东海法学研究，1996（10）.

[74] 龚向和，刘耀辉. 基本权利的国家义务体系 [J]. 云南师范大学学报，2010（1）.

[75] 龚向和. 论民生保障的国家义务 [J]. 法学论坛，2013（3）.

[76] 王新生. 略论社会权的国家义务及其发展趋势 [J]. 法学评论，2012（6）.

[77] 陈征. 基本权利的国家保护义务功能 [J]. 法学研究，2008（1）.

[78] 杜承铭. 论基本权利之国家义务：理论基础、结构形式与中国实践 [J]. 法学评论，2011（2）.

[79] 李建良. 基本权利与国家保护义务 [G] //李建良，简资修. 宪法解释之理论与实务（第2辑）. 台北："中央研究院"中山人文社会科学研究所，1999.

［80］Chyistian Starck. 基本权利之保护义务［G］//李建良译. 政大法学论丛, 1997（58）.

［81］陈文贵. 基本权利对民事私法之规范效力［D］. 台湾"中央警察大学", 2000.

［82］孙岩. 基因工程刑法规制若干问题研究［J］. 科技与法律, 2008（6）.

［83］宋佩珊. 简介美国反基因歧视法的必要性——从 2008 Genetic Nondiscrimination Act 的经验谈起［J］. 科技法律透析, 2008（8）.

［84］李秀群. 宪法基本权利水平效力研究［G］//徐显明. 人权研究（第 7 卷）. 济南: 山东人民出版社, 2008.

［85］谢广宽. 澳大利亚 2002 年禁止克隆人法案（节译）［J］. 法律与医学杂志, 2004（1）.

［86］沈秀芹. 人体基因科技立法规制研究［D］. 山东大学, 2010.

［87］黄冠. 论基因隐私权的民法保护［D］. 广西大学, 2006.

［88］郑广辉. 论公民住房权的国家义务［D］. 吉林大学, 2011.

［89］张春美. 基因伦理与基因政策［J］. 社会与科学, 2012（2）.

［90］于洪君. 俄罗斯联邦宪法［J］. 外国法译评, 1994（2）.

［91］木丁月, 纳田殊. 俄罗斯基因资源的国家管理［J］. 全球科技经济瞭望, 1998（2）.

［92］蔡宗珍. 宪法、国家权力与人性图像——以胚胎植入前基因诊断术之合宪问题为中心［J］//民主、人权、正义——苏俊雄教授七秩华诞祝寿论文集. 台北: 元照出版社, 2005.

［93］毛建儒. 科学功利主义［J］. 自然辩证法研究, 1998（12）.

［94］肖厚国. 当代生物技术下民事主体的困境［M］//梁慧星. 民商法论丛（第 35 卷）. 北京: 法律出版社, 2006.

［95］颜上咏, 唐淑美. 欧洲生物科技指令与人权［M］//洪德钦. 欧洲联盟人权保障. 北京: 中央研究院欧美研究所, 2006.

［96］韩缨. 利益的分配与平衡: 人类基因权力问题浅议［J］. 青海社会科学, 2009（3）.

［97］鲁德格·霍内菲尔德. 科学和伦理. 面临生物学、基因技术和医学挑战我们肩负的责任［M］//单继刚, 甘绍平, 容敏德. 应用伦理: 经济、科技与文化. 北京: 人民出版社, 2008.

［98］周志宏. 复制人与生物科技之法律规范［J］. 月旦法学杂志, 1998（35）.

［99］陈叔倬. 原住民人体基因研究之伦理争议与立法保障［J］. 生物科技与法律研究通讯, 2000（6）.

［100］孟宪平. 科技法发展对人权的双重影响及解蔽思路［J］. 江汉大学学报（社会科学版）, 2008（1）.

［101］孔幼真. 论科学技术进步对人权发展的影响［J］. 政治与法律, 1995（6）.

［102］张文贞. 中断的宪法对话: 宪法解释在宪法变迁脉络的定位［J］. 台大法律论丛, 2003（6）.

［103］张文贞. 当科技遇上宪法——宪政主义的危机与转机［G］//苏永钦. 部门宪法,

台北：元照出版社，2006.

[104] 蔡维音．德国基本法第一条"人性尊严"规定之探讨［J］．宪政时代，1992 (1)．

[105] 余信达．从人性尊严与伦理道德之定位探索基因相关技术之可专利性［J］．月旦法学杂志，2005（123）．

[106] 贺更行．克隆人：无所适从的人生［J］．自然辩证法研究，2000（3）．

[107] 祝学华，王鼎．澳大利亚基因技术管理、立法及启示［J］．科技与法律，2001 (1)．

[108] 王庭光．人类基因组研究及其伦理问题［J］．道德与文明，2001（2）．

[109] 葛秋萍，殷正坤．基因技术于生死观的重新审视［J］．自然辩证法研究，2002 (1)．

[110] 李卫文．改变世界的科学计划——人类基因组计划［J］．生物学杂志，2001 (2)．

[111] See G. J. Van Hoot, The Legal Nature of Economic, Social and Culture Rights: A Rebuttal of Some Traditional Views, In Philip Alston and Katarina Tomasvski, eds The Right to Food 97, 1993.

[112] See Louis Henkin, Apost-Cold War Human Rights Agenda, 19 Yale J. Int'I L. 249, at 250 (1994) Food 97, at 106 – 107 (1993)．

[113] Committee On Economic, Social and Culture Rights, General Comment No 3 1990, In HRJ/GEN/I/Rev, 6. 12 May 2003.

[114] Eur Court H. R ［J］．M arcks Case, Judgment of 13 June 1979.

[115] Scott Burris, Lawrence Gostin & DeborahTress: Public Health Surveillance of Genetic Information. Ethical and Legal Neponses to Social Risk, in genetic and public health, 21st century, Muin J. Khoury ed, 2000.

[116] Genetic Information Nondiscrimination ACT, 2008, HR 493 EAS § 101, 103, 105.

[117] Jungreis, Rivka: Fearing Fear Itself: The Proposed Genetic Information Nondiscrimination Act of 2005 and Public Fears About Genetic Information. Journal of Law and Policy, 2007.

[118] Philip Reilly: Legal Issues in Genetic Medicine, in Principles and Practice of Medical Genetics. David L. Rimoin, J. Micheal O' Connor & Read E. Pyeritz eds, 1997.

[119] Michael Lemonick & Dick thompson, Racing Ti Map Our DNA, TIME, Jan. 11, 1999. 引自 George J. Annas, Genetic Privacy: There Ought to be a law, 4 Texas Review OF Law & POLITICS 7, 10 (1999)．

[120] North American Regional Committee, Human Genome Diversity Project, Proposed Model Ethical Protocol for Collecting DNA Samples, 33 Houston Law Review, 1431 – 1473 (1997)．

[121] Laura M. Ivey, Case Comment: Moore vs. Regents of the University of California: Insufficient Protection of Patients' Rights in the Biotechnological Market, in Georgia Law Review, Vol. 25: 489, 1991.

[122] Kelly S. Erbes: Identification of The Unknown Soldier and the Fight For The Right to Anonymity; The Human Genome Project and Implications of a National DNA Database, Cleveland State Law Review, 1999.

[123] Charles Fried, Saying What the Law Is: The Constitution In The Court, Harvard University Press, 2005.

[124] Molly A. holman, Stephen R. Munzer: Intellectual Property Rights in Genes and Gene Fragments: A Registration Solution for Expressed Sequence Tags, Iowa Law Review, 2000 (3).

[125] Universal Declaration on Human Genome and Human Rights, 1997; International Declaration on Human Genetic Data, 2003; Universal Declaration on Bioethics and Human Rights, 2005.

[126] Roger Brownsword, Stem Cells and cloning: Where the Regulatory Consenus Falls, 39 New Eng. L. Rev. 535 (2005).

[127] News Release, "ckground on Rthical and Sampling Issue Raised by the International HapMap Project", National Human Genome Research Institute, October 2002.

[128] Roger Brownsword, Ahren Torts Seminar: Genomic Torts: An Interest in Human Dignity as Basis for Genomic Torts, 42 Washburn L. J. 413, 2003.

[129] Lori B. Andrew: The Gene Patent Dilemma: Balancing Commerical Incentives with Health Needs, Houston Journal of Health Law & Policy, 2002, Biotechnology Symposium.

[130] Kant, Immanuel (1948), The Metaphysic of Morals. Translated and edited by H. J. Paton. London Huchinson Press, 1948.

[131] Walters L, Palmer JG: The ethics of human gene therapy. Beauchamp TL. Walters Leds. Contemporary issues in bioethics. Belmont, CA: Wadsworth Publishing Company, 1999.

## 三、主要网站

[1] http://www. comlaw. gov. au/Details/C2011C00539.

[2] http://www. comlaw. gov. au/Details/C2008C00694/Html/Text#param9.

[3] http://www. humanrights.

[4] http://www. calaw. cn/search/default. asp.

[5] http://www. med8th. com/humed/2/20031115sltyszjd. htm, 2006 - 04 - 01.

[6] http://www. journals. uchicago. edu/ethics/.

[7] http://epaper. yangtse. com/yzwb/2009 - 04/26/content_ 12681640. htm.

[8] http://www. wma. net/en/30publications/10policies/b3/.

[9] http://www. privatelaw. net. cn/new2004/shtml/20040518 - 213320. htm.

[10] http://eur - lex. europa. eu/en/treaties/dat/32007X1214/htm/C2007303EN. 01000101. htm.

[11] http://eeas. europa. eu/delegations/china/key_ eu_ policies/human_ rights/index_ zh. htm.

［12］http：//conventions. coe. int/treaty/en/treatieshtml164. htm.

［13］http：//news. 163. com/08/1205/21/4SE9C13A0001121M. html.

［14］http：//conventions. coe. int/treaty/en/treaties/html/168. htm.

［15］http：//rusnews. cn/eguoxinwen/eluosi_ anquan/20070528/41785559. html.

［16］http：//ghr. nlm. nih. gov/spotlight = thegeneticinformationnondiscriminationactgina.

［17］http：//www. gpo. gov/fdsys/pkg/PLAW – 110publ233/html/PLAW – 110publ233. htm.

［18］http：//www. oml. gov/sci/techresources/Human_ Genome/resource/privacy/privacyl. html.

［19］http：//en. wikipedia. org/wiki/Cloning.

［20］http：//www. legislation. gov. uk/uksi/2001/188/regulation/1/made.

［21］http：//www. parliament. uk/documents/commons/lib/research/rp2001/rp01 – 104. pdf.

［22］http：//www. people. com. cn/GB/keji/1056/2703492. html.

［23］http//www. genome. gov/10005337.

# 附录一：国外相关条约与规定

## 联合国宪章

（1945 年 6 月 26 日订于旧金山）本宪章于 1945 年 10 月 24 日生效。中国系联合国原始成员国，分别于 1945 年 6 月 26 日和 1945 年 9 月 28 日签署和批准宪章。

我联合国人民同兹决心：

欲免后世再遭今代人类两度身历惨不堪言之战祸，重申基本人权，人格尊严与价值，以及男女与大小各国平等权利之信念，创造适当环境，俾克维持正义，尊重由条约与国际法其他渊源而起之义务，久而弗懈，促成大自由中之社会进步及较善之民生，并为达此目的力行容恕，彼此以善邻之道，和睦相处，集中力量，以维持国际和平及安全，接受原则，确立力法，以保证非为公共利益，不得使用武力，运用国际机构，以促成全球人民经济及社会之进展，用是发愤立志，务当同心协力，以竟厥功。

爰由我各本国政府，经齐集金山市之代表各将所奉全权证书，互相校阅，均属妥善，议定本联合国宪章，并设立国际组织，定名联合国。

### 第一章　宗旨及原则

**第一条**

联合国之宗旨为：

一、维持国际和平及安全；并为此目的：采取有效集体办法，以防止且消除对于和平之威胁，制止侵略行为或其他和平之破坏；并以和平方法且依正义及国际法之原则，调整或解决足以破坏和平之国际争端或情势。

二、发展国际间以尊重人民平等权利及自决原则为根据之友好关系，并采取其他适当办法，以增强普遍和平。

三、促成国际合作，以解决国际间属于经济、社会、文化及人类福利性质之国际问题，且不分种族、性别、语言或宗教，增进并激励对于全体人类之人权及基本自由之尊重。

四、构成一协调各国行动之中心，以达成上述共同目的。

**第二条**

为求实现第一条所述各宗旨起见，本组织及其会员国应遵行下列原则：

一、本组织系基于各会员国主权平等之原则。

二、各会员国应一秉善意，履行其依本宪章所担负之义务，以保证全体会员国由加入本组织而发生之权益。

三、各会员国应以和平方法解决其国际争端，避免危及国际和平、安全及正义。

四、各会员国在其国际关系上不得使用威胁或武力，或以与联合国宗旨不符之任何其他方法，侵害任何会员国或国家之领土完整或政治独立。

五、各会员国对于联合国依本宪章规定而采取之行动，应尽力予以协助，联合国对于任何国家正在采取防止或执行行动时，各会员国对该国不得给予协助。

六、本组织在维持国际和平及安全之必要范围内，应保证非联合国会员国遵行上述原则。

七、本宪章不得认为授权联合国干涉在本质上属于任何国家国内管辖之事件，且并不要求会员国将该项事件依本宪章提请解决；但此项原则不妨碍第七章内执行办法之适用。

## 第二章　会员

**第三条**

凡曾经参加金山联合国国际组织会议或前此曾签字于 1942 年 1 月 1 日联合国宣言之国家，签订本宪章，且依宪章第一百一十条规定而予以批准者，均为联合国之创始会员国。

**第四条**

一、凡其他爱好和平之国家，接受本宪章所载之义务，经本组织认为确能并愿意履行该项义务者，得为联合国会员国。

二、准许上述国家为联合国会员国，将由大会经安全理事会之推荐以决议行之。

**第五条**

联合国会员国，业经安全理事会对其采取防止或执行行动者，大会经安全理事会之建议，得停止其会员权利及特权之行使。此项权利及特权之行使，得由安全理事会恢复之。

**第六条**

联合国之会员国中，有屡次违犯本宪章所载之原则者，大会经安全理事会之建议，得将其由本组织除名。

## 第三章　机关

**第七条**

一、兹设联合国之主要机关如下：大会、安全理事会、经济暨社会理事会、托管理事会、国际法院及秘书处。

二、联合国得依本宪章设立认为必需之辅助机关。

**第八条**

联合国对于男女均得在其主要及辅助机关在平等条件之下，充任任何职务，不得加以限制。

## 第四章　大会

组　织

**第九条**

一、大会由联合国所有会员国组织之。

二、每一会员国在大会之代表，不得超过五人。

职　权

**第十条**

大会得讨论本宪章范围内之任何问题或事项，或关于本宪章所规定任何机关之职权；并除第十二条所规定外，得向联合国会员国或安全理事会或兼向两者，提出对各该问题或事项之建议。

**第十一条**

一、大会得考虑关于维持国际和平及安全之合作之普通原则，包括军缩及军备管制之原则；并得向会员国或安全理事会或兼向两者提出对于该项原则之建议。

二、大会得讨论联合国任何会员国或安全理事会或非联合国会员国依第三十五条第二项之规定向大会所提关于维持国际和平及安全之任何问题；除第十二条所规定外，并得向会员国或安全理事会或兼向两者提出对于各该项问题之建议。凡对于需要行动之各该项问题，应由大会于讨论前或讨论后提交安全理事会。

三、大会对于足以危及国际和平与安全之情势，得提请安全理事会注意。

四、本条所载之大会权力并不限制第十条之概括范围。

**第十二条**

一、当安全理事会对于任何争端或情势，正在执行本宪章所授予该会之职务时，大会非经安全理事会请求，对于该项争端或情势，不得提出任何建议。

二、秘书长经安全理事会之同意，应于大会每次会议时，将安全理事会正在处理中的关于维持国际和平及安全之任何事件，通知大会；于安全理事会停止处理该项事件时，亦应立即通知大会，或在大会闭会期内通知联合国会员国。

**第十三条**

一、大会应发动研究，并作成建议：

（子）以促进政治上之国际合作，并提倡国际法之逐渐发展与编纂。

（丑）以促进经济、社会、文化、教育及卫生各部门之国际合作，且不分种族、性别、语言或宗教，助成全体人类之人权及基本自由之实现。

二、大会关于本条第一项（丑）款所列事项之其他责任及职权，于第九章及第十章中规定之。

**第十四条**

大会对于其所认为足以妨害国际间公共福利或友好关系之任何情势，不论其起源如何，包括由违反本宪章所载联合国之宗旨及原则而起之情势，得建议和平调整办法，但以不违背第十二条之规定为限。

**第十五条**

一、大会应收受并审查安全理事会所送之常年及特别报告；该项报告应载有安全理事会对于维持国际和平及安全所已决定或施行之办法之陈述。

二、大会应收受并审查联合国其他机关所送之报告。

**第十六条**

大会应执行第十二章及第十三章所授予关于国际托管制度之职务，包括关于非战略防区托管协定之核准。

**第十七条**

一、大会应审核本组织之预算。

二、本组织之经费应由各会员国依照大会分配限额担负之。

三、大会应审核经与第五十七条所指各种专门机关订定之任何财政及预算办法，并应审查该项专门机关之行政预算，以便向关系机关提出建议。

投　票

**第十八条**

一、大会之每一会员国，应有一个投票权。

二、大会对于重要问题之决议应以到会及投票之会员国三分之二多数决定之。此项问题应包括：关于维持国际和平及安全之建议，安全理事会非常任理事国之选举，经济暨社会理事会理事国之选举，依第八十六条第一项（寅）款所规定托管理事会理事国之选举，对于新会员国加入联合国之准许，会员国权利及特权之停止，会员国之除名，关于施行托管制度之问题，以及预算问题。

三、关于其他问题之决议，包括另有何种事项应以三分之二多数决定之
问题，应以到会及投票之会员国过半数决定之。

**第十九条**

凡拖欠本组织财政款项之会员国，其拖欠数目如等于或超过前两年所应
缴纳之数目时，即丧失其在大会投票权。大会如认拖欠原因，确由于该会员
国无法控制之情形者，得准许该会员国投票。

程　序

**第二十条**

大会每年应举行常会，并于必要时，举行特别会议。特别会议应由秘书
长经安全理事会或联合国会员国过半数之请求召集之。

**第二十一条**

大会应自行制定其议事规则。大会应选举每次会议之主席。

**第二十二条**

大会得设立其认为于行使职务所必需之辅助机关。

## 第五章　安全理事会

组　织

**第二十三条①**

①1963 年 12 月 17 日经大会通过修正，1965 年 8 月 31 日生效。第二十三
条的修正案将安全理事会理事国自十一国增至十五国。

一、安全理事会以联合国十五会员国组织之。"中华民国"、法兰西、苏
维埃社会主义共和国联邦、大不列颠及北爱尔兰联合王国及美利坚合众国应
为安全理事会常任理事国。大会应选举联合国其他十会员国为安全理事会非
常任理事国，选举时首宜充分斟酌联合国各会员国于维持国际和平与安全及
本组织其余各宗旨上之贡献，并宜充分斟酌地域上之公匀分配。

二、安全理事会非常任理事国任期定为二年。安全理事会理事国自十一
国增至十五国后第一次选举非常任理事国时，所增四国中两国之任期应为一
年。任满之理事国不得即行连选。

三、安全理事会每一理事国应有代表一人。

职　权

**第二十四条**

一、为保证联合国行动迅速有效起见，各会员国将维持国际和平及安全
之主要责任，授予安全理事会，并同意安全理事会于履行此项责任下之职务
时，即系代表各会员国。

二、安全理事会于履行此项职务时，应遵照联合国之宗旨及原则。为履行此项职务而授予安全理事会之特定权力，于本宪章第六章、第七章、第八章及第十二章内规定之。

三、安全理事会应将常年报告，并于必要时将特别报告，提送大会审查。

**第二十五条**

联合国会员国同意依宪章之规定接受并履行安全理事会之决议。

**第二十六条**

为促进国际和平及安全之建立及维持，以尽量减少世界人力及经济资源之消耗于军备起见，安全理事会借第四十七条所指之军事参谋团之协助，应负责拟具方案，提交联合国会员国，以建立军备管制制度。

投　票

**第二十七条**①

①1963 年 12 月 17 日经大会修正，1965 年 8 月 31 日生效。修正后的第二十七条规定，安全理事会关于程序事项之决议，应以九理事国（前为七理事国）之可决票表决之；对于其他一切事项之决议，应以九理事国（前为七理事国）之可决票包括安全理事会五常任理事国之同意票表决之。

一、安全理事会每一理事国应有一个投票权。

二、安全理事会关于程序事项之决议，应以九理事国之可决票表决之。

三、安全理事会对于其他一切事项之决议，应以九理事国之可决票包括全体常任理事国之同意票表决之；但对于第六章及第五十二条第三项内各事项之决议，争端当事国不得投票。

程　序

**第二十八条**

一、安全理事会之组织，应以使其能继续不断行使职务为要件。为此目的，安全理事会之各理事国应有常驻本组织会所之代表。

二、安全理事会应举行定期会议，每一理事国认为合宜时得派政府大员或其他特别指定之代表出席。

三、在本组织会所以外，安全理事会得在认为最能便利其工作之其他地点举行会议。

**第二十九条**

安全理事会得设立其认为于行使职务所必需之辅助机关。

**第三十条**

安全理事会应自行制定其议事规则，包括其推选主席之方法。

**第三十一条**

在安全理事会提出之任何问题，经其认为对于非安全理事会理事国之联合国任何会员国之利益有特别关系时，该会员国得参加讨论，但无投票权。

**第三十二条**

联合国会员国而非为安全理事会之理事国，或非联合国会员国之国家，如于安全理事会考虑中之争端为当事国者，应被邀参加关于该项争端之讨论，但无投票权。安全理事会应规定其所认为公平之条件，以便非联合国会员国之国家参加。

## 第六章　争端之和平解决

**第三十三条**

一、任何争端之当事国，于争端之继续存在足以危及国际和平与安全之维持时，应尽先以谈判、调查、调停、和解、公断、司法解决、区域机关或区域办法之利用，或各该国自行选择之其他和平方法，求得解决。

二、安全理事会认为必要时，应促请各当事国以此项方法，解决其争端。

**第三十四条**

安全理事会得调查任何争端或可能引起国际摩擦或惹起争端之任何情势，以断定该项争端或情势之继续存在是否足以危及国际和平与安全之维持。

**第三十五条**

一、联合国任何会员国得将属于第三十四条所指之性质之任何争端或情势，提请安全理事会或大会注意。

二、非联合国会员国之国家如为任何争端之当事国时，经预先声明就该争端而言接受本宪章所规定和平解决之义务后，得将该项争端，提请大会或安全理事会注意。

三、大会关于按照本条所提请注意事项之进行步骤，应遵守第十一条及第十二条之规定。

**第三十六条**

一、属于第三十三条所指之性质之争端或相似之情势，安全理事会在任何阶段，得建议适当程序或调整方法。

二、安全理事会对于当事国为解决争端业经采取之任何程序，理应予以考虑。

三、安全理事会按照本条作成建议时，同时理应注意凡具有法律性质之争端，在原则上，理应由当事国依国际法院规约之规定提交国际法院。

**第三十七条**

一、属于第三十三条所指之性质之争端，当事国如未能依该条所示方法解决时，应将该项争端提交安全理事会。

二、安全理事会如认为该项争端之继续存在，在事实上足以危及国际和平与安全之维持时，应决定是否当依第三十六条采取行动或建议其所认为适当之解决条件。

**第三十八条**

安全理事会如经所有争端当事国之请求，得向各当事国作成建议，以求争端之和平解决，但以不妨碍第三十三条至第三十七条之规定为限。

## 第七章　对于和平之威胁、和平之破坏及侵略行为之

应付办法

**第三十九条**

安全理事会应断定任何和平之威胁、和平之破坏或侵略行为之是否存在，并应作成建议或抉择依第四十一条及第四十二条规定之办法，以维持或恢复国际和平及安全。

**第四十条**

为防止情势之恶化，安全理事会在依第三十九条规定作成建议或决定办法以前，得促请关系当事国遵行安全理事会所认为必要或合宜之临时办法，此项临时办法并不妨碍关系当事国之权利、要求或立场。安全理事会对于不遵行此项临时办法之情形，应予适当注意。

**第四十一条**

安全理事会得决定所应采武力以外之办法，以实施其决议，并得促请联合国会员国执行此项办法。此项办法得包括经济关系、铁路、海运、航空、邮电、无线电及其他交通工具之局部或全部停止，以及外交关系之断绝。

**第四十二条**

安全理事会如认第四十一条所规定之办法为不足或已经证明为不足时，得采取必要之空海陆军行动，以维持或恢复国际和平及安全。此项行动得包括联合国会员国之空海陆军示威、封锁及其他军事举动。

**第四十三条**

一、联合国各会员国为求对于维持国际和平及安全有所贡献起见，担任于安全理事会发令时，并依特别协定，供给为维持国际和平及安全所必需之军队、协助及便利，包括过境权。

二、此项特别协定应规定军队之数目及种类，其准备程度及一般驻扎地点，以及所供便利及协助之性质。

三、此项特别协定应以安全理事会之主动，尽速议订。此项协定应由安全理事会与会员国或由安全理事会与若干会员国之集团缔结之，并由签字国各依其宪法程序批准之。

### 第四十四条

安全理事会决定使用武力时，于要求非安全理事会会员国依第四十三条供给军队以履行其义务之前，如经该会员国请求，应请其派遣代表，参加安全理事会关于使用其军事部队之决议。

### 第四十五条

为使联合国能采取紧急军事办法起见，会员国应将其本国空军部队为国际共同执行行动随时供给调遣。此项部队之实力与准备之程度，及其共同行动之计划，应由安全理事会以军事参谋团之协助，在第四十三条所指之特别协定范围内决定之。

### 第四十六条

武力使用之计划应由安全理事会以军事参谋团之协助决定之。

### 第四十七条

一、兹设立军事参谋团，以便对于安全理事会维持国际和平及安全之军事需要问题，对于受该会所支配军队之使用及统率问题，对于军备之管制及可能之军缩问题，向该会贡献意见并予以协助。

二、军事参谋团应由安全理事会各常任理事国之参谋总长或其代表组织之。联合国任何会员国在该团未有常任代表者，如于该团责任之履行在效率上必需该国参加其工作时，应由该团邀请参加。

三、军事参谋团在安全理事会权力之下，对于受该会所支配之任何军队，负战略上之指挥责任；关于该项军队之统率问题，应待以后处理。

四、军事参谋团，经安全理事会之授权，并与区域内有关机关商议后，得设立区域分团。

### 第四十八条

一、执行安全理事会为维持国际和平及安全之决议所必要之行动，应由联合国全体会员国或由若干会员国担任之，一依安全理事会之决定。

二、此项决议应由联合国会员国以其直接行动及经其加入为会员之有关国际机关之行动履行之。

### 第四十九条

联合国会员国应通力合作，彼此协助，以执行安全理事会所决定之办法。

### 第五十条

安全理事会对于任何国家采取防止或执行办法时，其他国家，不论其是否为联合国会员国，遇有因此项办法之执行而引起之特殊经济问题者，应有权与安全理事会会商解决此项问题。

### 第五十一条

联合国任何会员国受武力攻击时，在安全理事会采取必要办法，以维持国际和平及安全以前，本宪章不得认为禁止行使单独或集体自卫之自然权利。会员国因行使此项自卫权而采取之办法，应立即向安全理事会报告，此项办法于任何方面不得影响该会按照本宪章随时采取其所认为必要行动之权责，以维持或恢复国际和平及安全。

## 第八章　区域办法

### 第五十二条

一、本宪章不得认为排除区域办法或区域机关，用以应付关于维持国际和平及安全而宜于区域行动之事件者；但以此项办法或机关及其工作与联合国之宗旨及原则符合者为限。

二、缔结此项办法或设立此项机关之联合国会员国，将地方争端提交安全理事会以前，应依该项区域办法，或由该项区域机关，力求和平解决。

三、安全理事会对于依区域办法或由区域机关而求地方争端之和平解决，不论其系由关系国主动，或由安全理事会提交者，应鼓励其发展。

四、本条绝不妨碍第三十四条及第三十五条之适用。

### 第五十三条

一、安全理事会对于职权内之执行行动，在适当情形下，应利用此项区域办法或区域机关。如无安全理事会之授权，不得依区域办法或由区域机关采取任何执行行动；但关于依第一百零七条之规定对付本条第二项所指之任何敌国之步骤，或在区域办法内所取防备此等国家再施其侵略政策之步骤，截至本组织经各关系政府之请求，对于此等国家之再次侵略，能担负防止责任时为止，不在此限。

二、本条第一项所称敌国系指第二次世界大战中为本宪章任何签字国之敌国而言。

### 第五十四条

关于为维持国际和平及安全起见，依区域办法或由区域机关所已采取或正在考虑之行动，不论何时应向安全理事会充分报告之。

## 第九章　国际经济及社会合作

### 第五十五条

为造成国际间以尊重人民平等权利及自决原则为根据之和平友好关系所必要之安定及福利条件起见，联合国应促进：

（子）较高之生活程度，全民就业，及经济与社会进展。

（丑）国际间经济、社会、卫生及有关问题之解决；国际间文化及教育合作。

（寅）全体人类之人权及基本自由之普遍尊重与遵守，不分种族、性别、语言或宗教。

**第五十六条**

各会员国担允采取共同及个别行动与本组织合作，以达成第五十五条所载之宗旨。

**第五十七条**

一、由各国政府间协定所成立之各种专门机关，依其组织约章之规定，于经济、社会、文化、教育、卫生及其他有关部门负有广大国际责任者，应依第六十三条之规定使与联合国发生关系。

二、上述与联合国发生关系之各专门机关，以下简称专门机关。

**第五十八条**

本组织应作成建议，以调整各专门机关之政策及工作。

**第五十九条**

本组织应于适当情形下，发动各关系国间之谈判，以创设为达成第五十五条规定宗旨所必要之新专门机关。

**第六十条**

履行本章所载本组织职务之责任，属于大会及大会权力下之经济暨社会理事会。为此目的，该理事会应有第十章所载之权力。

## 第十章　经济暨社会理事会

组　织

**第六十一条①**

①1963 年 12 月 17 日经大会通过修正，1965 年 8 月 31 日生效。第六十一条的修正案将经济暨社会理事会理事国自十八国增至二十七国。

一、经济暨社会理事会由大会选举联合国二十七会员国组织之。

二、除第三款所规定外，经济暨社会理事会每年选举理事九国，任期三年。任满之理事国得即行连选。

三、经济暨社会理事会理事国自十八国增至二十七国后第一次选举时，除选举理事六国接替任期在该年年终届满之理事国外，应另增选理事九国。增选之理事九国中，三国任期一年，另三国任期二年，依大会所定办法。

四、经济暨社会理事会之每一理事国应有代表一人。

职　权

**第六十二条**

一、经济暨社会理事会得作成或发动关于国际经济、社会、文化、教育、卫生及其他有关事项之研究及报告；并得向大会、联合国会员国，及关系专门机关，提出关于此种事项之建议案。

二、本理事会为增进全体人类之人权及基本自由之尊重及维护起见，得作成建议案。

三、本理事会得拟具关于其职权范围内事项之协约草案，提交大会。

四、本理事会得依联合国所定之规则召集本理事会职务范围以内事项之国际会议。

**第六十三条**

一、经济暨社会理事会得与第五十七条所指之任何专门机关订立协定，订明关系专门机关与联合国发生关系之条件。该项协定须经大会之核准。

二、本理事会，为调整各种专门机关之工作，得与此种机关会商并得向其提出建议，并得向大会及联合国会员国建议。

**第六十四条**

一、经济暨社会理事会得采取适当步骤，以取得专门机关之经常报告。本理事会得与联合国会员国及专门机关，商定办法，俾就实施本理事会之建议及大会对于本理事会职权范围内事项之建议所采之步骤，取得报告。

二、本理事会得将对于此项报告之意见提送大会。

**第六十五条**

经济暨社会理事会得向安全理事会供给情报，并因安全理事会之邀请，予以协助。

**第六十六条**

一、经济暨社会理事会应履行其职权范围内关于执行大会建议之职务。

二、经大会之许可，本理事会得应联合国会员国或专门机关之请求，供其服务。

三、本理事会应履行本宪章他章所特定之其他职务，以及大会所授予之职务。

投　票

**第六十七条**

一、经济暨社会理事会每一理事国应有一个投票权。

二、本理事会之决议，应以到会及投票之理事国过半数表决之。

程　序

**第六十八条**

经济暨社会理事会应设立经济与社会部门及以提倡人权为目的之各种委员会，并得设立于行使职务所必需之其他委员会。

**第六十九条**

经济暨社会理事会应请联合国会员国参加讨论本理事会对于该国有特别关系之任何事件，但无投票权。

### 第七十条

经济暨社会理事会得商定办法使专门机关之代表无投票权而参加本理事会及本理事会所设各委员会之讨论，或使本理事会之代表参加此项专门机关之讨论。

### 第七十一条

经济暨社会理事会得采取适当办法，俾与各种非政府组织会商有关于本理事会职权范围内之事件。此项办法得与国际组织商定之，并于适当情形下，经与关系联合国会员国会商后，得与该国国内组织商定之。

### 第七十二条

一、经济暨社会理事会应自行制定其议事规则，包括其推选主席之方法。

二、经济暨社会理事会应依其规则举行必要之会议。此项规则应包括因理事国过半数之请求而召集会议之条款。

## 第十一章　关于非自治领土之宣言

### 第七十三条

联合国各会员国，于其所负有或承担管理责任之领土，其人民尚未臻自治之充分程度者，承认以领土居民之福利为至上之原则，并接受在本宪章所建立之国际和平及安全制度下，以充分增进领土居民福利之义务为神圣之信托，且为此目的：

（子）于充分尊重关系人民之文化下，保证其政治、经济、社会及教育之进展，予以公平待遇，且保障其不受虐待。

（丑）按各领土及其人民特殊之环境及其进化之阶段，发展自治；对各该人民之政治愿望，予以适当之注意；并助其自由政治制度之逐渐发展。

（寅）促进国际和平及安全。

（卯）提倡建设计划，以求进步；奖励研究；各国彼此合作，并于适当之时间及场合与专门国际团体合作，以求本条所载社会、经济及科学目的之实现。

（辰）在不违背安全及宪法之限制下，按时将关于各会员国分别负责管理领土内之经济、社会及教育情形之统计及具有专门性质之情报，递送秘书长，以供参考。本宪章第十二章及第十三章所规定之领土，不在此限。

### 第七十四条

联合国各会员国共同承诺对于本章规定之领土，一如对于本国区域，其政策必须以善邻之道奉为圭臬；并于社会、经济及商业上，对世界各国之利益及幸福，予以充分之注意。

## 第十二章　国际托管制度

**第七十五条**

联合国在其权力下，应设立国际托管制度，以管理并监督凭此后个别协定而置于该制度下之领土。此项领土以下简称托管领土。

**第七十六条**

按据本宪章第一条所载联合国之宗旨，托管制度之基本目的应为：

（子）促进国际和平及安全。

（丑）增进托管领土居民之政治、经济、社会及教育之进展；并以适合各领土及其人民之特殊情形及关系人民自由表示之愿望为原则，且按照各托管协定之条款，增进其趋向自治或独立之逐渐发展。

（寅）不分种族、性别、语言或宗教，提倡全体人类之人权及基本自由之尊重，并激发世界人民互相维系之意识。

（卯）于社会、经济及商业事件上，保证联合国全体会员国及其国民之平等待遇，及各该国民于司法裁判上之平等待遇，但以不妨碍上述目的之达成，且不违背第八十条之规定为限。

**第七十七条**

一、托管制度适用于依托管协定所置于该制度下之下列各种类之领土：

（子）现在委任统治下之领土。

（丑）因第二次世界大战结果或将自敌国割离之领土。

（寅）负管理责任之国家自愿置于该制度下之领土。

二、关于上列种类中之何种领土将置于托管制度之下，及其条件，为此后协定所当规定之事项。

**第七十八条**

凡领土已成为联合国之会员国者，不适用托管制度；联合国会员国间之关系，应基于尊重主权平等之原则。

**第七十九条**

置于托管制度下之每一领土之托管条款，及其更改或修正，应由直接关系各国，包括联合国之会员国而为委任统治地之受托国者，予以议定，其核准应依第八十三条及第八十五条之规定。

**第八十条**

一、除依第七十七条、第七十九条及第八十一条所订置各领土于托管制度下之个别托管协定另有议定外，并在该项协定未经缔结以前，本章任何规定绝对不得解释为以任何方式变更任何国家或人民之权利，或联合国会员国个别签订之现有国际约章之条款。

二、本条第一项不得解释为对于依第七十七条之规定而订置委任统治地或其他领土于托管制度下之协定，授以延展商订之理由。

**第八十一条**

凡托管协定均应载有管理领土之条款，并指定管理托管领土之当局。该项当局，以下简称管理当局，得为一个或数个国家，或为联合国本身。

**第八十二条**

于任何托管协定内，得指定一个或数个战略防区，包括该项协定下之托管领土之一部或全部，但该项协定并不妨碍依第四十三条而订立之任何特别协定。

**第八十三条**

一、联合国关于战略防区之各项职务，包括此项托管协定条款之核准及其更改或修正，应由安全理事会行使之。

二、第七十六条所规定之基本目的，适用于每一战略防区之人民。

三、安全理事会以不违背托管协定之规定且不妨碍安全之考虑为限，应利用托管理事会之协助，以履行联合国托管制度下关于战略防区内之政治、经济、社会及教育事件之职务。

**第八十四条**

管理当局有保证托管领土对于维持国际和平及安全尽其本分之义务。该当局为此目的得到用托管领土之志愿军、便利及协助，以履行该当局对于安全理事会所负关于此点之义务，并以实行地方自卫，且在托管领土内维持法律与秩序。

**第八十五条**

一、联合国关于一切非战略防区托管协定之职务，包括此项托管协定条款之核准及其更改或修正，应由大会行使之。

二、托管理事会于大会权力下，应协助大会履行上述之职务。

## 第十三章　托管理事会

组　织

**第八十六条**

一、托管理事会应由下列联合国会员国组织之：

（子）管理托管领土之会员国。

（丑）第二十三条所列明之国家而现非管理托管领土者。

（寅）大会选举必要数额之其他会员国，任期三年，俾使托管理事会理事国之总数，于联合国会员国中之管理托管领土者及不管理者之间，得以平均分配。

二、托管理事会之每一理事国应指定一特别合格之人员，以代表之。

职　权

**第八十七条**

大会及在其权力下之托管理事会于履行职务时得：

（子）审查管理当局所送之报告。

（丑）会同管理当局接受并审查请愿书。

（寅）与管理当局商定时间，按期视察各托管领土。

（卯）依托管协定之条款，采取上述其他行动。

**第八十八条**

托管理事会应拟定关于各托管领土居民之政治、经济、社会及教育进展之问题单；就大会职权范围内，各托管领土之管理当局应根据该项问题单向大会提出常年报告。

投　票

**第八十九条**

一、托管理事会之每一理事国应有一个投票权。

二、托管理事会之决议应以到会及投票之理事国过半数表决之。

程　序

**第九十条**

一、托管理事会应自行制定其议事规则，包括其推选主席之方法。

二、托管理事会应依其所定规则，举行必要之会议。此项规则应包括关于经该会理事国过半数之请求而召集会议之规定。

**第九十一条**

托管理事会于适当时，应利用经济暨社会理事会之协助，并对于各关系事项，利用专门机关之协助。

## 第十四章　国际法院

**第九十二条**

国际法院为联合国之主要司法机关，应依所附规约执行其职务。该项规约系以国际常设法院之规约为根据，并为本宪章之构成部分。

**第九十三条**

一、联合国各会员国为国际法院规约之当然当事国。

二、非联合国会员国之国家得为国际法院规约当事国之条件，应由大会经安全理事会之建议就各别情形决定之。

**第九十四条**

一、联合国每一会员国为任何案件之当事国者，承诺遵行国际法院之判决。

二、遇有一方不履行依法院判决应负之义务时，他方得向安全理事会申诉。安全理事会如认为必要时，得作成建议或决定应采办法，以执行判决。

**第九十五条**

本宪章不得认为禁止联合国会员国依据现有或以后缔结之协定，将其争端托付其他法院解决。

**第九十六条**

一、大会或安全理事会对于任何法律问题得请国际法院发表咨询意见。

二、联合国其他机关及各种专门机关，对于其工作范围内之任何法律问题，得随时以大会之授权，请求国际法院发表咨询意见。

## 第十五章　秘书处

**第九十七条**

秘书处置秘书长一人及本组织所需之办事人员若干人。秘书长应由大会经安全理事会之推荐委派之。秘书长为本组织之行政首长。

**第九十八条**

秘书长在大会、安全理事会、经济暨社会理事会及托管理事会之一切会议，应以秘书长资格行使职务，并应执行各该机关所托付之其他职务。秘书长应向大会提送关于本组织工作之常年报告。

**第九十九条**

秘书长得将其所认为可能威胁国际和平及安全之任何事件，提请安全理事会注意。

**第一百条**

一、秘书长及办事人员于执行职务时，不得请求或接受本组织以外任何政府或其他当局之训示，并应避免足以妨碍其国际官员地位之行动。秘书长及办事人员专对本组织负责。

二、联合国各会员国承诺尊重秘书长及办事人员责任之专属国际性，绝不设法影响其责任之履行。

**第一百零一条**

一、办事人员由秘书长依大会所定章程委派之。

二、适当之办事人员应长期分配于经济暨社会理事会、托管理事会，并于必要时分配于联合国其他之机关。此项办事人员构成秘书处之一部。

三、办事人员之雇用及其服务条件之决定，应以求达效率、才干及忠诚之最高标准为首要考虑。征聘办事人员时，于可能范围内，应充分注意地域上之普及。

## 第十六章　杂项条款

**第一百零二条**

一、本宪章发生效力后，联合国任何会员国所缔结之一切条约及国际协定应尽速在秘书处登记，并由秘书处公布之。

二、当事国对于未经依本条第一项规定登记之条约或国际协定，不得向联合国任何机关援引之。

**第一百零三条**

联合国会员国在本宪章下之义务与其依任何其他国际协定所负之义务有冲突时，其在本宪章下之义务应居优先。

**第一百零四条**

本组织于每一会员国之领土内，应享受于执行其职务及达成其宗旨所必需之法律行为能力。

**第一百零五条**

一、本组织于每一会员国之领土内，应享受于达成其宗旨所必需之特权及豁免。

二、联合国会员国之代表及本组织之职员，亦应同样享受于其独立行使关于本组织之职务所必需之特权及豁免。

三、为明定本条第一项及第二项之施行细则起见，大会得作成建议，或为此目的向联合国会员国提议协约。

## 第十七章　过渡安全办法

**第一百零六条**

在第四十三条所称之特别协定尚未生效，因而安全理事会认为尚不得开始履行第四十二条所规定之责任前，1943 年 10 月 30 日在莫斯科签订四国宣言之当事国及法兰西应依该宣言第五项之规定，互相洽商，并于必要时，与联合国其他会员国洽商，以代表本组织采取为维持国际和平及安全宗旨所必要之联合行动。

**第一百零七条**

本宪章并不取消或禁止负行动责任之政府对于在第二次世界大战中本宪章任何签字国之敌国因该次战争而采取或受权执行之行动。

## 第十八章　修正

**第一百零八条**

本宪章之修正案经大会会员国三分之二表决并由联合国会员国三分之二，

包括完全理事会全体常任理事国，各依其宪法程序批准后，对于联合国所有会员国发生效力。

**第一百零九条①**

①1965 年 12 月 20 日经大会通过修正，1968 年 6 月 12 日生效。第一百零九条之修正案将该条第一项修正，规定联合国会员国为检讨宪章，得以大会会员国三分之二表决，经安全理事会任何九理事国（前为七理事国）之表决，确定日期及地点举行全体会议。在规定由大会第十届常会考虑举行检讨会议之第一百零九条第三项中，原有之"安全理事会任何七理事国之表决"字样则仍予保留，因 1955 年大会第十届常会及安全理事会业经依据该项规定采取行动。

一、联合国会员国，为检讨本宪章，得以大会会员国三分之二表决，经安全理事会任何九理事国之表决，确定日期及地点举行全体会议。联合国每一会员国在全体会议中应有一个投票权。

二、全体会议以三分之二表决所建议对于宪章之任何更改，应经联合国会员国三分之二，包括安全理事会全体常任理事国，各依其宪法程序批准后，发生效力。

三、如于本宪章生效后大会第十届年会前，此项全体会议尚未举行时，应将召集全体会议之提议列入大会该届年会之议事日程；如得大会会员国过半数及安全理事会任何七理事国之表决，此项会议应即举行。

## 第十九章　批准及签字

**第一百一十条**

一、本宪章应由签字国各依其宪法程序批准之。

二、批准书应交存美利坚合众国政府。该国政府应于每一批准书交存时通知各签字国，如本组织秘书长业经委派时，并应通知秘书长。

三、一俟美利坚合众国政府通知已有"中华民国"、法兰西、苏维埃社会主义共和国联邦、大不列颠及北爱尔兰联合王国与美利坚合众国以及其他签字国之过半数将批准书交存时，本宪章即发生效力。美利坚合众国政府应拟就此项交存批准之议定书并将副本分送所有签字国。

四、本宪章签字国于宪章发生效力后批准者，应自其各将批准书交存之日起为联合国之创始会员国。

**第一百一十一条**

本宪章应留存美利坚合众国政府之档库，其中、法、俄、英及西文各本同一作准。该国政府应将正式副本分送其他签字国政府。

为此联合国各会员国政府之代表谨签字于本宪章，以昭信守。

公历 1945 年 6 月 26 日签订于旧金山市。

## 公民权利和政治权利国际公约

联合国大会 1966 年 12 月 16 日第 2200A（XXI）号决议通过并开放给各国签字、批准和加入。

生效：按照第四十九条的规定，于 1976 年 3 月 23 日生效。

**序　言**

本公约缔约各国，考虑到按照联合国宪章所宣布的原则，对人类家庭所有成员的固有尊严及其平等的和不移的权利的承认，乃是世界自由、正义与和平的基础，确认这些权利是源于人身的固有尊严，确认，按照世界人权宣言，只有在创造了使人人可以享有其公民和政治权利，正如享有其经济、社会和文化权利一样的条件的情况下，才能实现自由人类享有公民及政治自由和免于恐惧和匮乏的自由的理想，考虑到各国根据联合国宪章负有义务促进对人的权利和自由的普遍尊重和遵行，认识到个人对其他个人和对他所属的社会负有义务，应为促进和遵行本公约所承认的权利而努力，兹同意下述各条：

## 第一部分

**第一条**

一、所有人民都有自决权。他们凭这种权利自由决定他们的政治地位，并自由谋求他们的经济、社会和文化的发展。

二、所有人民得为他们自己的目的自由处置他们的天然财富和资源，而不损害根据基于互利原则的国际经济合作和国际法而产生的任何义务。在任何情况下不得剥夺一个人民自己的生存手段。

三、本公约缔约各国，包括那些负责管理非自治领土和托管领土的国家，应在符合联合国宪章规定的条件下，促进自决权的实现，并尊重这种权利。

## 第二部分

**第二条**

一、本公约每一缔约国承担尊重和保证在其领土内和受其管辖的一切个人享有本公约所承认的权利，不分种族、肤色、性别、语言、宗教、政治或其他见解、国籍或社会出身、财产、出生或其他身份等任何区别。

二、凡未经现行立法或其他措施予以规定者，本公约每一缔约国承担按照其宪法程序和本公约的规定采取必要的步骤，以采纳为实施本公约所承认的权利所需的立法或其他措施。

三、本公约每一缔约国承担：

（甲）保证任何一个被侵犯了本公约所承认的权利或自由的人，能得到有效的补救，尽管此种侵犯是以官方资格行事的人所为；

（乙）保证任何要求此种补救的人能由合格的司法、行政或立法当局或由国家法律制度规定的任何其他合格当局断定其在这方面的权利，并发展司法补救的可能性；

（丙）保证合格当局在准予此等补救时，确能付诸实施。

**第三条**

本公约缔约各国承担保证男子和妇女在享有本公约所载一切公民和政治权利方面有平等的权利。

**第四条**

一、在社会紧急状态威胁到国家的生命并经正式宣布时，本公约缔约国得采取措施克减其在本公约下所承担的义务，但克减的程度以紧急情势所严格需要者为限，此等措施并不得与它根据国际法所负有的其他义务相矛盾，且不得包含纯粹基于种族、肤色、性别、语言、宗教或社会出身的理由的歧视。

二、不得根据本规定而克减第六条、第七条、第八条（第一款和第二款）、第十一条、第十五条、第十六条和第十八条。

三、任何援用克减权的本公约缔约国应立即经由联合国秘书长将它已克减的各项规定、实行克减的理由和终止这种克减的日期通知本公约的其他缔约国家。

**第五条**

一、本公约中任何部分不得解释为隐示任何国家、团体或个人有权利从事于任何旨在破坏本公约所承认的任何权利和自由或对它们加以较本公约所规定的范围更广的限制的活动或行为。

二、对于本公约的任何缔约国中依据法律、惯例、条例或习惯而被承认或存在的任何基本人权，不得借口本公约未予承认或只在较小范围上予以承认而加以限制或克减。

## 第三部分

**第六条**

一、人人有固有的生命权。这个权利应受法律保护。不得任意剥夺任何人的生命。

二、在未废除死刑的国家，判处死刑只能是作为对最严重的罪行的惩罚，判处应按照犯罪时有效并且不违反本公约规定和防止及惩治灭绝种族罪公约的法律。这种刑罚，非经合格法庭最后判决，不得执行。

三、兹了解：在剥夺生命构成灭种罪时，本条中任何部分并不准许本公约的任何缔约国以任何方式克减它在防止及惩治灭绝种族罪公约的规定下所承担的任何义务。

四、任何被判处死刑的人应有权要求赦免或减刑。对一切判处死刑的案件均得给予大赦、特赦或减刑。

五、对十八岁以下的人所犯的罪，不得判处死刑；对孕妇不得执行死刑。

六、本公约的任何缔约国不得援引本条的任何部分来推迟或阻止死刑的废除。

**第七条**

对任何人均不得加以酷刑或施以残忍的、不人道的或侮辱性的待遇或刑罚。特别是对任何人均不得未经其自由同意而施以医药或科学试验。

**第八条**

一、任何人不得被使为奴隶；一切形式的奴隶制度和奴隶买卖均应予以禁止。

二、任何人不应被强迫役使。

三、（甲）任何人不应被要求从事强迫或强制劳动；

（乙）在把苦役监禁作为一种对犯罪的惩罚的国家中，第三款（甲）项的规定不应认为排除按照由合格的法庭关于此项刑罚的判决而执行的苦役；

（丙）为了本款之用，"强迫或强制劳动"一词不应包括：

（1）通常对一个依照法庭的合法命令而被拘禁的人或在此种拘禁假释期间的人所要求的任何工作或服务，非属（乙）项所述者；

（2）任何军事性质的服务，以及在承认良心拒绝兵役的国家中，良心拒绝兵役者依法被要求的任何国家服务；

（3）在威胁社会生命或幸福的紧急状态或灾难的情况下受强制的任何服务；

（4）属于正常的公民义务的一部分的任何工作或服务。

**第九条**

一、人人有权享有人身自由和安全。任何人不得被加以任意逮捕或拘禁。除非依照法律所确定的根据和程序，任何人不得被剥夺自由。

二、任何被逮捕的人，在被逮捕时应被告知逮捕他的理由，并应被迅速告知对他提出的任何指控。

三、任何因刑事指控被逮捕或拘禁的人，应被迅速带见审判官或其他经法律授权行使司法权力的官员，并有权在合理的时间内受审判或被释放。等候审判的人受监禁不应作为一般规则，但可规定释放时应保证在司法程序的任何其他阶段出席审判，并在必要时报到听候执行判决。

四、任何因逮捕或拘禁被剥夺自由的人，有资格向法庭提起诉讼，以便法庭能不拖延地决定拘禁他是否合法以及如果拘禁不合法时命令予以释放。

五、任何遭受非法逮捕或拘禁的受害者，有得到赔偿的权利。

**第十条**

一、对所有被剥夺自由的人应给予人道及尊重其固有的人格尊严的待遇。

二、（甲）除特殊情况外，被控告的人应与被判罪的人隔离开，并应给予适合于未判罪者身份的分别待遇；

（乙）被控告的少年应与成年人分隔开，并应尽速予以判决。

三、监狱制度应包括以争取囚犯改造和社会复员为基本目的的待遇。少年罪犯应与成年人隔离开，并应给予适合其年龄及法律地位的待遇。

**第十一条**

任何人不得仅仅由于无力履行约定义务而被监禁。

**第十二条**

一、合法处在一国领土内的每一个人在该领土内有权享受迁徙自由和选择住所的自由。

二、人人有自由离开任何国家，包括其本国在内。

三、上述权利，除法律所规定并为保护国家安全、公共秩序、公共卫生或道德，或他人的权利和自由所必需，且与本公约所承认的其他权利不抵触的限制外，应不受任何其他限制。

四、对于任何人进入其本国的权利，不得任意加以剥夺。

**第十三条**

合法处在本公约缔约国领土内的外侨，只有按照依法作出的决定才可以被驱逐出境，并且，除非在国家安全的紧迫原因另有要求的情况下，应准予提出反对驱逐出境的理由和使他的案件得到合格当局或由合格当局特别指定的一人或数人的复审，并为此目的而请人做代表。

**第十四条**

一、所有的人在法庭和裁判所前一律平等。在判定对任何人提出的任何刑事指控或确定他在一件诉讼案中的权利和义务时，人人有资格由一个依法设立的合格的、独立的和无偏倚的法庭进行公正的和公开的审讯。由于民主社会中的道德的、公共秩序的或国家安全的理由，或当诉讼当事人的私生活的利益有此需要时，或在特殊情况下法庭认为公开审判会损害司法利益因而严格需要的限度下，可不使记者和公众出席全部或部分审判；但对刑事案件或法律诉讼的任何判决应公开宣布，除非少年的利益另有要求或者诉讼系有关儿童监护权的婚姻争端。

二、凡受刑事控告者，在未依法证实有罪之前，应有权被视为无罪。

三、在判定对他提出的任何刑事指控时，人人完全平等地有资格享受以下的最低限度的保证：

（甲）迅速以一种他懂得的语言详细地告知对他提出的指控的性质和原因；

（乙）有相当时间和便利准备他的辩护并与他自己选择的律师联络；

（丙）受审时间不被无故拖延；

（丁）出席受审并亲自替自己辩护或经由他自己所选择的法律援助进行辩护；如果他没有法律援助，要通知他享有这种权利；在司法利益有此需要的案件中，为他指定法律援助，而在他没有足够能力偿付法律援助的案件中，不要他自己付费；

（戊）讯问或业已讯问对他不利的证人，并使对他有利的证人在与对他不利的证人相同的条件下出庭和受讯问；

（己）如他不懂或不会说法庭上所用的语言，能免费获得译员的援助；

（庚）不被强迫作不利于他自己的证言或强迫承认犯罪。

四、对少年的案件，在程序上应考虑到他们的年龄和帮助他们重新做人的需要。

五、凡被判定有罪者，应有权由一个较高级法庭对其定罪及刑罚依法进行复审。

六、在一人按照最后决定已被判定犯刑事罪而其后根据新的或新发现的事实确实表明发生误审，他的定罪被推翻或被赦免的情况下，因这种定罪而受刑罚的人应依法得到赔偿，除非经证明当时不知道的事实的未被及时揭露完全是或部分是由于他自己的缘故。

七、任何人已依一国的法律及刑事程序被最后定罪或宣告无罪者，不得就同一罪名再予审判或惩罚。

**第十五条**

一、任何人的任何行为或不行为，在其发生时依照国家法或国际法均不构成刑事罪者，不得据以认为犯有刑事罪，所加的刑罚也不得重于犯罪时适用的规定。如果在犯罪之后依法规定了应处以较轻的刑罚，犯罪者应予减刑。

二、任何人的行为或不行为，在其发生时依照各国公认的一般法律原则为犯罪者，本条规定并不妨碍因该行为或不行为而对任何人进行的审判和对他施加的刑罚。

**第十六条**

人人在任何地方有权被承认在法律前的人格。

**第十七条**

一、对任何人的私生活、家庭、住宅或通信不得加以任意或非法干涉，对他的荣誉和名誉不得加以非法攻击。

二、人人有权享受法律保护，以免受这种干涉或攻击。

**第十八条**

一、人人有权享受思想、良心和宗教自由。此项权利包括维持或改变他的宗教或信仰的自由，以及单独或集体、公开或秘密地以礼拜、戒律、实践和教义来表明他的宗教或信仰的自由。

二、任何人不得遭受足以损害他维持或改变他的宗教或信仰自由的强迫。

三、表示自己的宗教或信仰的自由，仅只受法律所规定的以及为保障公共安全、秩序、卫生或道德或他人的基本权利和自由所必需的限制。

四、本公约缔约各国承担，尊重父母和（如适用时）法定监护人保证他们的孩子能按照他们自己的信仰接受宗教和道德教育的自由。

**第十九条**

一、人人有权持有主张，不受干涉。

二、人人有自由发表意见的权利；此项权利包括寻求、接受和传递各种消息和思想的自由，而不论国界，也不论口头的、书写的、印刷的、采取艺术形式的或通过他所选择的任何其他媒介。

三、本条第二款所规定的权利的行使带有特殊的义务和责任，因此得受某些限制，但这些限制只应由法律规定并为下列条件所必需：

（甲）尊重他人的权利或名誉；

（乙）保障国家安全或公共秩序，或公共卫生或道德。

**第二十条**

一、任何鼓吹战争的宣传，应以法律加以禁止。

二、任何鼓吹民族、种族或宗教仇恨的主张，构成煽动歧视、敌视或强暴者，应以法律加以禁止。

**第二十一条**

和平集会的权利应被承认。对此项权利的行使不得加以限制，除去按照法律以及在民主社会中为维护国家安全或公共安全、公共秩序，保护公共卫生或道德或他人的权利和自由的需要而加的限制。

**第二十二条**

一、人人有权享受与他人结社的自由，包括组织和参加工会以保护他的利益的权利。

二、对此项权利的行使不得加以限制。除去法律所规定的限制以及在民主社会中为维护国家安全或公共安全、公共秩序，保护公共卫生或道德，或他人的权利和自由所必需的限制。本条不应禁止对军队或警察成员行使此项权利加以合法的限制。

三、本条并不授权参加一九四八年关于结社自由及保护组织权国际劳工组织公约的缔约国采取足以损害该公约中所规定的保证的立法措施，或在应用法律时损害这种保证。

**第二十三条**

一、家庭是天然的和基本的社会单元，并应受社会和国家的保护。

二、已达结婚年龄的男女缔婚和成立家庭的权利应被承认。

三、只有经男女双方的自由的和完全的同意，才能缔婚。

四、本公约缔约各国应采取适当步骤以保证缔婚双方在缔婚、结婚期间和解除婚约时的权利和责任平等。在解除婚约的情况下，应为儿童规定必要的保护办法。

**第二十四条**

一、每一儿童应有权享受家庭、社会和国家为其未成年地位给予的必要保护措施，不因种族、肤色、性别、语言、宗教、国籍或社会出身、财产或出生而受任何歧视。

二、每一儿童出生后应立即加以登记，并应有一个名字。

三、每一儿童有权取得一个国籍。

**第二十五条**

每个公民应有下列权利和机会，不受第二条所述的区分和不受不合理的限制：

（甲）直接或通过自由选择的代表参与公共事务；

（乙）在真正的定期的选举中选举和被选举，这种选举应是普遍的和平等的并以无记名投票方式进行，以保证选举人的意志的自由表达；

（丙）在一般的平等的条件下，参加本国公务。

**第二十六条**

所有的人在法律前平等，并有权受法律的平等保护，无所歧视。在这方面，法律应禁止任何歧视并保证所有的人得到平等的和有效的保护，以免受基于种族、肤色、性别、语言、宗教、政治或其他见解、国籍或社会出身、财产、出生或其他身份等任何理由的歧视。

**第二十七条**

在那些存在着人种的、宗教的或语言的少数人的国家中，不得否认这种少数人同他们的集团中的其他成员共同享有自己的文化、信奉和实行自己的宗教或使用自己的语言的权利。

# 第四部分

**第二十八条**

一、设立人权事务委员会（在本公约里以下简称委员会）。它应由十八名委员组成，执行下面所规定的任务。

二、委员应由本公约缔约国国民组成，他们应具有崇高道义地位和在人权方面有公认的专长，并且还应考虑使若干具有法律经验的人参加委员会是有用的。

**第二十九条**

一、委员会委员由具有第二十八条所规定的资格的人的名单中以无记名投票方式选出，这些人由本公约缔约国为此目的而提名。

二、本公约每一缔约国至多得提名二人，这些人应为提名国的国民。

三、任何人可以被再次提名。

**第三十条**

一、第一次选举至迟应于本公约生效之日起六个月内举行。

二、除按第三十四条进行补缺选举外，联合国秘书长应在委员会每次选举前至少四个月书面通知本公约各缔约国，请它们在三个月内提出委员会委员的提名。

三、联合国秘书长应按姓名字母次序编造这样提出的被提名人名单，注明提名他们的缔约国，并应在每次选举前至少一个月将这个名单送交本公约各缔约国。

四、委员会委员的选举应由联合国秘书长在联合国总部召开的本公约缔约国家会议举行。在这个会议里，本公约缔约国的三分之二应构成法定人数；凡获得最多票数以及出席并投票的缔约国代表的绝对多数票的那些被提名人当选为委员会委员。

**第三十一条**

一、委员会不得有一个以上的委员同为一个国家的国民。

二、委员会的选举应考虑到成员的公允地域分配和各种类型文化及各主要法系的代表性。

**第三十二条**

一、委员会的委员任期四年。他们如被再次提名，可以再次当选。然而第一次选出的委员中有九名的任期在两年后即届满；这九人的姓名应由第三十条第四款所述会议的主席在第一次选举完毕后立即抽签决定。

二、任期届满后的选举应按公约本部分的上述各条进行。

**第三十三条**

一、如果委员会其他委员一致认为某一委员由于除暂时缺席以外的其他任何原因而已停止执行其任务时，委员会主席应通知联合国秘书长，秘书长应即宣布该委员的席位出缺。

二、倘遇委员会委员死亡或辞职时，主席应立即通知联合国秘书长，秘书长应宣布该席位自死亡日期或辞职生效日期起出缺。

**第三十四条**

一、按照第三十三条宣布席位出缺时，如果被接替的委员的任期从宣布席位出缺时起不在六个月内届满者，联合国秘书长应通知本公约各个缔约国，各缔约国可在两个月内按照第二十九条的规定，为填补空缺的目的提出提名。

二、联合国秘书长应按姓名字母次序编造这样提出来的被提名人名单，提交本公约各缔约国，然后按照公约本部分的有关规定进行补缺选举。

三、为填补按第三十三条宣布出缺的席位而当选的委员会委员的任期为按同条规定出缺的委员会委员的剩余任期。

**第三十五条**

委员会委员在获得联合国大会的同意时，可以按照大会鉴于委员会责任的重要性而决定的条件从联合国经费中领取薪俸。

**第三十六条**

联合国秘书长应为委员会提供必要的工作人员和便利，使其能有效执行本公约所规定的职务。

**第三十七条**

一、联合国秘书长应在联合国总部召开委员会的首次会议。

二、首次会议以后，委员会应按其议事规则所规定的时间开会。

三、委员会会议通常应在联合国总部或联合国驻日内瓦办事处举行。

**第三十八条**

委员会每个委员就职以前，应在委员会的公开会议上郑重声明他将一秉良心公正无偏地行使其职权。

**第三十九条**

一、委员会应选举自己的职员，任期二年。他们可以连选连任。

二、委员会应制定自己的议事规则，但在这些规则中应当规定：

（甲）十二名委员构成法定人数；

（乙）委员会的决定由出席委员的多数票作出。

**第四十条**

一、本公约各缔约国承担在（甲）本公约对有关缔约国生效后的一年内及（乙）此后每逢委员会要求这样做的时候，提出关于它们已经采取而使本公约所承认的各项权利得以实施的措施和关于在享受这些权利方面所作出的进展的报告。

二、所有的报告应送交联合国秘书长转交委员会审议。报告中应指出影响实现本公约的因素和困难，如果存在这种因素和困难的话。

三、联合国秘书长在同委员会磋商之后，可以把报告中属于专门机构职司范围的部分的副本转交给有关的专门机构。

四、委员会应研究本公约各缔约国提出的报告，并应把它自己的报告以及它可能认为适当的一般建议送交给各缔约国。委员会也可以把这些意见同它从本公约各缔约国收到的报告的副本一起转交给经济及社会理事会。

五、本公约各缔约国得就按照本条第四款所可能作出的意见，向委员会提出意见。

**第四十一条**

一、本公约缔约国得按照本条规定，随时声明它承认委员会有权接受和审议一缔约国指控另一缔约国不履行它在本公约下的义务的通知。按照本条规定所作的通知，必须是由曾经声明其本身承认委员会有权的缔约国提出的，才能加以接受和审议。任何通知如果是关于尚未作出这种声明的缔约国的，委员会不得加以接受。按照本条规定所接受的通知，应按下列程序处理：

（甲）如本公约某缔约国认为另一缔约国未执行公约的规定，它可以用书面通知提请该国注意此事项。收到通知的国家应在收到后三个月内对发出通知的国家提供一项有关澄清此事项的书面解释或任何其他的书面声明，其中应可能地和恰当地引证在此事上已经采取的，或即将采取的，或现有适用的国内办法和补救措施。

（乙）如果此事项在收受国接到第一次通知后六个月内尚未处理得使双方满意，两国中任何一国有权用通知委员会和对方的方式将此事项提交给委员会。

（丙）委员会对于提交给它的事项，应只有在它认定在这一事项上已按照普遍公认的国际法原则求助于和用尽了所有现有适用的国内补救措施之后，才加以处理。在补救措施的采取被无理拖延的情况下，此项通知则不适用。

（丁）委员会审议按本条规定所作的通知时，应以秘密会议进行。

（戊）在服从分款（丙）的规定的情况下，委员会应对有关缔约国提供斡旋，以便在尊重本公约所承认的人权和基本自由的基础上求得此事项的友好解决。

（己）在提交委员会的任何事项上，委员会得要求分款（乙）内所述的有关缔约国提供任何有关情报。

（庚）在委员会审议此事项时，分款（乙）内所述的有关缔约国应有权派代表出席并提出口头和/或书面说明。

（辛）委员会应在收到按分款（乙）提出的通知之日起十二个月内提出一项报告：

（1）如果案件在分款（戊）所规定的条件下获得解决，委员会在其报告中应限于对事实经过作一简短陈述；案件有关双方提出的书面说明和口头说明的记录，也应附在报告上。在每一事项上，应将报告送交给各有关缔约国。

二、本条的规定应于有十个本公约缔约国已经作出本条第一款所述的声明时生效。各缔约国的这种声明应交存至联合国秘书长；秘书长应将声明副本转交给其他缔约国。缔约国得随时通知秘书长撤回声明。此种撤回不得影响对曾经按照本条规定作出通知而要求处理的任何事项的审议；在秘书长收到缔约国撤回声明的通知后，对该缔约国以后所作的通知，不得再予接受，除非该国另外作出了新的声明。

**第四十二条**

一、（甲）如按第四十一条规定提交委员会处理的事项未能获得使各有关缔约国满意的解决，委员会得经各有关缔约国事先同意，指派一个专设和解委员会（以下简称和委会）。和委会应对有关缔约国提供斡旋，以便在尊重本公约的基础上求得此事项的友好解决；

（乙）和委会由各有关缔约国接受的委员五人组成。如各有关缔约国于三个月内对和委会组成的全部或一部分未能达成协议，未得协议和委会委员应由委员会用无记名投票方式以三分之二多数自其本身委员中选出。

二、和委会委员以其个人身份进行工作。委员不得为有关缔约国的国民，或为非本公约缔约国的国民，或未按第四十一条规定作出声明的缔约国的国民。

三、和委会应选举自己的主席及制定自己的议事规则。

四、和委会会议通常应在联合国总部或联合国驻日内瓦办事处举行，但亦得在和委会同联合国秘书长及各有关缔约国磋商后决定的其他方便地点举行。

五、按第三十六条设置的秘书处应亦为按本条指派的和委会服务。

六、委员会所收集整理的情报，应提供给和委会，和委会亦得请有关缔约国提供任何其他有关情报。

七、和委会于详尽审议此事项后，无论如何应于受理该事项后十二个月内，向委员会主席提出报告，转送给各有关缔约国：

（甲）如果和委会未能在十二个月内完成对案件的审议，和委会在其报告中应限于对其审议案件的情况作一简短的陈述。

（乙）如果案件不能在尊重本公约所承认的人权的基础上求得友好解决，

和委会在其报告中应限于对事实经过和所获解决作一简短陈述。

（丙）如果案件不能在分款（乙）规定的条件下获得解决，和委会在其报告中应说明对于各有关缔约国间争执事件的一切有关事实问题的结论，以及对于就该事件寻求友好解决的各种可能性的意见。此项报告中亦应载有各有关缔约国提出的书面说明和口头说明的记录。

（丁）和委会的报告如系按分款（丙）的规定提出，各有关缔约国应于收到报告后三个月内通知委员会主席是否接受和委会的报告的内容。

八、本条规定不影响委员会在第四十一条下所负的责任。

九、各有关缔约国应依照联合国秘书长所提概算，平均负担和委会委员的一切费用。

十、联合国秘书长应被授权于必要时在各有关缔约国依本条第九款偿还用款之前，支付和委会委员的费用。

### 第四十三条

委员会委员，以及依第四十二条可能指派的专设和解委员会委员，应有权享受联合国特权及豁免公约内有关各款为因联合国公务出差的专家所规定的各种便利、特权与豁免。

### 第四十四条

有关实施本公约的规定，其适用不得妨碍联合国及各专门机构的组织法及公约在人权方面所订的程序，或根据此等组织法及公约所订的程序，亦不得阻止本公约各缔约国依照彼此间现行的一般或特别国际协定，采用其他程序解决争端。

### 第四十五条

委员会应经由经济及社会理事会向联合国大会提出关于它的工作的年度报告。

## 第五部分

### 第四十六条

本公约的任何部分不得解释为有损联合国宪章和各专门机构组织法中确定联合国各机构和各专门机构在本公约所涉及事项方面的责任的规定。

### 第四十七条

本公约的任何部分不得解释为有损所有人民充分地和自由地享受和利用他们的天然财富与资源的固有的权利。

## 第六部分

**第四十八条**

一、本公约开放给联合国任何会员国或其专门机构的任何会员国、国际法院规约的任何当事国和经联合国大会邀请为本公约缔约国的任何其他国家签字。

二、本公约须经批准。批准书应交存至联合国秘书长。

三、本公约应开放给本条第一款所述的任何国家加入。

四、加入应向联合国秘书长交存加入书。

五、联合国秘书长应将每一批准书或加入书的交存通知已经签字或加入本公约的所有国家。

**第四十九条**

一、本公约应自第三十五件批准书或加入书交存至联合国秘书长之日起三个月生效。

二、对于在第三十五件批准书或加入书交存后批准或加入本公约的国家，本公约应自该国交存批准书或加入书之日起三个月生效。

**第五十条**

本公约的规定应扩及联邦国家的所有部分，没有任何限制和例外。

**第五十一条**

一、本公约的任何缔约国均得提出对本公约的修正案，并将其提交给联合国秘书长。秘书长应立即将提出的修正案转知本公约各缔约国，同时请它们通知秘书长是否赞成召开缔约国家会议以审议这个提案并对它进行表决。在至少有三分之一缔约国家赞成召开这一会议的情况下，秘书长应在联合国主持下召开此会议。为会议上出席投票的多数缔约国家所通过的任何修正案，应提交联合国大会批准。

二、此等修正案由联合国大会批准并为本公约缔约国的三分之二多数按照它们各自的宪法程序加以接受后，即行生效。

三、此等修正案生效时，对已经接受的各缔约国有拘束力，其他缔约国仍受本公约的条款和它们已接受的任何以前的修正案的拘束。

**第五十二条**

除按照第四十八条第五款作出的通知外，联合国秘书长应将下列事项通知同条第一款所述的所有国家：

（甲）按照第四十八条规定所作的签字、批准和加入；

（乙）本公约按照第四十九条规定生效的日期，以及对本公约的任何修正案按照第五十一条规定生效的日期。

**第五十三条**

一、本公约应交存至联合国档案库，其中文、英文、法文、俄文、西班牙文各本同一作准。

二、联合国秘书长应将本公约的正式副本送至第四十八条所指的所有国家。

## 世界人类基因组与人权宣言

一九九七年十一月十一日联合国教育、科学和文化组织大会
第二十九届会议通过；联合国大会一九九八年十二月九日
第 53/152 号决议批准

忆及教科文组织《组织法》前言援引"人类尊严、平等与相互尊重等民主原则"，并摈弃"人类与种族之不平等主义"；它明确规定，"文化之广泛传播以及为争取正义、自由与和平对人类进行之教育为维护人类尊严不可缺少之举措，亦为一切国家关切互助之精神，必须履行之神圣义务"；它宣布，"和平尚必须奠基于人类理性与道德上之团结"；而且它指出，本组织应尽力"通过世界各国人民间教育、科学及文化联系，促进实现联合国据以建立并为其宪章所宣告之国际和平与人类共同福利之宗旨"。

郑重忆及对尤其是下述公约和宣言确认的人权普遍原则的热爱：1948 年 12 月 10 日的《世界人权宣言》和联合国 1966 年 12 月 16 日的两个国际公约（《经济、社会和文化权利国际公约》以及《公民权利和政治权利国际公约》）、1948 年 12 月 9 日的《联合国防止及惩办灭绝种族罪公约》、1965 年 12 月 21 日的《联合国消除一切形式种族歧视国际公约》、1971 年 12 月 20 日的《联合国智力迟钝者权利宣言》、1975 年 12 月 9 日的《联合国残疾人权利宣言》、1979 年 12 月 18 日的《联合国消除对妇女一切形式歧视公约》、1985 年 11 月 29 日的《联合国为罪行和滥用权力行为受害者取得公理的基本原则宣言》、1989 年 11 月 20 日的《联合国儿童权利公约》、1993 年 12 月 20 日的《联合国残疾人机会均等标准规则》、1971 年 12 月 16 日的《关于禁止发展、生产和储存细菌（生物）及毒素武器和销毁此种武器的公约》、1960 年 12 月 14 日教科文组织的《反对教育歧视公约》、1966 年 11 月 4 日教科文组织的《国际文化合作原则宣言》、1974 年 11 月 20 日教科文组织的《关于科学研究人员地位的建议》、1978 年 11 月 27 日教科文组织的《关于种族和种族偏见的宣言》、1958 年 6 月 25 日国际劳工组织的《关于就业和职业歧视的公约》（第 111 号）及 1989 年 6 月 27 日国际劳工组织的《关于独立国家土著和部落民族的公约》（第 169 号），考虑到在无损于其任何条款规定的情况下有可能

涉及知识产权领域之遗传学应用的国际文件，尤其是 1886 年 9 月 9 日的《保护文学艺术作品伯尔尼公约》，1952 年 9 月 6 日通过并于 1971 年 7 月 24 日在巴黎最后修订的教科文组织的《世界版权公约》，1883 年 3 月 20 日通过并于 1967 年 7 月 14 日在斯德哥尔摩最后修订的《保护工业产权巴黎公约》，1977 年 4 月 28 日世界知识产权组织关于国际承认为专利程序存放微生物的《布达佩斯条约》以及 1995 年 1 月 1 日开始生效的成立世界贸易组织之协议附件的《关于涉及贸易的知识产权方面的协议》（ADPIC），亦考虑到 1992 年 6 月 5 日的联合国《生物多样性公约》，并就此强调指出，根据《世界人权宣言》的前言，承认人类遗传的多样性不应导致任何可能危害"人类家庭所有成员的固有尊严及其平等的和不移的权利"的社会或政治方面的解释。

忆及其决议 22C/13.1、23C/13.1、24C/13.1、25C/5.2、25C/7.3、27C/5.15、28C/0.12、28C/2.1 和 28C/2.2，这些决议表明教科文组织决心从尊重人权和基本自由的角度，就生物学和遗传学领域中科技进步的后果，促进并开展伦理探讨及与其有关的活动。

承认对人类基因组的研究及其应用为改善个人及全人类的健康状况开辟了广阔的前景，但强调指出，它们同时应充分尊重人的尊严、自由和权利，并禁止基于遗传特点的一切形式的歧视，宣布下述原则并通过本宣言。

A. 人的尊严与人类基因组

**第 1 条**

人类基因组意味着人类家庭所有成员在根本上是统一的，也意味着对其固有的尊严和多样性的承认。象征性地说，它是人类的遗产。

**第 2 条**

（a）每个人都有权使其尊严和权利受到尊重，不管其具有什么样的遗传特征。

（b）这种尊严要求不能把个人简单地归结为其遗传特征，并要求尊重其独一无二的特点和多样性。

**第 3 条**

具有演变性的人类基因组易发生突变。它包含着一些因每个人的自然和社会环境，尤其是健康状况、生活条件、营养与教育不同而表现形式不同的潜能。

**第 4 条**

自然状态的人类基因组不应产生经济效益。

B. 有关人员的权利

**第 5 条**

（a）只有在对有关的潜在危险和好处进行严格的事先评估后，并根据国家法律的其他各项规定，才能进行针对某个人的基因组的研究、治疗或诊断。

（b）在各种情况下，均应得到有关人员的事先、自愿和明确同意。如有关人员不能表态，则应由法律从其最高利益出发予以同意或授权。

（c）每个人均有权决定是否要知道一项遗传学检查的结果及其影响，这种权利应受到尊重。

（d）在进行研究的情况下，应根据这方面实行的国家和国际准则或指导方针，对研究方案进行事先评价。

（e）按法律规定，如有关个人不具备表示同意的能力，除法律授权和规定的保护措施外，只有在对其健康直接有益的情况下，才能对其基因组进行研究。一项无法预计对有关人员的健康是否直接有益的研究只有在特殊情况下才能十分谨慎地进行，而且要注意使有关人员冒最小的风险、受最少的限制，但条件是这项研究应有利于属于同一年龄组或具有相同遗传条件的其他人的健康，而且符合法律规定的条件及保护有关人员个人权利的原则。

**第 6 条**

任何人都不应因其遗传特征而受到歧视，因此类歧视的目的或作用均危及他的人权和基本自由以及对其尊严的承认。

**第 7 条**

为研究或其他任何目的而保存或处理的与可识别之个人有关的遗传数据应按法律规定的条件予以保密。

**第 8 条**

任何人都有权根据国际法和国内法对直接和主要因对其基因组施行手术而受到的任何损失要求公正合理的赔偿。

**第 9 条**

为了保护人权和基本自由，只能由法律根据迫切需要并在国际公法和国际人权法的范围内，对同意和保密原则予以限制。

C. 人类基因组的研究

**第 10 条**

任何有关人类基因组及其应用方面的研究，尤其是生物学、遗传学和医学方面的研究，都必须以尊重个人的，或在某种情况下尊重有关群体的人权、基本自由和人的尊严为前提。

**第 11 条**

违背人的尊严的一些做法，如用克隆技术繁殖人的做法，是不能允许的。要求各国和各有关国际组织进行合作，以便根据本宣言所陈述的原则，鉴别这些做法，并在国家或国际一级采取各种必要的措施。

第 12 条

（a）每个人都应本着尊重其尊严和权利的精神，利用生物学、遗传学和医学在人类基因组方面的进步。

（b）知识进步所必需的研究自由取决于思想自由。有关人类基因组研究的应用，特别是在生物学、遗传学和医学方面的应用，均应以减轻每个人及全人类的痛苦和改善其健康状况为目的。

D. 从事科学活动的条件

第 13 条

鉴于对人类基因组进行研究的伦理和社会影响，在从事这一研究的范围内，应特别注意研究人员从事活动所固有的职责，尤其是在进行研究及介绍和利用其研究成果时的严格、谨慎、诚实和正直态度。公立和私立部门科学政策方面的决策者在这方面也负有特殊的责任。

第 14 条

各国均应采取适当的措施，以便在本宣言所规定的原则范围内，促成有利于自由从事人类基因组研究活动的精神和物质条件，并考虑这些研究会产生的伦理、法律、社会和经济影响。

第 15 条

各国均应采取适当的措施，确定在遵守本宣言所规定之原则的情况下，自由从事人类基因组研究活动的范围，以确保尊重人权、基本自由和人的尊严，以及维护公众的健康。各国应努力确保这些研究的成果不用于非和平目的。

第 16 条

各国应承认在有关各级促使建立有利于独立的、多学科和多元化的伦理委员会有利于对人类基因组研究及其应用所造成的伦理、法律和社会问题进行评估。

E. 团结互助与国际合作

第 17 条

各国应尊重和促进对那些特别易患或已患遗传性疾病或残疾的个人、家庭或居民积极履行团结互助的义务。各国应特别鼓励进行旨在鉴别、预防和治疗遗传性疾病或受遗传影响的疾病，尤其是罕见病和使全世界许多人感到痛苦不安的地方病的研究工作。

第 18 条

各国应在遵守本宣言所规定之原则的情况下，努力继续促进在国际上传播关于人类基因组、人的多样性和遗传学研究方面的科学知识，并促进这方面的科学文化合作，尤其是工业化国家和发展中国家之间的合作。

**第 19 条**

（a）在与发展中国家进行国际合作的范围内，各国应鼓励采取以下措施：

（一）对为所欲为的行为进行预防，对人类基因组研究的危险和好处进行评估；

（二）根据发展中国家的具体问题，扩大和提高其进行人类生物学和遗传学研究的能力；

（三）发展中国家利用科学技术研究成果，促进有利于所有人的经济和社会进步；

（四）自由交流生物学、遗传学和医学领域的科学知识与信息。

（b）各有关国际组织应支持和鼓励各国为上述目的所采取的措施。

F. 宣传本宣言的各项原则

**第 20 条**

各国应采取适当措施，通过教育和各种相关的手段，尤其通过在若干跨学科领域中的研究和培训，以及促进各级生物伦理学教育，特别是面向科学政策负责人的生物伦理学教育，来宣传本宣言中阐述的各项原则。

**第 21 条**

各国应采取适当措施，鼓励开展其他各种研究、培训和信息传播活动，进一步提高整个社会及其每个成员面对生物学、遗传学和医学领域的研究及其应用可能提出的维护人的尊严的各种根本问题而应承担的责任的认识。各国还应就该问题促进在国际上开展广泛的辩论，确保各种社会、文化、宗教和哲学思潮的自由表达。

G. 本宣言的实施

**第 22 条**

各国应努力宣传本宣言中阐述的各项原则，并采取一切适当措施促进这些原则的实施。

**第 23 条**

各国应采取适当措施，通过教育、培训和信息传播，促使人们尊重、承认和有效执行上述各项原则。各国还应鼓励现有的、独立的伦理学委员会之间的交流联网，以促进它们之间的合作。

**第 24 条**

教科文组织国际生物伦理学委员会应努力传播本宣言所述原则和深入研究由于这些原则的执行和有关技术的变化而提出的各种问题。它应组织与有关方面，如与各个易受伤害群体的有益的磋商。它应根据教科文组织的法定程序向大会提出建议，并就本宣言的落实工作，特别是就鉴别那些可能违背人的尊严的做法，如对生殖细胞系进行干预的做法提出意见。

## 第 25 条

本宣言中的任何一条规定都不能被解释为可由某一国家、团体或个人以某种方式用来开展违反人权和基本自由，包括违反本宣言所述原则的某项活动或行动。

# CHARTER OF FUNDAMENTAL RIGHTS OF THE EUROPEAN UNION
## 欧洲联盟基本权利宪章

(2000/C 364/01)

## PREAMBLE
## 前言

The peoples of Europe, in creating an ever closer union among them, are resolved to share a peaceful future based on common values.

在创设一个前所未有的紧密联盟的过程中，欧洲人民决意在共同价值上共享一和平的未来。

Conscious of its spiritual and moral heritage, the Union is founded on the indivisible, universal values of human dignity, freedom, equality and solidarity; it is based on the principles of democracy and the rule of law. It places the individual at the heart of its activities, by establishing the citizenship of the Union and by creating an area of freedom, security and justice.

谅察其精神与道德上之传统，欧洲联盟乃建立在不可分离及普世价值之人性尊严、自由、平等与团结之上。其系奠基于民主与法治原则之上。借由创立欧洲联盟公民并创造一自由、安全与正义之领域，欧洲联盟认为个人是其各项活动之重心。

The Union contributes to the preservation and to the development of these common values while respecting the diversity of the cultures and traditions of the peoples of Europe as well as the national identities of the Member States and the organisation of their public authorities at national, regional and local levels; it seeks to promote balanced and sustainable development and ensures free movement of persons, goods, services and capital, and the freedom of establishment.

欧洲联盟对于上述共同价值之发展与保存有所贡献，但是其亦尊重欧洲人民文化与传统之多元性，各会员国国民之自我意识及国家、区域与地方层级之公权力组织；欧洲联盟欲促进平衡及永续之发展，并确保人员、货物、服务与资金之自由流动与创业自由。

To this end, it is necessary to strengthen the protection of fundamental rights in the light of changes in society, social progress and scientific and technological developments by making those rights more visible in a Charter.

为达成此一目的，且衡酌社会变迁及进步与科技发展之情形，有必要以于一宪章中将彼等权利加以明示之方式，加强对基本权利之保障。

This Charter reaffirms, with due regard for the powers and tasks of the Community and the Union and the principle of subsidiarity, the rights as they result, in particular, from the constitutional traditions and international obligations common to the Member States, the Treaty on European Union, the Community Treaties, the European Convention for the Protection of Human Rights and Fundamental Freedoms, the Social Charters adopted by the Community and by the Council of Europe and the case – law of the Court of Justice of the European Communities and of the European Court of Human Rights.

基于尊重欧洲共同体与欧洲联盟之权力与职掌及辅助原则之前提，本宪章再次确认这些权利，因为这些权利源自会员国共同之宪政传统与国际义务、欧洲联盟条约、欧洲共同体各条约、欧洲保护人权与基本自由公约、欧洲共同体与欧洲理事会所通过之各社会宪章及欧洲共同体法院与欧洲人权法院之判决。

Enjoyment of these rights entails responsibilities and duties with regard to other persons, to the human community and to future generations.

对于此等权利之享有，伴随着对他人、人类社会以及未来世代之责任与义务。

The Union therefore recognises the rights, freedoms and principles set out hereafter.

欧洲联盟兹此确认以下诸权利、自由与原则。

# CHAPTER I （第一章） DIGNITY （尊严）

## Article 1 （第一条）
### Human dignity 人性尊严

Human dignity is inviolable. It must be respected and protected.

人性尊严不可侵犯，其必须受尊重与保护。

## Article 2 （第二条）
### Right to life 生命权

1. Everyone has the right to life.

人人均享有生命权。

2. No one shall be condemned to the death penalty, or executed.

不论何人均不受死刑判决或受死刑执行。

## Article 3 （第三条）
### Right to the integrity of the person 人身自主权

1. Everyone has the right to respect for his or her physical and mental integrity.

人人均享有尊重其心理与生理自主之权利。

2. In the fields of medicine and biology, the following must be respected in particular:

于医药与生物领域，下列事项应特别受到遵守：

—the free and informed consent of the person concerned, according to the procedures laid down by law.

依法律规定程序之相关人员之自由且经告知之同意。

—the prohibition of eugenic practices, in particular those aiming at the selection of persons.

禁止基因改造医疗行为，特别是针对人种选择而行之者。

—the prohibition on making the human body and its parts as such a source of financial gain.

禁止为营利而为人体与器官复制。

—the prohibition of the reproductive cloning of human beings.

禁止复制人之行为。

### Article 4 （第四条）

Prohibition of torture and inhuman or degrading treatment or punishment **酷刑与不人道或羞辱之待遇或惩罚之禁止**

No one shall be subjected to torture or to inhuman or degrading treatment or punishment.

不论何人均不得被施以酷刑或不人道或羞辱之待遇或惩罚。

### Article 5 （第五条）

Prohibition of slavery and forced labour **奴隶与强制劳动之禁止**

1. No one shall be held in slavery or servitude.

不论何人均不得被处为奴隶或奴役。

2. No one shall be required to perform forced or compulsory labour.

不论何人均不得被要求施以强制或非自愿性劳动。

3. Trafficking in human beings is prohibited.

禁止进行人口贩卖。

## CHAPTER II （第二章）　FREEDOMS （自由权）

### Article 6 （第六条）

Right to liberty and security **自由与安全之权利**

Everyone has the right to liberty and security of person.

人人均有权享有人身自由与安全。

### Article 7 （第七条）

Respect for private and family life **个人与家庭生活**

Everyone has the right to respect for his or her private and family life, home and communications.

人人均有权要求尊重其私人与家庭生活、住居及通信。

### Article 8 （第八条）

Protection of personal data **个人信息之保护**

1. Everyone has the right to the protection of personal data concerning him or her.

人人均有权享有个人信息之保护。

2. Such data must be processed fairly for specified purposes and on the basis of the consent of the person concerned or some other legitimate basis laid down by law. Everyone has the right of access to data which has been collected concerning him or her, and the right to have it rectified.

此等信息应仅得于特定明确目的，且于信息所有人同意或其他法律规定之正当依据下，公平地被处理。人人均有权了解其个人信息，并有权要求销毁其个人信息。

3. Compliance with these rules shall be subject to control by an independent authority.

应由独立之主管机关监督这些原则之确实遵守。

## Article 9 （第九条）

### Right to marry and right to found a family　结婚权与组织家庭权

The right to marry and the right to found a family shall be guaranteed in accordance with the national laws governing the exercise of these rights.

结婚权与组织家庭权应依国内法律规定此等权利行使之范围而保障之。

## Article 10 （第十条）

### Freedom of thought, conscience and religion　思想、良心与宗教自由

1. Everyone has the right to freedom of thought, conscience and religion. This right includes freedom to change religion or belief and freedom, either alone or in community with others and in public or in private, to manifest religion or belief, in worship, teaching, practice and observance.

人人均有权享有思想、良心与宗教之自由。此一权利包括改变宗教或信念之自由，及不论系独自或于社群中，亦不论系公开或私下，于礼拜、教学、职业与仪式中，表达其宗教与信仰之自由。

2. The right to conscientious objection is recognized, in accordance with the national laws governing the exercise of this right.

基于良心而反对之权利应依国内法律行使此一权利之规定而确认之。

## Article 11 （第十一条）

### Freedom of expression and information　表意与信息自由

1. Everyone has the right to freedom of expression. This right shall include freedom to hold opinions and to receive and impart information and ideas without interference by public authority and regardless of frontiers.

人人均有权享有表意自由。此一权利应包括保有意见之自由，与接收与传递信息及意见，而不受公权力干预与地域之限制。

2. The freedom and pluralism of the media shall be respected.

媒体之自由与多元性应受到尊重。

## Article 12 （第十二条）

### Freedom of assembly and of association  集会与结社自由

1. Everyone has the right to freedom of peaceful assembly and to freedom of association at all levels, in particular in political, trade union and civic matters, which implies the right of everyone to form and to join trade unions for the protection of his or her interests.

人人均有权享有和平集会之自由与于各阶层结社之自由，特别是有关政治、工会与私人事务之集会及结社，因其包含每个人为保护自我利益而组成或参加工会之权利。

2. Political parties at Union level contribute to expressing the political will of the citizens of the Union.

欧洲联盟层次之政党团体有助于欧洲联盟公民表达政治意愿。

## Article 13 （第十三条）

### Freedom of the arts and sciences  艺术与科学自由

The arts and scientific research shall be free of constraint. Academic freedom shall be respected.

艺术与科学研究不应受限制。学术自由应被尊重。

## Article 14 （第十四条）

### Right to education  受教育权

1. Everyone has the right to education and to have access to vocational and continuing training.

人人均享有受教育与接受职业及技职训练之权利。

2. This right includes the possibility to receive free compulsory education.

此一权利包括接受免费义务教育之机会。

3. The freedom to found educational establishments with due respect for democratic principles and the right of parents to ensure the education and teaching of their children in conformity with their religious, philosophical and pedagogical convictions shall be respected, in accordance with the national laws governing the exercise of such freedom and right.

设立尊重民主原则之教育事业之自由与父母确保其子女受符合其信仰、哲学与学术确信而受教育与训练之权利，应依此等自由与权利行使之相关国内法律规定而得到保障。

### Article 15（第十五条）
#### Freedom to choose an occupation and right to engage in work
### 职业自由与工作权

1. Everyone has the right to engage in work and to pursue a freely chosen or accepted occupation.

人人均享有工作与追求自由选择或接受职业之权利。

2. Every citizen of the Union has the freedom to seek employment, to work, to exercise the right of establishment and to provide services in any Member State.

欧洲联盟的每个公民均有权享有于任何会员国受雇、工作、创业与提供服务之自由。

3. Nationals of third countries who are authorised to work in the territories of the Member States are entitled to working conditions equivalent to those of citizens of the Union.

经允许而于会员国境内工作之非会员国国民，有权享有与欧洲联盟公民所享有之相同劳动条件。

### Article 16（第十六条）
#### Freedom to conduct a business　营业自由

The freedom to conduct a business in accordance with Community law and national laws and practices is recognised.

依欧洲共同体法律与国内法令规定之营业自由应予确认。

### Article 17（第十七条）
#### Right to property　财产权

1. Everyone has the right to own, use, dispose of and bequeath his or her lawfully acquired possessions. No one may be deprived of his or her possessions, except in the public interest and in the cases and under the conditions provided for by law, subject to fair compensation being paid in good time for their loss. The use of property may be regulated by law in so far as is necessary for the general interest.

人人均享有拥有、使用、处分与遗赠其合法取得财产之权利。除非基于公共利益，符合法律规定之要件及情况，并于合理期间内适当补偿损失，不得剥夺个人财产。法律得于符合公共利益之情况管理个人财产之使用。

2. Intellectual property shall be protected.

智慧财产权应受到保护。

## Article 18 （第十八条）
### Right to asylum　庇护权

The right to asylum shall be guaranteed with due respect for the rules of the Geneva Convention of 28 July 1951 and the Protocol of 31 January 1967 relating to the status of refugees and in accordance with the Treaty establishing the European Community.

庇护权应于符合一九五一年七月二十八日日内瓦公约与一九六七年一月三十一日关于难民地位议定书及欧洲共同体条约之相关规范下受到保障。

## Article 19 （第十九条）
### Protection in the event of removal，expulsion or extradition
### 移居、驱逐与引渡事件之保护

1. Collective expulsions are prohibited.

集体驱逐应被禁止。

2. No one may be removed，expelled or extradited to a State where there is a serious risk that he or she would be subjected to the death penalty，torture or other inhuman or degrading treatment or punishment.

任何人均不得被移居、驱逐或引渡至一将使其遭受死刑、酷刑与其他非人道与羞辱待遇与惩罚之严重危险之国家。

# CHAPTER III （第三章）　　EQUALITY （平等）

## Article 20 （第二十条）
### Equality before the law　法律上平等

Everyone is equal before the law.

法律之前人人平等。

## Article 21 （第二十一条）
### Non – discrimination　不受歧视

1. Any discrimination based on any ground such as sex，race，colour，ethnic or social origin，genetic features，language，religion or belief，political or any oth-

er opinion, membership of a national minority, property, birth, disability, age or sexual orientation shall be prohibited.

任何基于性别、种族、肤色、血源或社会背景、面容外貌、语言、宗教与信念、政治或任何其他意见、少数族裔成员、财产、出生、残障、年龄或性倾向之歧视，均应被禁止。

2. Within the scope of application of the Treaty establishing the European Community and of the Treaty on European Union, and without prejudice to the special provisions of those Treaties, any discrimination on grounds of nationality shall be prohibited.

在适用欧洲共同体条约与欧洲联盟条约的范围内，任何基于国籍之歧视均应被禁止。

## Article 22 （第二十二条）
### Cultural, religious and linguistic diversity 文化、宗教与语言多元性

The Union shall respect cultural, religious and linguistic diversity.

欧洲联盟应尊重文化、宗教与语言之多样性。

## Article 23 （第二十三条）
### Equality between men and women 男女平等

Equality between men and women must be ensured in all areas, including employment, work and pay.

男女间于包括雇用、劳动与报酬等所有领域之平等，应受到保障。

The principle of equality shall not prevent the maintenance or adoption of measures providing for specific advantages in favour of the under – represented sex.

平等原则不应影响到为少数性别提供特定利益之措施的施行与采用。

## Article 24 （第二十四条）
### The rights of the child 儿童权利

1. Children shall have the right to such protection and care as is necessary for their well – being. They may express their views freely. Such views shall be taken into consideration on matters which concern them in accordance with their age and maturity.

儿童享有受必要保护与照顾之权利。儿童得自由地表达其观点，此等观点应于与儿童相关之事务上，依其年龄与成熟度而受到考虑。

2. In all actions relating to children, whether taken by public authorities or private institutions, the child's best interests must be a primary consideration.

所有与儿童相关之行为，不论是由公家机构或私人机构所进行，儿童之最适利益应为首要考虑。

3. Every child shall have the right to maintain on a regular basis a personal relationship and direct contact with both his or her parents, unless that is contrary to his or her interests.

每个儿童均享有于一固定期限内维持个人关系及与双亲直接接触之权利，但其情形违反儿童之利益者不在此限。

## Article 25 （第二十五条）
### The rights of the elderly　老人权利

The Union recognises and respects the rights of the elderly to lead a life of dignity and independence and to participate in social and cultural life.

欧洲联盟确认并尊重老人享有尊严与独立之生活及参与社会及文化生活之权利。

## Article 26 （第二十六条）
### Integration of persons with disabilities　残障者之公平待遇

The Union recognises and respects the right of persons with disabilities to benefit from measures designed to ensure their independence, social and occupational integration and participation in the life of the community.

欧洲联盟确认并尊重残障者享有为了确保其独立、社会与就业公平待遇及参与社群生活之各项措施的权利。

# CHAPTER IV （第四章）　SOLIDARITY （团结）

## Article 27 （第二十七条）
### Workers' right to information and consultation within the undertaking
### 劳工于工作中获得信息与谘商之权利

Workers or their representatives must, at the appropriate levels, be guaranteed information and consultation in good time in the cases and under the conditions provided for by Community law and national laws and practices.

劳工或其代表就欧洲共同体法律、国内法律与措施所规定之条件与案件上，于适当层级上立即获得数据与谘商之权利，必须受到保障。

## Article 28 （第二十八条）

### Right of collective bargaining and action　团体协商与行动之权利

Workers and employers, or their respective organisations, have, in accordance with Community law and national laws and practices, the right to negotiate and conclude collective agreements at the appropriate levels and, in cases of conflicts of interest, to take collective action to defend their interests, including strike action.

劳工与雇主或其代表团体，有依欧洲共同体法律、国内法律与措施，于适当层级上进行协商及签订团体协议之权利。若于利益冲突时，有采取包括罢工之集体行动，以保护其自我利益之权利。

## Article 29 （第二十九条）

### Right of access to placement services　获得职业介绍之权利

Everyone has the right of access to a free placement service.

人人均有获得免费职业介绍之权利。

## Article 30 （第三十条）

### Protection in the event of unjustified dismissal　不当解雇事件之保护

Every worker has the right to protection against unjustified dismissal, in accordance with Community law and national laws and practices.

劳工有依欧洲共同体法律、国内法律与措施，不受不当解雇之权利。

## Article 31 （第三十一条）

### Fair and just working conditions　公平合理之劳动条件

1. Every worker has the right to working conditions which respect his or her health, safety and dignity.

劳工享有尊重其健康、安全与尊严之劳动条件的权利。

2. Every worker has the right to limitation of maximum working hours, to daily and weekly rest periods and to an annual period of paid leave.

劳工享有最高工时限制、每日与每周休息时间与支薪年休期间之权利。

## Article 32 （第三十二条）

### Prohibition of child labour and protection of young people at work　童工之禁止与在职青少年之保护

The employment of children is prohibited. The minimum age of admission to employment may not be lower than the minimum school – leaving age, without prejudice to such rules as may be more favourable to young people and except for limited derogations.

禁止雇用儿童。最低雇用年龄不得低于基本教育年龄，但有利于青少年及特别例外情况不在此限。

Young people admitted to work must have working conditions appropriate to their age and be protected against economic exploitation and any work likely to harm their safety, health or physical, mental, moral or social development or to interfere with their education.

被许可就业之青少年须依适合其年龄之劳动条件，并受保护以免于受经济剥削与从事其他可能伤害其安全、健康或生理、心理、道德或社会发展或妨碍其教育之工作。

## Article 33 （第三十三条）
### Family and professional life 家庭与职业生活

1. The family shall enjoy legal, economic and social protection.
家庭应享有法律上、经济上与社会上之保护。

2. To reconcile family and professional life, everyone shall have the right to protection from dismissal for a reason connected with maternity and the right to paid maternity leave and to parental leave following the birth or adoption of a child.
为使其家庭与职业生活协调，人人均有受免于因与妊娠有关之理由而受解雇之权利，以及支薪产假与因子女出生或领养而休育婴假之权利。

## Article 34 （第三十四条）
### Social security and social assistance 社会福利与社会救助

1. The Union recognises and respects the entitlement to social security benefits and social services providing protection in cases such as maternity, illness, industrial accidents, dependency or old age, and in the case of loss of employment, in accordance with the rules laid down by Community law and national laws and practices.
欧洲联盟依欧洲共同体法律、国内法律及措施之相关规定，确认并尊重于妊娠、疾病、工业意外、失依或年老及失业情况下提供保护之社会福利利益与社会服务之享有。

2. Everyone residing and moving legally within the European Union is entitled to social security benefits and social advantages in accordance with Community law and national laws and practices.

任何人合法居住或迁移于欧洲联盟境内，有权享有依欧洲共同体法律、国内法律及措施规定之社会安全福利与社会利益。

3. In order to combat social exclusion and poverty, the Union recognises and respects the right to social and housing assistance so as to ensure a decent existence for all those who lack sufficient resources, in accordance with the rules laid down by Community law and national laws and practices.

为消除社会边缘化及贫穷，欧洲联盟确认并尊重依据欧洲共同体法律、国内法律及措施之相关规定之社会与居住补助之权利，以确保所有欠缺适足资源者能享有有尊严之生活。

## Article 35 （第三十五条）
### Health care   健康照护

Everyone has the right of access to preventive health care and the right to benefit from medical treatment under the conditions established by national laws and practices. A high level of human health protection shall be ensured in the definition and implementation of all Union policies and activities.

人人均享有依国内法律及措施确立之条件下接受预防性健康照护与接受医药治疗之权利。欧洲联盟所有政策与行为之解释与实践，均应确保高水平之人体健康保护。

## Article 36 （第三十六条）
### Access to services of general economic interest
### 一般经济利益服务之获得

The Union recognises and respects access to services of general economic interest as provided for in national laws and practices, in accordance with the Treaty establishing the European Community, in order to promote the social and territorial cohesion of the Union.

欧洲联盟确认并尊重依符合欧洲共同体条约规定之国内法律与措施而获得一般经济利益服务之权利，以便能促进欧洲联盟社会与领域之结合。

## Article 37 （第三十七条）
### Environmental protection   环境保护

A high level of environmental protection and the improvement of the quality of the environment must be integrated into the policies of the Union and ensured in accordance with the principle of sustainable development.

高标准之环境保护及环境质量改善，必须纳入欧洲联盟之政策并符合永续发展原则。

## Article 38 （第三十八条）
### Consumer protection　消费者保护

Union policies shall ensure a high level of consumer protection.

欧洲联盟之政策必须保障高标准之消费者保护。

# CHAPTER V （第五章）　　CITIZENS' RIGHTS （公民权）

## Article 39 （第三十九条）
### Right to vote and to stand as a candidate at elections to the European Parliament　欧洲议会议员选举与被选举权

1. Every citizen of the Union has the right to vote and to stand as a candidate at elections to the European Parliament in the Member State in which he or she resides, under the same conditions as nationals of that State.

欧洲联盟之每个公民，均享有于与其居住地之会员国国民相同条件下，于该国参与欧洲议会议员之选举及被选举权。

2. Members of the European Parliament shall be elected by direct universal suffrage in a free and secret ballot.

欧洲议会议员应经由普遍、直接、无记名之自由选举方式产生。

## Article 40 （第四十条）
### Right to vote and to stand as a candidate at municipal elections 地区选举之选举与被选举权

Every citizen of the Union has the right to vote and to stand as a candidate at municipal elections in the Member State in which he or she resides under the same conditions as nationals of that State.

欧洲联盟之每个公民，均享有于与其居住地之会员国国民相同条件下，于该国参与地区选举及被选举权。

## Article 41 （第四十一条）
### Right to good administration　享受良好行政之权利

1. Every person has the right to have his or her affairs handled impartially, fairly and within a reasonable time by the institutions and bodies of the Union.

人人均享有其事务受到欧洲联盟机构及部门之公正、公平与适时处理之权利。

2. This right includes：

此一权利包括：

——the right of every person to be heard, before any individual measure which would affect him or her adversely is taken；

人人均有在受到任何不利益之个别措施前接受通知之权利；

——the right of every person to have access to his or her file, while respecting the legitimate interests of confidentiality and of professional and business secrecy；

人人均有于尊重机密与职业及商业秘密之合法利益下，取得自己所属之个人档案之权利；

——the obligation of the administration to give reasons for its decisions.

行政机关就行政决定应附理由之义务。

3. Every person has the right to have the Community make good any damage caused by its institutions or by its servants in the performance of their duties, in accordance with the general principles common to the laws of the Member States.

人人均有依会员国法律所共同之一般原则要求欧洲共同体就其机构或履行职务之公务员所导致之损害进行补偿或赔偿之权利。

4. Every person may write to the institutions of the Union in one of the languages of the Treaties and must have an answer in the same language.

人人均得以欧洲联盟条约各条约规定之任一种语言文字函询欧洲联盟之机构，并应获得使用相同语言文字之回复。

## Article 42（第四十二条）
### Right of access to documents　取得文件之自由

Any citizen of the Union, and any natural or legal person residing or having its registered office in a Member State, has a right of access to European Parliament, Council and Commission documents.

欧洲联盟公民与于一会员国中居住之自然人或登记营业所之法人，均有取得欧洲议会、部长理事会及执委会文件之权利。

## Article 43（第四十三条）
### Ombudsman　监察使

Any citizen of the Union and any natural or legal person residing or having its registered office in a Member State has the right to refer to the Ombudsman of the

Union cases of maladministration in the activities of the Community institutions or bodies, with the exception of the Court of Justice and the Court of First Instance acting in their judicial role.

欧洲联盟公民与于一会员国中居住之自然人或登记营业所之法人，均享有就欧洲共同体机构及部门之违法不当行政作为，向欧洲联盟监察使提出申诉之权利，但欧洲法院与初审法院之司法行为不在此限。

### Article 44 （第四十四条）
### Right to petition　请愿权

Any citizen of the Union and any natural or legal person residing or having its registered office in a Member State has the right to petition the European Parliament.

欧洲联盟公民与于一会员国中居住之自然人或登记营业所之法人，均有向欧洲议会请愿之权利。

### Article 45 （第四十五条）
### Freedom of movement and of residence　迁徙与居住自由

1. Every citizen of the Union has the right to move and reside freely within the territory of the Member States.

欧洲联盟公民均享有于会员国领域内自由迁徙与居住之权利。

2. Freedom of movement and residence may be granted, in accordance with the Treaty establishing the European Community, to nationals of third countries legally resident in the territory of a Member State.

合法居住于一会员国领域内之非会员国国民，亦得符合欧洲共同体条约之情况下享有迁徙与居住之自由。

### Article 46 （第四十六条）
### Diplomatic and consular protection　外交领事保护

Every citizen of the Union shall, in the territory of a third country in which the Member State of which he or she is a national is not represented, be entitled to protection by the diplomatic or consular authorities of any Member State, on the same conditions as the nationals of that Member State.

于其母国无外交人员派驻之第三国境内，欧洲联盟公民均享有与于该地派驻有外交或领事机构之会员国国民相同之待遇，而受到该会员国外交领事机构保护之权利。

# CHAPTER VI（第六章）　JUSTICE（司法）

## Article 47（第四十七条）

### Right to an effective remedy and to a fair trial

### 有效救济与公平审判之权利

Everyone whose rights and freedoms guaranteed by the law of the Union are violated has the right to an effective remedy before a tribunal in compliance with the conditions laid down in this Article.

于欧洲联盟法律所保障之权利与自由受到侵害时，人人均享有符合本条规定之法庭前获得有效救济之权利。

Everyone is entitled to a fair and public hearing within a reasonable time by an independent and impartial tribunal previously established by law. Everyone shall have the possibility of being advised, defended and represented.

人人均享有于适当合理时间在独立且公正之已依法设立之法庭中获得公平且公开之审理之权利。人人均应有获得律师建议、辩护与代理之机会。

Legal aid shall be made available to those who lack sufficient resources in so far as such aid is necessary to ensure effective access to justice.

就欠缺充分适足资源者，应于确保司法程序有效进行之必要范围内，给予司法协助。

## Article 48（第四十八条）

### Presumption of innocence and right of defence

### 无罪推定与辩护权

1. Everyone who has been charged shall be presumed innocent until proved guilty according to law.

被告于依法被证明有罪之前，应被推定为无罪。

2. Respect for the rights of the defence of anyone who has been charged shall be guaranteed.

就被告辩护之权利之尊重，应受到保障。

## Article 49 （第四十九条）

### Principles of legality and proportionality of criminal offences and penalties  刑事犯罪与刑罚之罪刑法定与比例原则

1. No one shall be held guilty of any criminal offence on account of any act or omission which did not constitute a criminal offence under national law or international law at the time when it was committed. Nor shall a heavier penalty be imposed than that which was applicable at the time the criminal offence was committed. If, subsequent to the commission of a criminal offence, the law provides for a lighter penalty, that penalty shall be applicable.

任何人就行为时之国内法律或国际法并不构成犯罪之作为或不作为，不得被课以刑罚。不应处以比行为时更重之刑罚，行为后刑罚减轻时应适用之。

2. This Article shall not prejudice the trial and punishment of any person for any act or omission which, at the time when it was committed, was criminal according to the general principles recognized by the community of nations.

本条规定不影响依行为时国际社会普遍承认之一般法则而构成犯罪之作为或不作为之审判与处罚。

3. The severity of penalties must not be disproportionate to the criminal offence. 刑事刑罚应符合比例原则。

## Article 50 （第五十条）

### Right not to be tried or punished twice in criminal proceedings for the same criminal offence  一罪不二罚

No one shall be liable to be tried or punished again in criminal proceedings for an offence for which he or she has already been finally acquitted or convicted within the Union in accordance with the law.

就欧洲联盟境内已依法完成追诉或处罚之犯罪，不得重复受刑事审判或刑罚。

# CHAPTER VII （第七章）　　GENERAL PROVISIONS （通则）

## Article 51 （第五十一条）
### Scope  适用范围

1. The provisions of this Charter are addressed to the institutions and bodies of

the Union with due regard for the principle of subsidiarity and to the Member States only when they are implementing Union law. They shall therefore respect the rights, observe the principles and promote the application thereof in accordance with their respective powers.

本宪章之各项规定依辅助原则适用于欧洲联盟各机构及部门并适用于各会员国实践欧洲联盟法律时。各机构部门及会员国于相关职权范围内，应尊重此等权利，遵守各项原则，并促进各项规定之适用。

2. This Charter does not establish any new power or task for the Community or the Union, or modify powers and tasks defined by the Treaties.

本宪章并未授予欧洲共同体或欧洲联盟任何新权力或职务，亦未变更欧洲联盟各条约所规定之权力与职务。

## Article 52（第五十二条）
### Scope of guaranteed rights　受保障权利之范围

1. Any limitation on the exercise of the rights and freedoms recognised by this Charter must be provided for by law and respect the essence of those rights and freedoms. Subject to the principle of proportionality, limitations may be made only if they are necessary and genuinely meet objectives of general interest recognised by the Union or the need to protect the rights and freedoms of others.

对本宪章所承认之权利与自由之行使之限制，应以法律定之，并应尊重此等权利与自由之本质。依据比例原则，此等限制唯有于具备必要性，并确实符合欧洲联盟承认之一般权利之目的或保护他人自由权利之必要者，始得为之。

2. Rights recognised by this Charter which are based on the Community Treaties or the Treaty on European Union shall be exercised under the conditions and within the limits defined by those Treaties.

基于欧洲共同体条约或欧洲联盟条约而为本宪章确认之权利，应依欧洲共同体条约及欧洲联盟条约规定之条件与范围而行使之。

3. In so far as this Charter contains rights which correspond to rights guaranteed by the Convention for the Protection of Human Rights and Fundamental Freedoms, the meaning and scope of those rights shall be the same as those laid down by the said Convention. This provision shall not prevent Union law providing more extensive protection.

就本宪章所保障而亦相应受到《欧洲保护人权与基本权公约》保障之权利，其权利之意义与范围应与该公约规定者相同。本条规定不禁止欧洲联盟法律制定更广泛之保护。

## Article 53 （第五十三条）
## Level of protection  保护之层次

Nothing in this Charter shall be interpreted as restricting or adversely affecting human rights and fundamental freedoms as recognised, in their respective fields of application, by Union law and international law and by international agreements to which the Union, the Community or all the Member States are party, including the European Convention for the Protection of Human Rights and Fundamental Freedoms, and by the Member States' constitutions.

本宪章不得被解释为在适用范围上有限制或不当影响由欧洲联盟法律、国际法及包括《欧洲保护人权与基本自权公约》等欧洲联盟、欧洲共同体或所有会员国参与之国际协议及会员国宪法所承认之人权及基本自由。

## Article 54 （第五十四条）
## Prohibition of abuse of rights  禁止权利滥用

Nothing in this Charter shall be interpreted as implying any right to engage in any activity or to perform any act aimed at the destruction of any of the rights and freedoms recognised in this Charter or at their limitation to a greater extent than is provided for herein.

本宪章不得被解释为授予任何权利，参与或从事任何以毁损本宪章承认之权利及自由或超越本宪章所允许之限制范围为目的之活动或行为。

# 附录二：我国相关规定

## 人类遗传资源管理暂行办法（中英文）

(1998 年 6 月 10 日经国务院同意，国务院办公厅转发施行)

### 第一章 总则

**第一条** 为了有效保护和合理利用我国的人类遗传资源，加强人类基因的研究与开发，促进平等互利的国际合作和交流，制定本办法。

**第二条** 本办法所称人类遗传资源是指含有人体基因组、基因及其产物的器官、组织、细胞、血液、制备物、重组脱氧核糖核酸（DNA）构建体等遗传材料及相关的信息资料。

**第三条** 凡从事涉及我国人类遗传资源的采集、收集、研究、开发、买卖、出口、出境等活动，必须遵守本办法。

**第四条** 国家对重要遗传家系和特定地区遗传资源实行申报登记制度，发现和持有重要遗传家系和特定地区遗传资源的单位或个人，应及时向有关部门报告。未经许可，任何单位和个人不得擅自采集、收集、买卖、出口、出境或以其他形式对外提供。

**第五条** 人类遗传资源及有关信息、资料，属于国家科学技术秘密的，必须遵守《科学技术保密规定》。

### 第二章 管理机构

**第六条** 国家对人类遗传资源实行分级管理，统一审批制度。

**第七条** 国务院科学技术行政主管部门和卫生行政主管部门共同负责管理全国人类遗传资源，联合成立中国人类遗传资源管理办公室，负责日常工作。

**第八条** 中国人类遗传资源管理办公室暂设在国务院科学技术行政主管部门。在国务院科学技术和卫生行政主管部门领导下，中国人类遗传资源管理办公室行使以下职责：

（一）起草有关的实施细则和文件，经批准后发布施行，协调和监督本办法的实施；

（二）负责重要遗传家系和特定地区遗传资源的登记和管理；

（三）组织审核涉及人类遗传资源的国际合作项目；

（四）受理人类遗传资源出口、出境的申请，办理出口、出境证明；

（五）与人类遗传资源管理有关的其他工作。

**第九条** 中国人类遗传资源管理办公室聘请有关专家组成专家组，参与拟定研究规划，协助审核国际合作项目，进行有关的技术评估和提供技术咨询。

**第十条** 各省、自治区、直辖市科学技术行政主管部门和卫生行政主管部门（以下简称地方主管部门）负责本地区的人类遗传资源管理工作。

国务院有关部门负责本部门的人类遗传资源管理工作。

## 第三章　申报与审批

**第十一条** 凡涉及我国人类遗传资源的国际合作项目，须由中方合作单位办理报批手续。中央所属单位按隶属关系报国务院有关部门，地方所属单位及无上级主管部门或隶属关系的单位报该单位所在地的地方主管部门，审查同意后，向中国人类遗传资源管理办公室提出申请，经审核批准后方可正式签约。

国务院有关部门和地方主管部门在审查国际合作项目申请时，应当征询人类遗传资源采集地的地方主管部门的意见。

本办法施行前已进行但尚未完成的国际合作项目须按规定补办报批手续。

**第十二条** 办理涉及我国人类遗传资源的国际合作项目的报批手续，须填写申请书，并附以下材料：

（一）人类遗传资源材料提供者及其亲属的知情同意证明材料；

（二）合同文本草案；

（三）审批机关要求的其他材料。

**第十三条** 依本办法第十二条提出的申请，有下列情况之一的，不予批准：

（一）缺乏明确的工作目的和方向；

（二）外方合作单位无较强的研究开发实力和优势；

（三）中方合作单位不具备合作研究的基础和条件；

（四）知识产权归属和分享的安排不合理、不明确；

（五）工作范围过宽，合作期限过长；

（六）无人类遗传资源提供者及其亲属的知情同意证明材料；

（七）违反我国有关法律、法规的规定。

**第十四条** 重要人类遗传资源严格控制出口、出境和对外提供。

已审核批准的国际合作项目中，列出人类遗传资源材料出口、出境计划的，需填写申报表，直接由中国人类遗传资源管理办公室办理出口、出境证明。

因其他特殊情况，确需临时对外提供人类遗传资源材料的，须填写申报表，经地方主管部门或国务院有关部门审查同意后，报中国人类遗传资源管理办公室，经批准后核发出口、出境证明。

**第十五条** 中国人类遗传资源管理办公室对国际合作项目和人类遗传资源材料的出口、出境申请每季度审理一次。对于符合本办法要求的，核发批准文件，办理出口、出境证明，并注明《商品名称及编码协调制度》中相对应的编码；不符合本办法要求的，不予批准；对于申请文件不完备的，退回补正，补正后可重新申请。

**第十六条** 携带、邮寄、运输人类遗传资源出口、出境时，应如实向海关申报，海关凭中国人类遗传资源管理办公室核发的出口、出境证明予以放行。

## 第四章  知识产权

**第十七条** 我国境内的人类遗传资源信息，包括重要遗传家系和特定地区遗传资源及其数据、资料、样本等，我国研究开发机构享有专属持有权，未经许可，不得向其他单位转让。获得上述信息的外方合作单位和个人未经许可不得公开、发表、申请专利或以其他形式向他人披露。

**第十八条** 有关人类遗传资源的国际合作项目应当遵循平等互利、诚实信用、共同参与、共享成果的原则，明确各方应享有的权利和承担的义务，充分、有效地保护知识产权。

**第十九条** 中外机构就我国人类遗传资源进行合作研究开发，其知识产权按下列原则处理：

（一）合作研究开发成果属于专利保护范围的，应由双方共同申请专利，专利权归双方共有。双方可根据协议共同实施或分别在本国境内实施该项专利，但向第三方转让或者许可第三方实施，必须经过双方同意，所获利益按双方贡献大小分享。

（二）合作研究开发产生的其他科技成果，其使用权、转让权和利益分享办法由双方通过合作协议约定。协议没有约定的，双方都有使用的权利，但向第三方转让须经双方同意，所获利益按双方贡献大小分享。

## 第五章  奖励与处罚

**第二十条**  对于发现和报告重要遗传家系和资源信息的单位或个人，给予表彰和奖励；对于揭发违法行为的，给予奖励和保护。

**第二十一条**  我国单位和个人违反本办法的规定，未经批准，私自携带、邮寄、运输人类遗传资源材料出口、出境的，由海关没收其携带、邮寄、运输的人类遗传资源材料，视情节轻重，给予行政处罚直至移送司法机关处理；未经批准擅自向外方机构或者个人提供人类遗传资源材料的，没收所提供的人类遗传资源材料并处以罚款；情节严重的，给予行政处罚直至追究法律责任。

**第二十二条**  国（境）外单位和个人违反本办法的规定，未经批准，私自采集、收集、买卖我国人类遗传资源材料的，没收其所持有的人类遗传资源材料并处以罚款；情节严重的，依照我国有关法律追究其法律责任。私自携带、邮寄、运输我国人类遗传资源材料出口、出境的，由海关没收其携带、邮寄、运输的人类遗传资源材料，视情节轻重，给予处罚或移送司法机关处理。

**第二十三条**  管理部门的工作人员和参与审核的专家负有为申报者保守技术秘密的责任。玩忽职守、徇私舞弊，造成技术秘密泄露或人类遗传资源流失的，视情节给予行政处罚直至追究法律责任。

## 第六章  附则

**第二十四条**  军队系统可根据本办法的规定，制定本系统的实施细则，报中国人类遗传资源管理办公室备案。武警部队按照本办法的规定执行。

**第二十五条**  本办法由国务院科学技术行政主管部门、卫生行政主管部门负责解释。

**第二十六条**  本办法自发布之日起施行。

Interim Measures for the Administration of Human Genetic Resources

Promulgated by the General Office of the State Council upon the approval of the State Council on June 10，1998

The Ministry of Science and Technology

And

The Ministry of Public Health

The People's Republic of China

Chapter One：General Provisions

Article 1 The interim Measures for the Administration of Human Genetic resources (hereinafter referred to as the Measures) are enacted for the purpose of efficiently protecting and rationally utilizing human genetic resources in the People's Republic of China, strengthening the research and development of human genes and promoting international cooperation and exchange on the basis of equality and mutual benefits.

Article 2 The term 'human genetic resources' in the Measures refers to the genetic materials such as human organs, tissues, cells, blood specimens, preparations of any types or recombinant DNA constructs, which contain human genome, genes or gene products as well as to the information related to such genetic materials.

Article 3 Whoever involved in such activities in China as sampling, collecting, researching, developing, trading or exporting human genetic resources or taking such resources outside the territory of the People's Republic of China shall abide by the Measures.

Article 4 The State adopts a reporting and registration system on important pedigrees and genetic resources in specified regions. Any institution or individual who discovers or holds important pedigrees and genetic resources in the specified regions shall immediately report to the relevant departments. No institution or individual may sample, collect, trade, export human genetic resources or take them outside the territory of the People's Republic of China, or provide them to other countries in any form without permission.

Article 5 Where the human genetic resources and the relevant information or data are classified as State scientific or technological secrets, the Rules for the Protection of State Secrets in Science and Technology shall be observed.

Chapter Two: Administration

Article 6 The State adopts a unified review – and – approval system regulated at different levels over human genetic resources.

Article 7 The administrative department of science and technology and the administrative department of public health under the State Council shall be jointly in charge of the administration of human genetic resources of China in a national scale and shall jointly establish the Human Genetic Resources Administration of China (hereinafter referred to as the HGRAC) to carry out routine duties.

Article 8 The HGRAC in initially placed under the administrative department of science and technology under the State Council. Under the direction of the administrative department of science and technology and the administrative department of public health under the State Council, the HGRAC shall perform the following responsibilities.

1) To draft the relevant rules and implementory documents, promulgate such rules for entering into force upon approval and ensure the enforcement of the Measures through co – ordination and supervision;

2) To be in charge of the registration and administration of the important pedigrees and genetic resources in the specified regions;

3) To review and examine international collaborative projects involving human genetic resources in China;

4) To review and approve applications for exportation of human genetic resources, and thereafter to issue Export Permit for Human Genetic Materials (hereinafter referred to as the Export Permit; and

5) Other duties related to the administration of human genetic resources in China.

Article 9 An expert panel shall be formed by the HGRAC to participate in formulating research plans, assist in reviewing and examining international collaborative projects, undertake relevant technical appraisal and provide professional consultation.

Article 10 The administrative department of science and technology and the administrative department of public health at the level of provinces, autonomous regions or municipalities directly under the Central Government (hereinafter referred to as the local administrative departments), shall be in charge of the administration of human genetic resources in their own respective regions.

The relevant departments under the State Council shall be in charge of the administration of human genetic resources within their own administrative domains.

Chapter Three: Application, Examination and Approval

Article 11 Where human genetic resources in China are involved in any international collaborative project, the Chinese collaborating party shall be responsible for going through the due formalities of application for approval. Institutions directly under the Central Government shall apply to the relevant administrative department under the State Council and local institutions or institutions without a specific supervisory department shall apply to the local administrative departments, and upon receiving the approval of the relevant departments, the Chinese collaborating party shall apply to the HGRAC for examination and approval prior to entering into an official contract.

Relevant departments under the State Council and local administrative departments, in reviewing any application for international collaborative projects, shall consult the relevant local administrative departments of the region where human genetic materials are to be collected.

Any international collaborative project which has been carried out but has not been completed prior to the implementation of the Measures shall follow up application for examination and approval as a makeup in accordance with the Measures.

Article 12 An application form shall be filled in and the following documents be included in going through the applying and approving formalities of an international collaborative project involving human genetic resources of China:

(1) Informed consent form of the donor of the human genetic materials and/or his (her) legal representatives;

(2) Draft contract; and

(3) Other documents required by the examining and approving departments.

Article 13 No application submitted in accordance with Article 12 of the Measures shall be approved if any of the following circumstances is involved:

(1) Where the project lacks a precise objective or purpose;

(2) Where the foreign partner fails to possess adequate research capability or advantage in the research and development;

(3) Where the Chinese partner fails to possess the required basis and conditions for the collaborative research;

(4) Where the proportioning of ownership and share of intellectual property right is unfair or unclear;

(5) Where the collaboration exceeds the proper scope or time limit;

(6) Where informed consent forms of the donor of the human genetic materials and/or his (her) legal representatives are lacking; or

(7) Where the relevant State laws or rules and regulations are violated.

Article 14 Any export of important human genetic resources outside the territory of the People's Republic of China or provision of such human genetic resources to foreign institutions or individuals shall be under strict control.

Where, in an international collaborative project which has already been examined and approved, the plan is made for the report of human genetic materials outside the territory of the People's Republic of China, the application form shall be filled in and the Export Permit issued by the HGRAC.

Where, under special circumstances, temporary provision of human genetic materials to other countries is needed, the application form shall be filled in and submitted to the HGRAC for approval upon the examination and approval of the local administrative departments or the relevant administrative departments under the State Council, and then the Export Permit shall be issued upon the approval of the HGRAC.

Article 15 The HGRAC shall handle the applications for international collaborative projects and export of human genetic materials outside the territory of the People's Republic of China every quarter. Approval shall be granted if the applications meet the requirements stipulated in the Measures, Export Permit issued and the corresponding code stipulated in the Harmonized Commodity Description and Coding System noted; no approval shall be granted if the applications fail to meet the requirements stipulated in the Measures: and such applications as fail to provide adequate documents shall be returned for revision and re – applying shall be permitted upon revision.

Article 16 All human genetic materials to be exported by means of hand carrying, mailing and transporting should be truthfully declared to the Chinese Customs. The Chinese Customs will give clearance to those accompanied by the Export Permit issued by the HGRAC.

Chapter Four: Intellectual Property Right

Article 17 The Chinese research and development institution shall have the priority to access information about the human genetic resources within the territory of the People's Republic of China, particularly the important pedigrees and genetic resources in the specified regions and the relevant data, information and specimens and any transfer of such human genetic resources to other institutions shall be prohibited without permission. No foreign collaborating institution or individual that has access to the above mentioned information may publicize, publish, apply for patent right or disclose it by any other means without permission.

Article 18 International collaborative projects involving human genetic resources shall follow the principles of mutual benefits credit and trust joint participation and share of achievements; all rights and obligations of each party should be explicated in order to fully and effectively protect their own respective intellectual property rights.

Article 19 In a collaborative research and development of human genetic resources of China between any Chinese and foreign institutions, intellectual property right therefore shall be disposed according to the following principles:

(1) Patent shall be jointly applied by both parties and the consequent patent

right shall be owned by both parties if an achievement resulted from the collaboration is patentable. Either party has the right to implement such patent separately or jointly in its own country in accordance with the contract; however, the transfer of such patent to any third party or the permission of authorizing any third party to implement such patent shall be carried out upon agreement of both parties, and the benefits obtained thereof shall be shared in accordance with their respective contributions; and

（2）The right of utilizing, transferring and sharing any other scientific achievement resulted from the collaboration shall be specified in the collaborative contract or agreement signed by both parties. Both parties are equally entitled to make use of the achievement which is not specified in the contract or agreement; however, the transfer of such achievement to any third party shall be carried out upon agreement of both parties, and the benefits obtained thereof shall be shared in accordance with their respective contributions.

Chapter Five: Rewards and Penalties

Article 20 Any institution or individual that discovers and reports important human genetic resources shall be praised and rewarded: whoever exposes illegal activities shall be rewarded and protected.

Article 21 If any Chinese institution or individual, in violation of the provisions stipulated in the Measures, exports the human genetic materials without authorization by hand carrying, mailing, or transporting, the human genetic materials shall be confiscated by the Chinese Customs and the institution or individual shall be punished ranging from administrative sanctions to prosecution by the judicial department according to the seriousness of the circumstances: if anyone, in violation of the provisions stipulated in the Measures, provides human genetic materials to foreign institutions or individuals without permission, the human genetic materials shall be confiscated and the institution or individual shall be fined, if the circumstances are serious, he shall be investigated for legal responsibility according to the Chinese law.

Article 22 If anyone exports the human genetic resources outside China by hand carrying, mailing, or transporting without authorization, the human genetic materials shall be confiscated by the Chinese Customs and he shall be punished or put under the prosecution of the judicial department according to the seriousness of the circumstances.

Article 23 Any staff member of the administrative department or expert engaging in the examination shall have the duty to keep technological secret for the applicants. Whoever causes the exposure of technological secrets or loss of the human genetic resources of China due to negligence in his duty or malpractice for personal gains shall be imposed with a punishment ranging from administrative sanctions to being investigated for legal responsibility.

Chapter Six: Supplementary Provisions

Article 24 The military forces may formulate their own specific implementary rules in accordance with the provisions stipulated in the Measures and submit to HGRAC for record. The armed police force shall observe the Measures.

Article 25 The administrative departments of science and technology and the administrative department of public health under the State council shall be responsible for the interpretation of the Measures.

Article 26 The Measures shall enter into effect on the date of promulgation.

# 后 记

千漉万淘虽辛苦，吹尽黄沙始到金。从选题、构思、研究、设计到创作，经历了 11 个月的时间，我的《基因权利法律保障研究》一书，终将尘埃落定！

该书可以称为我的新生儿，我慎重地用了差不多一年的时间辛苦地孕育了它。然而在当今漫天的著述力作环境下，我深知自己不愿在茫茫书海之中销声匿迹；不愿故步自封，举步维艰；不愿目光狭隘，举步不前。对于我自己的"孩子"，我当然不想让它变得营养不足和发育不良，自此，我将不遗余力地为其安身立命，使其蓬勃生长，发展壮大。经过不断的努力，现在或多或少让它成熟了一点点，长大了一点点，赋予了它登堂入室的能力，所以此刻的我是满心欢喜的！但写书的人都知道，写一本好书要字字呕血，不但要保持内容的独到新颖，要力争保持学术的前沿性及厚重性，还要保持其严谨性及精益性，要赋予其个性及灵性！弄得不好便名誉扫地，满盘皆输，所以即便马上就要出版了，我仍不能松了这一口气，用时下的网络语言来说，那就是"亚历山大"啊！

《基因权利法律保障研究》一书是对基因权利的挖掘、提取。这一研究过程对于我而言，是一种快乐，是一种满足，是一种精神寄托，亦是一种心灵享受！能够拥有这种福分，得益于师友者良多，我得真诚地向我的导师武汉大学法学院徐亚文教授表示感谢，如果说我今天算是取得了一些进步与成绩，都是得益于导师的谆谆教导与提携。在搜集资料、查证注释和校对文稿过程中，我的学生苏君、周玉丽、樊巧玲、林湘粤、谢雨明、杜林芝、杨娇、黄卫明做了许多工作，在此表示无限的谢意！本书在写作过程中得到了我的同事包括刘雪梅博士、向佐群教授、胡潇潇博士的帮助，或出谋划策，或精神支持，在此对你们的大力支持表示感谢！我的丈夫戴兴安教授和我的女儿在写作过程中给了我最大的支持和鼓励，在此表示由衷的感谢。

时光荏苒，如白驹过隙，一切将如过眼云烟，如浮云，转瞬即逝，我不愿自己就这样无所作为地走过人生漫漫长路，因此，我在乎自己的自然寿命，我想与家人、朋友、老师、同事共度一生！我亦在乎自己的学术寿命，我大言不惭地在诸多前辈面前把自己定位于学者，就得坚守我的职业操守，我当倾尽一生潜心于自己的学术研究，融入优秀的学术研究领域，吸取优秀的学术思想，进行严谨的学术研究，发表最好的学术成果；我当竭尽全力指导好我的学生，教导出出类拔萃的专业人才，培养出思想先进的专业学者！在我的心里，学术和学生占据了举足轻重的地位，我一辈子都无法将其摒弃，无法将其磨灭。我珍惜这冥冥中注定的缘分，对此我只想说："愿得其心，白首不离！"

我真心希望能为中国本土的学术研究的成长和发展作出小小的贡献……

我诚心希望在提升自身学术素养的氛围下感染我的学生，指导我的学生……

我虔心希望能通过自己的努力、积极和认真为我的女儿树立一个好榜样……

最后，对该书的不完善之处以及未能斟酌仔细的言辞语句，晚辈深表歉意！

张小罗

2013 年 9 月 26 日于长沙